KB266554

엄마가 된 걸 후회한다고 말했다

엄마가 된 걸 후회한다고 말했다
1판 1쇄. 2026년 3월 30일

지은이. 다카하시 아이 · 요다 마유미 ― 옮긴이. 박소영

펴낸이. 정민용 · 안중철　　　　　　　　　　　　　편집. 윤상훈 · 이진실

펴낸 곳. 후마니타스(주)
등록. 2002년 2월 19일 제2002-000481호
주소. 서울시 마포구 신촌로14안길 17,
2층(04057)

전화. 02-739-9929, 9930
메일. humanitasbooks@gmail.com
인쇄. 천일 031-955-8083
제본. 일진제책 031-908-1407

블로그. blog.naver.com/humabook
소셜미디어. f ⓘ /humanitasbook

값 19,800원
ISBN 978-89-6437-500-6 03300

엄마가 된 걸 후회한다고 말했다

다카하시 아이, 요다 마유미 지음　박소영 옮김

후마니타스

일러두기

- 가명을 사용한 경우도 있다.
- 연령, 가족 구성, 취재 대상자의 심정은 모두 인터뷰 당시의 것이다.
- 대괄호([ ])와 각주는 한국어판에 추가된 옮긴이의 첨언이다.
- 단행본·정기간행물에는 겹낫표(『 』)를, 기사 제목 등에는 홑낫표(「 」)를, 영화·노래·티브이 프로그램 등에는 홑화살괄호(〈 〉)를 사용했다.

"아이가 있는 게 좋죠."

"임신도 다 때가 있는 법이니까요."

아이를 갖지 않은 것을 후회하지 않느냐는 질문을 받아 본 사람은 얼마나 될까? 아이가 없는 나는, 20대 때는 이런 질문을 듣는 일이 거의 없었지만, 서른이 넘어가자 자주 듣게 되었다. 방송국에서 기자로 일하는 동안 좀처럼 아이를 낳을 기미가 없던 내게 사람들은 어떻게든 조언을 하려고 했다. 아이를 깆는 일이 내가 분명 행복해질 유일한 길이라고 생각하는 것 같았다.

이불 속에서 그런 사람들의 모습을 떠올리며 마음이 뒤숭숭해진 어느 날 밤 아이를 낳지 않아(못해) 후회할 수 있다면, 낳아서 후회할 수도 있지 않을까, 하는 의문이 문득 떠올랐다.

우리는 진로 선택, 취업, 결혼과 같은 중요한 결정부터 어제 먹은 음식이나 무심코 내뱉은 말까지 모든 선택과 행동을 후회하며 살아간다. 무언가를 하지 않은 것에 대해서도, 한 것에 대해서도 후회를 한다.

부모가 될지 말지를 결정하는 중요한 갈림길에서도 낳지 않기로 한 선택과 마찬가지로, 누군가는 낳기로 한 선택을 돌이킬 수 없는 것으로 느낄 수 있다. 생각해 보면 그다지 이상한 일도 아닌데 '낳은 후회'가 있을 수 있다는 걸 그동안 생각하지 못했다는 게 놀라웠다.

이 의문을 풀기 위한 실마리를 찾아가던 중 이스라엘 사회학자 오나 도나스가 쓴 『엄마 됨을 후회함』을 접하게 되었다.[1] 2016년 독일어로 처음 출간된 이후 세계 각국에서 번역되며 화제를 모은 책이었다. 도나스는 '지금의 지식과 경험을 바탕으로 과거로 돌아간다면 그래도 엄마가 되겠습니까?'라는 질문에 '아니요'라고 답한 이스라엘 여성 23인의 인터뷰를 토대로 이 책을 썼다. '적성에 맞지 않았다' '아이를 위해 내 인생을 포기했다' '다음에는 이 길을 선택하지 않겠다' 같은 엄마들의 솔직한 목소리가 담겨 있었다. 책에 나오는 말들은 지금까지 내 주위의 엄마들에게서는 한 번도 들어 본 적이 없는 것이었다.

2022년 3월, 도나스의 책이 일본에서도 『엄마가 된 것을 후회한다』라는 제목으로 출간됐다.[2] 일본에도 비슷한 후회를 하는 엄마들이 있을까 싶어 SNS를 검색해 보니 책을 읽은 사람들의 열띤 후기가 연일 올라오며 화제를 모으고 있었다. 그해 4월, 나는 일본 엄마들의 이야기를 들어 보기 위해 취재를 시작했다.

책을 읽은 소감을 SNS에 올린 여성들의 이야기를 들어 보니 후회에 대해 말하면 안 된다고 생각했다는 사람도 있었고, 나도 후회하고 있었다며 내 안에 있던 감정에 처음으로 이름을 붙인 것 같았다고 말하는 사람도 있었다. 나는 여성 독자들의 반응과 저자 인터뷰를 정리해 2022년 5월 NHK 웹사이트에 「'말하면 안 되는 마음?' 말하기 시작한 엄마들」이라는 제목의 기사로 내보냈다.[3]

다양한 반응들이 나올 것으로 예상해 기사 하단에는 의견이나 소감을 남길 수 있는 '투고란'을 달았다. 그러자 저녁에 기사를 게시한 직후부터 하나둘씩 게시물이 올라오기 시작하더니 하루도 안 돼 그 수가 100건을 넘었다.[4] 뜨거운 반응이 이어지며 한 달 동안 올라온 글이 300건에 달했다. 대부분 엄마가 된 것을 후회한다는 말에 공감하는 사람들이 쓴 글이었고, 그중에는 수천 자가 넘는 소감을 남긴 사람도 있었다.

얼마 뒤 이 주제에 관심이 있던 요다 마유미 디렉터와 함께 티브이 방영을 목표로 취재를 시작했다. 그해 6월에 시사보도 프로그램 〈뉴스 워치 9〉에 특집 방송이 나가면서, SNS에 도나스의 책에 공감한다고 후기를 남긴 여성(2장 무라타 사야 씨, 가명)과 인터뷰를 진행했다.

취재가 한창이던 2022년 여름, 요다 디렉터가 임신을 했다. 그해 12월 〈클로즈업 현대〉[NHK의 시사보도 프로그램]에서는 곧 엄마가 될 요다 디렉터의 시점에서 취재한 「'엄마의 후회' 그 너머에 무엇이」편이 방영되었다. 후회하고 있다는 두 엄마(1장 미호 씨와 4장 우치다 구미 씨, 가명) 외에도, 도나스의 책에 공감은 했지만 후회는 하지 않는다고 말한 엄마(8장 다나카 유메 씨)를 취재한 내용을 담았다.

기사와 방송이 나간 뒤, 후회를 털어놓은 엄마에 대한 다양한 반응이 쏟아졌다. 깊은 공감을 나타내는 사람 외에도, 자신도 엄마가 되지 말았어야 했다고 한 번쯤 생각해 본 적이 있다는 사람, 후회는 하지 않아도 그렇게 생각하는 마음은 이해한다고 말하는 사람이 있었다.

반대로 강한 거부감을 드러내는 이들도 있었다. 후회를 말하는 엄마의 인터뷰를 보고도 '이런 엄마가 진짜 있을까?' 의심하는 사람, '아주 특수한 사정이 있는 별난 사람 아닐까?' 반문하는 이가 있었다.

엄마들에게 직접 이야기를 들은 우리로서는, 사람들이 이런 질문을 하는 것이 이상하게 느껴졌다. 우리가 취재한 엄마들은 지금까지 직장이나 주위에서 접했던 여느 '엄마'들과 다를 게 없는 사람들이었기 때문이다. 부모로서의 책임에 최선을 다하고, 아이를 소중히 키우는 사람들이기도 했다.

어째서 엄마들의 후회를 이상하게 여기고 그런 엄마는 없다고 부정하는 걸까? 거부 반응을 보이는 사람은 항상 있었고 성별과 나이도 다양했다. 같은 반응이 계속되는 걸 보며 이런 거부감의 이유를 짚어 보는 것이 '엄마의 후회'라는 주제를 다루는 데 중요한 실마리가 될 것 같았다.

그 이유 중 하나는 엄마가 된 것을 후회한다는 말을 지금까지 들어 본 적이 없었기 때문일 것이다. 그런 말을 들으면, 대다수는 움찔한다. 분명 육아를 담당하는 사람의 고충은 점점 더 알려지고 있고, 엄마들이 짊어진 부담이 크다는 걸 이해하는 사람들도 늘고 있다. 그럼에도 우리가 일상에서 듣는 건, 엄마가 된다는 건 '힘들어도 행복한 일'이고 '이런저런 일들이 있었지만 역시 엄마가 되길 잘했다' '소중한 경험이었다' 같은 긍정적인 이야기일 것이다. 그런데 이런 익숙한 결말을 벗어나 '후회'라는 뜻밖의 단어가 튀어나오니 거부감이 드는 것이다.

실제로 모든 엄마가 엄마가 되길 잘했다고 생각하는 건 아니었다. 도나스의 책에 대한 반응을 보면, 엄마들은 지금까지 후회를 느낀 적이 있어도 그것은 잘못된 생각이고, 입 밖에 내서도 안 되는 것으로 여기며 외면해 왔음을 알 수 있다. 엄마들은 자신이 '후회'라는 말을 꺼내면 주변을 불편하게 만들 거라는 생각에 말해선 안 된다는 암묵적인 규칙을 따라 행동했던 것 같다.

　　이렇게 엄마가 후회의 마음을 털어놓지 못하거나, 후회에 대한 이야기가 받아들여지지 않으면서 후회의 감정은 더욱더 '없는 것'으로 치부돼 왔다. 그렇다면 후회한다고 말하는 엄마들의 증언을 남기고, 그들이 왜 그런 생각에 이르렀는지 차근차근 살펴봐야 하지 않을까? 이것이 바로 이 책을 쓰게 된 출발점이었다.

　　이 책은 지금까지 없는 것으로 여겨졌던, 엄마 됨을 후회하는 일본 엄마들의 이야기에 주목하고 기록하는 것을 목표로 했다. 만약 엄마가 되지 않았다면 어땠을지 생각하는 엄마는 어떤 사람이고, 어떤 인생을 살아왔으며, 무엇을 경험했고, 어째서 후회에 이르게 된 걸까? 엄마가 되면서 무엇을 잃었다고 느끼고 있으며, 자신이 선택하지 않은 다른 어떤 길을 상상하는 걸까? 우리는 취재한 엄마들의 경험을 통해 이를 밝혀 보려 했다.

　　앞선 취재에서 우리는 엄마가 된 것을 후회한다는 15인의 이야기를 들었다. 그 가운데 이 책은 36~50세의 엄마 7인과 여러 차례에 걸쳐 진행한 인터뷰를 토대로 했다. 책에서 말하는 '후회하는 엄마'란, 엄마가 된 것을 후회한다고 말하는 사람, 엄마가 되지 않았으면 좋았을 거라는 생각을 여러 번 해본 사람들을 뜻한다. 7명 중 5명은 투고란을 통해 알게 되었고, 나머지 두 사람은 SNS 게시글을 계기로 만났다.

　　또한 이 책에서는 취재에 대한 우려와 비판적인 의견에 대해서도 생각해 보고자 했다. 우려가 가장 컸던 부분은, 아이에게 미칠 부정적인 영향에 대한 것이었다. 어린 시절 엄마에게 낳지 말았어야 했다는 말을 들었다는 한 독자는 '나 같은 아이가 있다는 사실도 무시하지 말았으면 좋겠다'는 의견을 보내왔다. 아이에게 엄마의 후회는 어떤 경험으로 다가왔는지 살펴보기 위해 엄마의 속내를 알게 된 아이들도 취재했다.

1장부터 7장까지는 후회를 한 적이 있는 엄마들의 인터뷰로 구성했다. 각 장에서는 엄마에게 부과되는 책임의 무게(1장), 사회가 요구하는 엄마상에 대한 위화감(2장), 정체성의 상실(3장), 커리어 형성의 어려움(4장), 엄마가 느끼는 죄책감(5장), 아이에게 애정을 가질 수 없는 경우(6장), 사회를 바꾸기 위한 행동(7장)을 주제로, 엄마들 한 사람 한 사람의 발자취를 따라갔다. 엄마가 된 것에 큰 고통을 느끼면서도 후회는 없다는 사람도 인터뷰했다(8장). 그리고 엄마의 후회를 알게 되고 어떤 영향이 있었는지 아이들의 이야기를 들었다(9장). 마지막으로 엄마들의 이야기에서 무엇을 알 수 있었는지 검토했다(10장).

각 장의 집필은 내가 1장 2장 4장 6장 9장 10장을, 요다 디렉터가 3장 5장 7장 8장을 맡았다.

한 사람의 인생 경험을 듣는 일을 '생애사 인터뷰'라고도 하는데, 청자와 화자 간 소통으로 하나의 이야기가 형성된다.5 양자의 관계나 청자의 속성에 따라 화자가 말하는 내용이 달라질 수 있는 것이다. 이런 점을 고려할 때, 화자의 이야기를 깊이 이해하기 위한 전제로, 인터뷰를 진행한 두 필자에 대해 몇 마디 덧붙이고자 한다.

취재를 시작했을 당시 우리는 둘 다 서른셋이었다. 나는 기자로, 요다 씨는 디렉터로 시부야의 방송국에서 일하며 각자 파트너와 동거 중이었고 아이는 없었다. 취재 중에 우리는 엄마들과 우리 둘의 나이와 가족 구성에 대해 이야기를 나누기도 했다.

우리는 엄마들을 취재할 때 항상 이건 내 이야기라고 느꼈다. 아이를 낳는다면 후회하게 될 거라고 생각했다는 뜻은 아니다. 서른을 넘기니 선배나 동기뿐만 아니라 후배들 사이에서도 출산 소식이 연달아 들려왔고, 그러다 보니 2세 계획은 없느냐는 말을 면전에서 듣는 일도 잦아졌다. 임신 확률이 급격히 떨어진다는 서른다섯을 코앞에 둔 우리에게 엄마가 되느냐 마느냐의 선택은, 일과는 별개로 눈앞에 닥친 화두였다. 취재에서 만난 엄마들은 모두 우리보다 연상이었다. 그들은 우리를 순수하게 취재진으로 대하며 담담히 이야기했지만, 때로는 인생 선배로서 조언을 건네기도 했다.

취재를 시작한 후로 2년 여가 흐른 지금, 우리는 서른다섯, 서른여섯이 되었다. 그사이에 나는 파트너와 둘만의 삶을 유지하는 쪽을 선택했고, 요다 디렉터는 아이를 낳기로 했다. 인생의 갈림길이라고 할 만한 시기에 후회를 말하는 엄마들의 이야기를 들은 것은 취재를 한 우리에게도 의미가 컸다.

취재한 엄마들 가운데 큰 변화를 경험한 사람이 있었다. 죽고 싶은 생각까지 품었던 사람이, 마음의 안정을 되찾고 과거의 자신을 차분하게 되돌아볼 수 있게 된 것이다.

모든 아이가 반드시 부모로부터 자립할 수 있는 것은 아니며, 자녀의 연령대에 따라 새로운 고민이 생겨나기도 한다. 그럼에도 불구하고 만약 지금 한창 육아에 지쳐 캄캄한 어둠 속에 있는 사람이 이 책을 읽게 된다면, 최악의 상태가 계속되지는 않는다는 점을 기억했으면 좋겠다. '다른 엄마들은 다 견디고 있잖아' 하면서 혼자서만 참고 견디지 않기를 바란다. 이 책을 통해 후회를 말하는 엄마들을 만나면서 엄마로 살아가는 삶에 대해 고민하는 사람들이 공감하고, 힌트를 얻고, 자기 삶을 객관적으로 바라보는 계기가 되었으면 한다.

또한 이 책은 엄마들만을 위한 것이 아니다. 아빠, 조부모, 양육자를 돕는 사람뿐만 아니라 부모가 된 사람, 되지 않은 사람, 앞으로 선택할 사람까지 모든 사람이 엄마들에게 일어나고 있는 현실의 일부를 인식함으로써 각자의 행동과 선택에 작은 도움이 되기를 소망한다.

다카하시 아이

1장

이제 엄마를 그만두겠습니다

이제 엄마를 그만두겠습니다

저는 이제 엄마로 사는 건 그만두기로 했어요. 도무지 적성에 맞지도 않고, 얻는 것보다 잃는 게 더 많았거든요. 난 엄마로 살 수 없는 사람이라는 게, 지난 20년간 느낀 점이에요.

미호 씨, 독자 투고란, 2022년 5월

도쿄 외곽에 위치한 단독주택을 찾아가니 한 여성이 상냥한 미소로 맞아 주었다. 엄마로 사는 건 그만뒀다며 3000자가 넘는 장문의 편지를 투고란에 써준 미호 씨를 처음 만나러 간 것은 2022년 11월이었다. 그녀는 49세로 대학생인 큰아들과 고등학생인 큰딸, 그리고 중학생인 막내아들까지 세 자녀를 두고 있었다. 집 안으로 들어서자 2층 서실로 이어지는 계단 벽면에 셋이서 나란히 걸어가는 모습을 담은 독특한 디자인의 패널이 걸려 있었다. 자신이 좋아하는 브랜드인 마리메꼬의 대형 패브릭을 캔버스에 붙여 만든 것이라 했다. 거실에는 하나하나 신중하게 고른 듯한 따뜻한 분위기의 가구들이 놓여 있어 집에 대한 애착이 느껴졌다.

근사한 집이라고 생각하며 둘러보고 있자니 서랍장 위에 가지런히 놓인 세 장의 아기 사진이 눈에 들어왔다. 지금은 훌쩍 커버렸지만, 저마다 생후 4개월 무렵 찍은 사진들이었다. 액자를 살며시 어루만지는 그녀의 모습을 보니 투고글에서 느껴졌던 뜨거운 회한의 감정은 좀처럼 떠올리기 힘들었다.

"어떻게 취재에 응하게 되셨어요?"라고 먼저 물었다. 우리는 3개월에 걸쳐 투고란에 글을 올린 엄마들을 취재하면서 연말에 방영 예정인 프로그램에 출연해 줄 사람을 찾던 참이었다. 자신의 후회를 누구에게도 알리고 싶지 않다며 거절하는 엄마들이 대부분이었지만, 미호 씨는 얼굴을 공개해도 괜찮다고 말한 몇 안 되는 사람 중 하나였다.

제가 먼저 하고 싶은 말은, 엄마가 되지 말았어야 했다는 생각은 결코 아이들이 태어나지 않았으면 좋았을 거라는 뜻은 아니라는 거예요.

애들은 이미 다 커서 굳이 후회를 말하지 않아도 되는 상황이라 이제 와서 말해 봤자 저한테 좋을 게 하나도 없겠죠. 하지만 나도 해냈으니 다들 그럴 거야, 하고 없었던 일로 치부해 버리면 결국 내가 겪었던 괴로움을 묵인하는 게 아닐까 싶었어요. '후회하는 엄마가 여기도 한 사람 있어요'라고 전하고 싶었습니다.

'아들 못 낳는 여자'로 불렸던 친정엄마

일본의 고도 경제 성장이 막바지에 이른 1973년에 태어난 미호 씨는 그 시대를 상징하는 부모 밑에서 자랐다. 태평양전쟁이 시작된 해에 태어난 아버지는 샐러리맨으로서 오로지 일에만 매달려 전후 경제 성장을 이끈 세대였고, 전후에 태어난 어머니는 '기업 전사' 아버지를 헌신적으로 내조하며 전업주부로 살았다.

여자로 태어난 순간부터 언젠가는 당연히 엄마가 되는 걸로
정해져 있었던 것 같아요. 저는 어릴 때부터 그런 생각에
거부감이 들었어요. 하지만 의문을 품거나 거부하는 건
용납되지 않는 분위기여서 그저 잠자코 있었죠.

미호 씨는 어린 시절에 엄마가 되지 않겠다고 다짐한 순간이 있
었다. 아버지는 대를 이을 아들을 원했지만, 미호 씨와 여동생이 태
어나 집안에는 딸만 둘이었다. 어머니는 딸만 낳았다며 남편과 친척
들한테까지 손가락질을 받았다. 게다가 어린 시절 미호 씨의 얼굴에
는 혈관종이라고 하는 빨간 반점이 있었는데, 어느 날 친척 어른이
그 반점을 보더니 "네가 뱃속에 있을 때 엄마가 나쁜 생각을 해서 그
래"라고 말했다.

어린 제 앞에서 엄마한테 그런 소리를 하는 게 너무
충격이었어요. 그 순간 '엄마라는 이유로 이런 말을 듣는
거라면, 나는 엄마가 되고 싶지 않다. 아니, 되면 안 되겠다'
생각했죠.
아버지는 종종 제 반점에 자를 대보고 '1밀리 작아진 것
같네' 하면서 크기를 재곤 했어요. 그럴 때마다 엄마를 질책하는
것 같았죠. 엄마가 슬퍼할 테니까 반점이 신경 쓰인다는 말은
하지 말아야겠다고 생각했어요.
아이가 반점이나 장애를 안고 태어나는 것이 엄마의 업보
때문이라는 말을 들으며 자랐어요. 나중에 제 아이를 낳았을 때,
저도 모르게 아이 몸에 반점이 없는지 살피게 되더라고요. 그런

미신을 부정했고 거부감이 강했는데도 말이죠.

가족들은 아들을 낳으라고 요구하며, 아이에게 '문제'가 있으면 어머니 탓으로 돌렸다. 어린 미호 씨는 어머니뿐만 아니라 자신까지도 무시당하는 기분이 들었다. 그리고 여자아이는 언젠가 엄마가 된다는 암묵적 전제가 자신에게도 적용된다는 생각에 마음이 불편했다.

어린 시절 휴일이 되면 아버지로부터 '여자는 청소를 잘해야 한다' '딸은 집안일을 거들어야 한다' 같은 말을 지겹도록 들었다. 그런가 하면, 아들이 없다는 이유로 '남자한테 지면 안 된다' 같은 말도 들었다. 중학생이 된 미호 씨는 책을 좋아하는 얌전한 소녀로 성장했다. 추리소설을 특히 좋아해서 애거사 크리스티의 『그리고 아무도 없었다』를 푹 빠져 봤다. 자기보다 훨씬 옛날에 태어난 여성이 마음껏 글을 쓰고 작가로서 이름을 남겼다는 사실에 가슴이 뛰었다.

고등학생이 되어 진로를 선택할 시기가 되자 의학에 관심이 생겼다. 어린 시절 자신의 마음을 솔직히 표현하지 못했던 기억과 천식으로 힘들었던 경험을 바탕으로 아이들의 몸과 마음을 치료하고 싶었다. 하지만 의사가 되고 싶다는 말을 꺼내자 아버지는 납득할 만한 이유도 없이 반대했다. "말을 듣지 않으면 학비를 대주지 않겠다"며 완고했다. 어머니 역시 아버지의 심기를 건드리지 않으려고 "날 봐서 참아 달라"며 애원했다. 결국 미호 씨는 추천으로 쉽게 갈 수 있는 여대 국문과에 진학했다. 집에서는 딸인 자신의 꿈보다 '가장'인 아버지의 뜻이 우선이었고, 어머니와 딸은 운명 공동체로서 그런 아버지를 모시는 한 팀 같았다.

솔직히 당시에 가장 미웠던 사람은 엄마였어요. 같은 여자인데 왜 너만 하고 싶은 대로 하겠다는 거냐는, 뭐 그런 식의 압력을 받았죠. 제가 반항하면 아버지한테 질책당하는 건 결국 엄마였거든요. 엄마가 말리지 않았다면 진로도 자유롭게 선택했을지 몰라요. 하지만 아들을 낳지 못했다고 타박받던 엄마에 대한 연민과 애정 때문에 아버지 말을 따르기로 했어요.

어머니도 아버지도 늘 자식은 부모의 분신이라고 말씀하셨어요.

갈림길들

1996년, 대학을 졸업하고 스물둘에 도쿄의 증권 회사에 정규직으로 입사해 일하기 시작했다. 남녀고용기회균등법이 시행된 지 10년이 지난 시점이었지만, 회사에는 여전히 여성 종합직은 드물었고, 미호 씨도 일반직으로 채용되었다.▌ 직장 생활은 남성 중심 조직 특유의 분위기가 있긴 했지만, 대체로 만족스러웠다. 창구에서 증권을 판매하는 영업직으로서 전국의 여성 사원 중에서도 좋은 실적을 유지했다.

▌ 종합직은 기업의 전략적 업무를 담당하며 향후 관리직이나 임원까지 길이 열려 있는 핵심 인재인 반면, 일반직은 단순 사무 업무를 담당하는 보조 인력을 말한다. 1986년 남녀고용기회균등법이 통과되자 기업들은 이 같은 인사관리제도를 도입해 남성과 소수의 여성은 종합직으로, 여성 대부분은 일반직으로 채용하며 사실상 성차별적 고용 관행을 이어 갔다.

주식이 100만 엔 단위로 팔리면 앞에 나가서 칠판에 금액을 적는데, 그러면 자리에 있던 직원들이 일제히 함성을 질렀어요. 그런 이상한 분위기가 웃기기도 하고 재미있더라고요. 지금보다 남녀 차이는 있었지만, 직장에서는 있는 그대로의 저를 봐주는 것 같아서 최선을 다했어요. 일할 때는 정말 자유로웠어요.

2년 정도 근무하다가 대외 업무를 해보고 싶어서 인사 관련 컨설턴트를 거쳐 외국계 생명보험회사로 이직했다. 이직할 때마다 급여는 조금씩 올랐고, 남성 직원들과 동등한 직급에서 순조롭게 경력을 쌓아 갔다.

스물네 살 무렵, 그전까지는 '남자한테 지면 안 된다'던 아버지가 이제는 '스물다섯을 넘기면 시집을 못 간다'며 조바심을 내더니 친척에게 부탁해 맞선 상대를 알아보기 시작했다. 1980년대에는 여성의 결혼 적령기를 크리스마스 케이크에 비유하곤 했다.6 크리스마스이브인 24일까지는 수요가 많지만 25일이 지나면 찾는 사람이 없는 케이크처럼, 스물다섯을 넘기면 자신을 싸게 팔 수밖에 없다는 것이었다. 결혼하지 않은 여성을 가리켜 '떨이'라고도 했다.

미호 씨는 결혼하고 싶은 생각이 없었지만, 엄격한 아버지의 통제에서 벗어나 큰 마찰 없이 독립할 수 있는 방법은 결혼밖에 없다고 생각했다. 엄마에게 '아들 못 낳는 여자'라고 타박하던 친척들이 주선하는 맞선은 하고 싶지 않았기에 당시 교제 중이던 남자친구와의 결혼을 서둘렀다. 스물여섯 살 때였다.

아버지로부터 벗어나고 싶었을 뿐만 아니라, 이 남자와는 부모

세대와 다른 부부 관계가 가능할 거라는 긍정적인 마음도 있었다. 그의 어머니는 일하면서 아이를 키운 워킹맘이었다. 일을 계속할 생각이었던 미호 씨는, 일하는 엄마 밑에서 자란 사람이라면 맞벌이를 쉽게 받아들여 줄 거라 기대했다. 어린 시절에는 엄마가 되는 데 거부감을 느꼈지만, 시대에 맞는 모습을 찾으면 될 거라 믿었다.

나는 내 부모와는 다른 시대를 살고 있으니까 가족의 모습도 다르게 만들어 갈 수 있을 거라고 생각했어요. 결혼할 때 남편한테 우리 두 사람의 시대에 맞는 가족을 함께 만들어 가자고 했어요. 그러면서 아이가 생기는 것도 자연스러운 일이라고 생각했죠.

결혼할 당시에는 제 수입이 더 많기도 했고, 20년도 더 전이긴 하지만 계속 평범하게 일할 줄 알았어요. 아이를 낳는 일처럼 저만 할 수 있는 일이 생기더라도 서로 의논하면서 다양한 선택이 가능할 줄 알았죠.

그러나 결혼을 계기로 삶의 경로는 예상했던 궤도와는 조금씩 다른 방향으로 흘러가기 시작했다. 결혼 직후 남편이 오사카로 발령을 받으면서 미호 씨도 함께 가게 된 것이다. 일하던 생명보험회사의 오사카 지사에서 계속 일할 수 있었지만, 대신 정규직이 아닌 계약직으로 일해야 했다.

오사카에서 맞벌이를 하며 둘만의 생활을 시작한 지 1년쯤 지난 2000년, 스물일곱 살에 첫 아이를 임신했다. 상사에게 출산 후 복직에 관한 상담을 하니 '도쿄는 그런 사람이 있을지 몰라도 여기는 아니다'라며 단호했다. 이 무렵 도쿄 본사에는 육아휴직을 마치고 복귀해 일하는 여성들이 하나둘씩 나오고 있었지만, 미호 씨가 일하던 지사에는 아직 전례가 없었다. 같은 회사 안에서도 어떤 부서에 배치되느냐, 어떤 상사를 만나느냐에 따라 여성이 계속 일할 수 있는 여건은 크게 달랐다.

> 도쿄에서 온 외지인인 내가 이 회사에서 아이를 키우면서 계속 일하기는 무리겠구나 싶었어요. 남편도 회사에서 그렇게 말한다면 그만둘 수밖에 없지 않겠느냐는 식이었고요. 금방 다시 일할 수 있을 거라는 생각도 들어서 남편에게는 상황이 안정되면 꼭 복귀할 거니까 그때는 도와달라 하고 출산 후 일을 그만뒀어요.

그리하여 지인도 거의 없는 남편의 전근지에서 아이를 낳고 전업주부의 삶이 시작되었다.

희망을 안고 시작한 육아

임신 기간 동안 자신의 의사와 상관없이 불러오는 배와 컨디션 기복을 느끼면서도 엄마가 된다는 게 좀처럼 실감 나지 않았다. 출산의 고통이 어느 정도일지, 내가 부모가 될 수 있을지, 앞으로 어떤 하루하루가 기다리고 있을지 불안한 생각들이 불쑥 떠올랐다. 그러면서도 세간의 상식에 휘둘리지 않고 나답게 육아를 하면 된다는 믿음으로 아이를 만날 날을 손꼽아 기다렸다.

2001년, 스물여덟 살에 마침내 첫 출산을 했다. 분만이 끝나고 녹초가 된 몸으로 갓 태어난 아들을 마주했다. 이 순간을 미호 씨는 몇 년 뒤 선명히 떠올리게 된다.

부모님은 늘 '자식은 부모의 분신'이라고 했었는데, 아들을 처음 안았을 때 그 말은 틀렸다는 걸 분명히 알겠더라고요. 이 아이의 생명은 이 아이의 것이라는 게 느껴졌어요. 피를 나눈 자식이기보다는, 나와는 다른 독립적인 개체로 존중하며 함께 살아야겠다는 생각이 들었죠. 나는 부모로서 아들이 걷지 못하는 시기에는 안아 주고, 넘어지려고 하면 붙잡아 주면 된다고요. 그 정도 생각이었어요.

내가 엄마가 될 수 있을까 하는 불안감도 있었고, '엄마란 이런 존재'라고 누가 말해도 저한테는 와닿지 않았어요. 사람들이 말하는 모습 그대로의 엄마가 될 필요는 없고, 남들과 똑같지 않아도 괜찮다고 생각했어요. 조금씩 엄마가 되어 가면 된다고, 처음에는 느긋하게 마음을 먹었죠.

안 자고 안 먹는 아들

주위에 아이를 키우는 친구가 없었던 미호 씨는 임신 기간에 육아 잡지를 읽고 머릿속으로 이런저런 상상을 해보면서 아기를 맞이할 준비를 했다. 그런데 막상 육아를 시작하니 예상치 못한 돌발 상황의 연속이었다. 아기는 잠을 많이 잔다고 적혀 있었지만, 미호 씨의 아들은 잠이 없었다. 신생아 때부터 새벽 2시면 칭얼거리기 시작해 5시까지 내내 울음을 그치지 않았다. 새벽녘에 겨우 몇 시간 눈을 붙였을 뿐인데 아침 8시쯤에는 다시 초롱초롱한 눈망울로 기운을 되찾았다. 아들은 낮잠도 안 잤다. 함께 새로운 부부상을 만들어 보기로 했던 남편은, 막상 아이가 태어나자 전업주부가 된 아내에게 육아를 떠맡겼다. 밤중에 아이가 울기 시작해도 일어나는 일은 없었다. 미호 씨는 늦은 밤 혼자서 몇 시간씩 아이를 안고 방 안을 서성이거나 차에 태워 드라이브를 하며 달래는 일이 일상이 되었다. 아이가 잠잠해지는 이른 아침에야 겨우 두세 시간 눈을 붙일 수 있었다. 수면 부족이 계속되면서 갑자기 의식을 잃은 듯 잠들기도 하고, 주전자를 가스불에 올려 둔 걸 깜빡하고 나갔다가 집에 돌아오니 주전자 바닥에 구멍이 나있던 적도 있었다.

아들은 돌이 지나고 이번에는 '아무것도 안 먹는 아이'가 되었다. 아무리 신경을 써서 음식을 만들어 줘도 관심을 보이지 않아 그대로 버리기 일쑤였다. 유일하게 맛있게 먹는 것은 미호 씨가 잠을 쫓으려고 마시던 커피와 초콜릿이었다. 밥을 거의 먹지 않고 편식을 하다 영양실조로 쓰러져 병원에 실려 가는 일도 있었다. 미호 씨는 아이에게 균형 잡힌 식사는커녕 살기 위한 최소한의 영양조차 챙겨 주지 못했다는 죄책감에 시달렸다.

병원 안을 이리저리 도망 다니다 결국 그물 같은 장비에 꽁꽁
묶인 채 수액을 맞는 애를 보니까 꼭 잡혀 온 멧돼지
같더라고요. 울다 지쳐 축 늘어져 있는데, 애가 이 지경까지 된
게 제 탓 같고 스스로가 한심해서 어찌할 바를 모르겠더라고요.

　먹는 것에 전혀 흥미를 보이지 않던 아들에게는 젓가락과 숟가락 사용법을 가르치는 일도 불가능했다. 유치원에 들어가 도시락을 싸 주었는데 선생님한테 "젓가락을 쓰지 못하는 건 아드님뿐이에요. 집에서 어떻게 좀 해주세요"라는 소리를 들었다. 먹는 방법뿐만 아니라 편식에 대해서도 지적을 받았다. 한때 아들이 풋콩만 먹던 시기가 있었다. 도시락에 풋콩을 가득 채워 보냈더니 "도시락을 쌀 땐 색감과 영양도 고려해 주세요"라고 했다.

> 일단 먹을 수 있으면 되지 않겠냐고 했다가 "어머니, 무슨 말씀 하시는 거예요?" 이러면서 혼이 났어요. 색감이나 영양을 고려하면 당연히 아이가 못 먹는 음식이 들어가잖아요. 그걸 본 순간 뚜껑을 탁 덮고는 절대 안 먹어요. 그래서 아이한테 못 먹는 건 장식이라고 생각하고 먹을 수 있는 것만 먹으라고 했다가 다음 날 불려 가서 또 혼났죠. "어머니, 토마토는 장식이라고 말씀하셨어요?"라고요.
> 　그런 말을 들을 때 뭐랄까, 엄마로 산다는 건 참 힘든 일이구나 싶었죠. 내가 조금씩 엄마가 되어 가면 되겠지, 아이가 혼자서 걸을 수 있을 때까지 그저 함께 즐겁게 지내면 되겠지, 했는데 그런 생각이 너무 순진했던 거예요.

　미호 씨의 목표는 비록 젓가락도 못 쓰고 편식이 심해도 일단은 조금씩 먹게 하는 것이었다. 하지만 그 목표를 달성하기가 얼마나 어려운지, 어째서 도시락에 풋콩만 가득 채워 보냈는지는 아무도 알아주지 않았다. 대신에 '젓가락을 사용해 편식하지 않고 골고루 먹게 하기' 같은 아들의 상태와는 동떨어진 목표가 제시되었다.

미호 씨가 아들을 키우는 동안 주위에서는 아들의 발달 단계에 맞는 성장보다는 다른 아이들과 똑같이 행동할 수 있도록 요구했다. 가능하게 만드는 것이 엄마의 책임이고 더 노력해야 한다는 말을 자꾸 듣다 보니 자신을 부족한 엄마라 여기며 자신감을 잃어 갔다.

아들을 보고 있으면 안 자고 안 먹는 것뿐만 아니라 주위의 다른 아이들과 어딘가 다르다고 느끼는 순간이 많았다. 말을 걸면 앵무새처럼 따라 할 뿐, 감정을 교류한다는 느낌이 없었다. 집 안에서나 바깥에서나 돌발 행동 때문에 생명이 위험할 뻔한 적도 여러 번 있었다. 한번은 애가 집에서 계단을 오르다 갑자기 팔을 벌리고 힘껏 몸을 내던졌는데, 다행히 바닥에 떨어지기 직전에 가까스로 머리를 받아 냈다. 함께 수영하러 갔을 때는 흥분한 아이가 밖으로 뛰쳐나가는 바람에 미호 씨가 수영복 차림으로 도로까지 쫓아가 붙잡아야 했다.

유치원 발표회 연습을 하면서 그때까지 느꼈던 위화감이 확신으로 굳어졌다. '개구리가 되어 춤을 추고 다리 건너기'라는 율동을 배운 아들은 집에 돌아와 말했다. "개구리가 되면 어떻게 인간으로 돌아오는지 모르겠어. 다른 애들은 강이 보이는 것 같은데, 나는 안 보여." 다른 아이들이 당연하게 '보이는 척'하는 행동을 아들은 할 수 없었던 것이다.

자폐스펙트럼장애는 집착이 강하고 의사소통이 원활하지 않은 것 외에도, 말을 있는 그대로 받아들이는 특성을 보이기도 한다. 인간으로 돌아오지 못하게 될까 진심으로 두려워하는 아들을 보며 혹시 자폐가 아닐까 의심이 들기 시작했다.

아들한테 제가 쉽게 생각하던 상상의 세계가 전혀 존재하지
않는 것에 깜짝 놀랐어요. 아이가 자기는 춤을 추고 싶지 않다고
하길래 "그럼 발표회 때는 하지 말고 서있어도 괜찮아"라고
해줬어요. 그런데 발표회 당일, 무대에 혼자 서있는 아들을
선생님이 붙잡고 억지로 다리를 건너게 했어요. 겁먹은 아이가
저항하다 울음을 터뜨려서 난리가 났죠. 그 모습을 보고 내가
서있어도 괜찮다는 소리를 해서 끌려 나갔구나, 엄마인 내가
잘못한 거구나 생각했죠. 내가 엄마로서 자질과 능력이 없어서
아이도 힘들고 나도 힘들구나, 엄마가 되지 말았어야 했나,
싶더라고요.

울면서 둘째를 낳다

미호 씨는 출산 후 다시 일을 하고 싶었지만, 하루 종일 아들을 돌보
느라 도저히 일을 찾기 힘들었다. 아들에게 장애가 있을지 모른다고
말해도 주위에서는 대수롭게 여기지 않았다. 친정집에 갔을 때 손주
의 모습을 보던 그녀의 아버지는 "외동이라서 버릇이 없을 뿐"이라고
했다. 애가 어느 정도 크자 아버지뿐만 아니라 주변에서 "둘째는 안
가질 거야?" "형제가 없으면 딱하잖아" 같은 말을 하며 성화였다.
  2005년, 서른한 살에 둘째를 임신했다. 주변의 권유도 있었지만,
미호 씨 자신도 둘째가 생기면 육아에 소홀한 남편이 달라지지 않을
까 기대했다. 하지만 근무시간도 길고 출장도 잦았던 남편은, 아내가
둘째를 임신한 후에도 여전히 육아에 적극적으로 참여하지 않았다.
첫째만으로도 벅찬데 또 다른 아이까지 혼자서 키울 수 있을지, 앞날

에 대한 불안이 밀려왔다. 진통이 시작되자 그런 생각들이 한꺼번에 몰려와 "낳고 싶지 않아!" 소리를 지르며 분만대 위에서 울음을 터뜨렸다.

> 딸에게는 정말 미안하지만, 둘째를 낳게 된 건 주변의 압박 때문이에요. 건강한데 어째서 안 낳느냐고 늘 질문을 받았거든요. 아들을 키우는 게 제대로 안 되니까 제 선택에 점점 자신이 없어졌어요. 제가 한 일은 뭐든 부정당하는 기분이 들어서 차라리 저를 잘 아는 사람들의 말을 듣는 게 좋지 않을까, 주위에서 말한 대로 아들을 외동으로 키우고 있어서 잘 안 되는 걸 수도 있다고 생각했죠.
>
> 갖게 된 이상 이 아이를 행복하게 해줘야겠다고 생각했는데, 막상 진통이 시작되니 낳으면 또다시 엄마의 책임에 짓눌리겠구나 싶어서 겁이 났어요. 낳고 싶지 않다고 울부짖었던 제가 도무지 용서받을 수 없을 것 같았죠.

딸이 태어나고 얼마 지나지 않아 심한 알레르기가 있다는 사실을 알게 되었다. 혈변이 나와 병원에 갔더니, 엄마가 먹은 음식이 모유를 통해 아이에게 알레르기 반응을 일으켰을 가능성이 있다는 진단을 받았다. 의사의 지시대로 미호 씨는 달걀, 유제품, 육류, 갑각류 등 알레르기를 유발할 수 있는 음식을 하나둘씩 제한해 나갔다.7

어린 딸아이의 몸에서는 염증 때문에 늘 젖 냄새 대신 희미한 고름 냄새가 났다. 육아에 쫓겨 끼니를 대충 때웠더니 그런 모유를 먹은 딸이 아프기 시작한 게 아닐까 싶었다. 이번에는 내가 먹는 것 하나하나에도 책임을 져야 한다는 생각이 들었다. 식단을 제한해 봐도 알레르기의 원인을 알 수 없어 안심하고 음식을 먹지 못했고 체중은 한때 10킬로그램이나 줄었다. 수유 기간이 끝나고 딸은 스스로 먹기 시작했지만, 알레르기를 일으키는 음식은 점점 늘어만 갔다. 밖에서 놀게 해주고 싶어도, 아이에게 뭘 먹일지 고민하는 일만으로도 힘에 부쳤다.

딸이 돌 무렵, 아나필락시스 쇼크를 일으켜 구급차에 실려 간 적이 있었다. 비건 식당에 가서 원재료까지 확인한 뒤 안심하고 먹였는데, 어딘가 알레르기의 원인이 되는 식재료가 섞여 있었던 것인지, 딸의 얼굴이 순식간에 부어올랐다. 애가 죽을지도 모른다는 두려움과, 병원에 가서도 평소처럼 마음대로 행동할 다섯 살 아들을 돌봐야 하는 상황을 도저히 혼자서 감당할 수 없었다. 출장 중인 남편에게 도움을 구하러 전화를 걸었지만, 회식 중이라 연결이 되지 않았다. 병원에서 하룻밤을 보낸 다음 날 아침, 뒤늦게 전화를 걸어온 남편이 "무슨 일이야?"라고 묻는 순간 분노가 폭발했다. 딸이 죽을지도 모를 상황이었다는 사실도 모른 채 술자리에 있던 남편이 원망스러웠고, 결국 말다툼으로 번졌다. 자식의 생명이 내 손에 달려 있다는 무거운 책임과 불안한 마음을 함께 나누고 싶었지만 뜻대로 되는 게 없었다.

딸의 고름 냄새를 맡을 때마다 '내가 어떻게든 해줘야 하는데' 하는 생각이 들었어요. 아이를 안고 행복을 느끼기보다는 오늘은 이 아이를 위해 뭘 해줘야 할지 고민했죠. 내가 낳기 싫다는 생각을 해서 그런 거라고 자책하면서 매일 필사적으로 알레르기와 싸웠어요.

어린 시절 친척들이 자신의 얼굴 반점을 엄마 탓으로 돌리는 걸 보고 강한 거부감을 느꼈던 미호 씨가, 알레르기로 고생하는 딸을 보면서 '낳기 싫다고 생각한 내 탓'이라며 스스로를 질책하고 있었던 것이다.

자폐증일지도 모르는 아들과 심한 알레르기가 있는 딸의 육아를 혼자서 도맡다 보니 살이 빠지고 몸과 마음 곳곳에서 이상 신호를 느꼈다.

슬픔에 빠지면 아무것도 손에 안 잡히잖아요. 그래도 그런 상황은 피해야 하니 감정이 없는 상태로 지냈어요. 항상 감정 없이 지내면서 그렇게 가정을 지켰어요. 슬픈 일이 있어도 슬퍼하지 않고 괴로워하지 않다 보니 기쁜 일이 있어도 기쁘지 않더라고요. 말도 안 나와서 뭔가 말하고 싶어도 말문이 막혀 가지고 몇 년 동안 말을 못 한 시기가 있었어요.

아는 사람도 거의 없는 외지의 아파트 방 한 칸에서 아이와 지내다 보니 정말 밀실 육아를 하는 느낌이었어요. 지금으로 치자면 독박 육아인데, 그렇게 한마디로 다 표현할 순 없는 것이었죠.

아이를 통제할 수 있어야 엄마다?

2006년 남편이 전근을 가게 되면서 가족이 다 함께 오사카에서 간토 지역으로 가게 됐다. 2008년에는 아들이 초등학교에 입학했고, 곧이어 서른넷의 미호 씨는 셋째를 출산했다.

초등학생이 된 첫째의 주위에서는 여전히 문제가 이어졌다. 수학 시간에 선생님이 귤 하나와 사과 하나를 더하면 얼마냐고 물었더니 "귤과 사과는 다른 건데 어떻게 더해요?" 하는 질문을 몇 번씩 던지며 수업의 흐름을 끊었다. 한번 꽂히면 좀처럼 다음 단계로 넘어가지 못해 국어 시간이 시작되었는데도 앞 시간에 배운 산수에 푹 빠져 교과서를 치우지 않았다. 선생님이 말리기라도 하면 자신의 기분을 말로 표현하지 못하고 난폭하게 굴기도 했다. 난감해진 학교에서는 아이가 수업에 차질을 주고 있고 한 아이만을 위해 학교를 운영할 순 없다며 엄마에게 해결책을 요구했다. 하지만 가정에서 지도를 잘해 달라는 말을 들어도, 엄마인 미호 씨 역시 쉴 새 없이 말하는 아들을 어떻게 멈춰야 할지 알지 못했다.

아들이 흥미를 좇다 보면 다른 사람에게 민폐를 끼치게 되는 건 알았지만 그것을 억누르고 억지로 주위에 맞추려고 하면 더 힘들어했다. 문제가 생길 때면 아이가 원하는 대로 하게 해주고 싶은 마음과, 그렇게 원하는 대로 내버려두다가 주변에 민폐를 끼치지 않을까 하는 불안 사이에서 갈등하는 일이 반복되었다.

아이가 음량을 조절할 수 있는 스피커도 아니고, 저도 컨트롤러가 아니니까 한계가 있어요. 수업 시간에는 제가 아이와 같이 있는 게 아닌데도, 고집 부리는 아이의 행동을 통제할 책임이 엄마에게 있는 건가 싶었죠.

주위에서 요구하는 엄마의 역할과 제가 엄마가 되기 전에 상상했던 모습이 너무나도 달랐어요. '내가 생각했던 엄마의 모습은 잘못된 것이었구나' '아이를 통제할 수 있어야 좋은

엄마구나' 생각했죠. 잘 이끌어 주면 제대로 성장할 수 있는데
내가 부족해서 이렇게 자란 아이가 선생님께 혼나고
힘들어하는 게 아닌가 싶었어요. 엄마니까 더 노력해야 한다는
생각, 엄마의 책임이나 역할에 대한 막연한 불안감이
지배적이었죠.

첫째는 나중에 자폐스펙트럼장애라는 것을 알게 됐지만, 입학 당
시에는 아직 진단을 받지 못한 상태였다. 자폐를 포함한 발달장애인
을 지원하는 법률이 시행된 지 3년이 지나 있었지만, 사회적 인식은
지금처럼 발달하지 않았던 시기였다.[8] 발달장애아의 특성을 이해하
지 못해 아이의 행동이 부모 책임인 것처럼 질책당하기도 했다. 의학
적으로 발달장애와 양육 방식은 무관한 것이었지만, 부모의 훈육 방
식이 잘못되었다며 지적하는 일도 적지 않았다.

입학한 지 얼마 지나지 않아 미호 씨는 학교에 불려 갔다. 아직
목도 제대로 가누지 못하는 셋째를 안고 찾아간 학교에서 '이런 애가
나중에 범죄자가 된다'는 말을 들었다. 이 한마디로 미호 씨는 마침내
한계에 이르렀다.

아무래도 난 엄마로서 자질이 없다는 생각이 들었어요.
그런데도 부모가 되겠다고 결정한 건 나니까 아이들은 어떤
의미에서 피해자였죠. 그 순간 그냥 애들이랑 같이
죽어야겠다고 생각했어요. 난 이 아이를 통제할 수 없으니까
그렇다면 엄마로서 책임을 지고 삶을 끝내야 하는 게 아닐까
싶었죠.

학교에서 집까지 어떻게 돌아왔는지 잘 기억나지 않는다. 나 혼자 죽으면 남겨진 아들은 누가 돌보며 어떻게 살아갈지 알 수 없었다. 그날 밤, 미호 씨는 아들에게 말했다.

"엄마랑 같이 죽자."

그러자 아들에게서 뜻밖의 대답이 돌아왔다.

"죽고 싶으면 엄마 혼자 죽어. 난 살아서 나중에 쓸모 있는 사람이 될 거야."

미호 씨는 갓 태어난 아들을 처음으로 품에 안았던 순간이 떠올랐다.

아들의 말에 가슴이 철렁했어요. '이 아이는 내 것이 아니다. 아이와 나는 서로 다른 인간이다' 했던 출산 당시의 느낌이 생각났거든요. 만약 아들이 "엄마, 같이 살자" 했거나 "날 위해서 힘내"라고 위로했다면 제 귀에는 들리지 않았을 거예요. '엄마가 죽어도 나는 살겠다'라는 말에 도리어 해방감을 느꼈어요.

말썽만 부리는 아들이 성인이 되면 과연 어떤 모습일지 사실 제 스스로도 상상이 안 됐어요. 하지만 그런 아들이 어느새 남에게 도움이 되겠다며 제가 생각지도 못한 미래를 꿈꾸고 있어서 놀랐어요. 주변에서는 계속 어떻게든 해보라고 아우성이었지만, 역시 이 아이는 지금 모습 그대로여도 괜찮지 않나 싶었어요. 아이를 바꾸려 하지 말고, 아이가 꿈을 이룰 수 있도록 있는 그대로 키워야겠다고 생각했죠.

미호 씨는 엄마가 된 순간, 아이는 나와 다른 인격을 지닌 한 사람이라는 걸 분명히 깨달았지만, 아이의 모든 일을 책임지는 동안 어느새 자신과 아이의 경계가 사라지고 아이의 삶과 죽음마저 책임져야 한다고 생각하게 된 것이었다. 삶과 죽음의 경계를 오가던 그녀를 가까스로 붙잡아 준 것은 주위의 어른도, 행정기관이나 의사도 아닌 여섯 살 아들이었다.

엄마를 그만두다

이 정도로 궁지에 몰리기 전, 미호 씨는 키우기 힘든 첫째와 알레르기가 심한 둘째에 관해 상담을 요청해 본 적도 있었다. 하지만 일이 바쁘고 육아에 참여할 기회가 없었던 남편은 "너무 깊이 생각하는 건 좋지 않아. 머리로 생각하지 말고 모성으로 생각해 봐" 하면서 함께 문제를 해결하려 하지 않았다. 외부에도 도움을 요청해 봤지만 상황은 달라지지 않았다. 육아 상담사는 "어머니가 약한 소리를 하면 어떡해요" 하면서 핀잔을 줬고, 지역의 육아지원센터 강연회에서는 "엄마는 슈퍼우먼이 되어야 한다"고 설교했다. 엄마의 역할은 '당연히 해야 할 일'이고 이를 대신해 줄 사람은 아무도 없다는 압박이 이어졌다.

미호 씨는 결국 매일 직면하는 문제들을 하나씩 스스로 해결해 나갔다. 첫째에게 밥을 먹이기 위해 택한 방법은 '모성으로 생각하기'가 아니라 아들을 관찰하는 것이었다. 아무것도 먹으려 하지 않던 아들이 어느 날, 팥밥을 보더니 "무당벌레 밥을 먹고 싶어"라고 말했다. 밥에 든 팥이 좋아하는 무당벌레처럼 보인 모양이었다. 다음에도 팥

밥을 지어 주자 한 그릇을 더 달라고 할 정도로 맛있게 먹었다. 그 순간 이 아이를 움직이게 하는 건 흥미라는 걸 깨달았다. 이날의 발견을 계기로 먹을 수 있는 것이 조금씩 늘어났다. 흥미를 끌려고 바지락이 어둠 속에서 모래를 뱉어 내는 모습을 보여 준 뒤 조개찜을 만들어 주자 역시나 성공이었다. 그러나 어렵사리 먹게 된 바지락도 제철이 끝나 맛이 떨어지니 다시 거부했다. 그렇게 일진일퇴를 거듭하면서 아들의 특성을 파악해 나갔다.

> 아이가 어떻게 하면 먹을지 고민을 오래 했잖아요. 상담을 한 건, 어떤 걸 주면 먹을지, 문제를 해결하기 위한 구체적인 조언이 필요해서였어요. 모성으로 생각해 보라든가 약한 소리 하면 어떡하느냐 같은 말은 저에게는 전혀 해결책이 될 수 없었죠. 그런 말들은 결국 자기들도 알지 못하는 걸 엄마에게 강요하는 거 아닌가 싶었어요. '엄마'란 참 둘러대기 쉬운 말이구나 싶었죠.

아들이 '나중에 범죄자가 될 것'이라는 말까지 들었던 것도, 돌이켜 보면 자신이 '엄마니까' 그렇게 말해도 괜찮을 거라고 생각해서였다. '엄마니까' 쏟아지는 많은 말들을 마주할 때마다 내가 책임을 져야 한다는 생각에 사로잡혔다. 문득 바로 이것이 내 고통의 근원이 아니었을까 하는 생각이 들었다.

그리하여 미호 씨는 마침내 '엄마를 그만둬야겠다'는 결론에 도달했다.

만약 내가 아빠라면 이 사람은 이렇게까지 말할까? 내가 '엄마니까' 이런 말도 쉽게 하는 게 아닐까 싶었어요.

어디를 가도 일단 그런 말이 쏟아졌어요. 엄마 역할에 적응하지 못하는 것은 개인의 문제고 '어쨌든 노력이 부족하다' '애정이 부족하다' '더 노력해야 한다'고요. 엄마로 살아가는 한 계속 이렇게 상처받을 것 같았어요.

그렇다면 나를 지키기 위해, 살기 위해 엄마 역할을 내려놔야겠다고 생각했죠. 그리고 엄마를 그만두고 '팬'이 되겠다고 결심했어요. 엄마니까 해야 한다고 생각하면 너무나 무거운 책임에 짓눌리게 되잖아요. 엄마의 책임이라서가 아니라, 우연히 같은 시대를 살아가는 팬으로서 함께 시간을 보내고, 키우는 것이다, 그런 마음으로 살기 시작했더니 정말 편안해졌어요. 팬은 그 사람이 존재하는 것만으로도 기쁘고 힘을 얻게 되잖아요. 지금은 평생 '탈덕' 없는 애들 팬으로 살고 있어요.

미호 씨는 누군가의 강요가 아니라 스스로의 결정에 따라 아이들을 지키고 응원하기로 했다. '엄마'라는 무거운 갑옷을 벗어던지니 어제와 다를 바 없는 자신이 완전히 새로운 사람이 된 것 같았다.

그럼에도 돌봄은 계속된다

첫째는 노트 필기가 어려운 학습장애가 있었지만 배우는 것을 무척 좋아했다. 미호 씨는 학교가 아이와 맞지 않는다면 다른 곳을 찾으면 된다고 생각했다. 낚싯배에 태워 보기도 하고, 화석을 캐러 가기도 하면서 아이가 관심 있는 것을 마음껏 탐구할 수 있는 기회를 함께 찾아다녔다. 그렇게 여러 곳을 다니는 동안, 아들은 물리에 관심을 갖게 되었고 대학에서 공부하고 싶다는 목표가 생겼다. 노트 필기는 컴퓨터나 태블릿을 사용해 문제없이 수업도 듣고 시험도 칠 수 있었다. 하지만 일본에서는 대학 입시에서 필기가 어려운 학생을 배려하는 대학을 찾기 어려웠다. 반면 해외에는 이미 발달장애가 있는 학생도 시험을 볼 수 있는 환경이 마련돼 있었다. 첫째는 외국에서 공부하는 것을 목표로 노력한 끝에 스무 살에 외국 대학에 합격했다. 현재는 가족과 떨어져 혼자 생활하면서 물리학을 공부하고 있다.

아들은 남들이 부러워할 만한 진로를 선택해 무사히 자립한 것처럼 보일 것이다. 하지만 미호 씨는 앞으로도 계속 아들을 돌봐야 한다고 생각한다.

지금은 아들 혼자서 생활하고 있지만, 앞으로 직장을 다니거나 하게 되면 또 다른 도움이 필요할 거예요. 지금도 한밤중에 갑자기 전화가 올 때가 있어요. 그럴 때 엄마로서의 책임감 때문이라기보다는 힘들 때 이야기를 들어 주는 존재라는 생각으로 전화를 받아요. 제가 해줄 수 없는 일이라면 다른 사람에게 도움을 청하게 하고요. 주변에 이해해 주는 사람을 조금씩 늘려서 아들이 기댈 수 있는 사람을 함께 찾아가는 것이 제가 할 수 있는 일인 것 같아요.

세 아이가 모두 성장하고 나니 이번에는 주위에서 "엄마도 뒤처질 수 없지" "엄마도 이제 빛을 봐야지" 하는 말이 들려왔다.

20년 전 신혼 당시 미호 씨는 부부가 서로 협력하며 계속 일을 하는 미래를 꿈꿨다. 첫째를 임신하고 회사를 그만두면서 남편에게 이야기했던 '꼭 사회에 복귀하고 싶다'는 소망은, 첫째를 홀로 떠맡으면서 오랫동안 이루지 못했다. 50대를 앞둔 지금 '이제 뭐든 할 수 있어' 같은 격려를 받는다 해도, 놓았던 일에서 얻던 보람과 급여, 대우를 생각하면 손실은 크고, 커리어를 되찾기도 쉽지 않다. 아이들을 키우면서 결혼 전에 모아 둔 돈도 다 써버렸다. 아이들을 보살피며 상처도 받았고 잠도 건강도 포기했다.

친구한테 "엄마 같은 건 되는 게 아니었어"라고 20년간 숱하게 말했어요. 지금까지 엄마가 되길 잘했다고 생각한 적이 없어요. 제 인생이 마치 솜털이 반쯤 날아간 민들레 같아요. 절반마저 날아가면 남은 일은 시드는 것뿐이지만, 요즘은 그래도 괜찮다고 생각해요. 최선을 다했으니까요. 다시 태어나도 엄마가 되겠냐고요? 글쎄요, 제 인생은 이번 한 번뿐이잖아요. 그래서 후회하는 거고, 앞으로도 후회를 안고 살아가겠죠.

가끔 "꿈이 뭐예요?" 같은 질문을 이제야 들을 때가 있어요. 꿈이 없으면 안 되는 걸까요? "뭘 좋아해요?"라고 묻기도 하는데, 뭘 좋아하는지 생각할 여유조차 없었어요. 이제는 꿈이 없어도, 빛나지 않아도 괜찮다고 생각해요. 내가 할 수 있는 일이 있으면 할 거고, 아이들 말고도 내 존재를 필요로 하는

사람들이 있으니 살아 있는 동안은 어떻게든 살자, 그 정도의
마음이에요.

미호 씨는 첫째가 어느 정도 성장한 뒤 40대에 접어들며 일자리
를 구하기 시작했다. 면접관에게 "15년 동안 육아만 했다고요? 주변
의 도움을 못 받은 건 관리 능력 부족 아닌가요?"라는 말을 듣기도 했
다. 15년간, 주변 환경에 적응하기 어려운 아이가 자신의 자리를 찾을
수 있도록 홀로 동분서주했다. 그사이에 커리어도 자신의 관심사도
뒤로 미뤄 온 게 정말 능력이 부족한 탓이었을까? '대신할 사람은 없
다'며 아이의 모든 것을 떠맡기고, 감당하기 힘든 부담과 희생을 엄마
인 미호 씨에게만 강요했던 건 누구였을까? '엄마를 그만두겠다'는
미호 씨의 선언은, 엄마에게 과도한 책임을 떠넘기면서도 그 사실에
무감각한 사회를 향한 작은 저항이기도 했다.

2022년 12월, 미호 씨의 인터뷰가 방송을 탔다. '엄마를 그만두고
팬이 되겠다'는 그녀의 말은 방송이 끝나자마자 육아 중인 엄마들 사
이에 큰 반향을 일으켰다.

이듬해 봄, 미호 씨에게서 메일이 왔다. 파견직으로 발달장애인
을 지원하는 회사에서 비서로 일하게 되었다는 소식이었다. 좋아서
선택한 일은 아니지만 오랜 시간 아이들을 보살피는 역할을 해온 덕
분에 비서 업무가 수월하게 느껴진다고 했다.

지금은 나름 즐겁게 지내고 있어요. 하지만 그렇다고 해서
사회에 대한 분노 같은 감정이 사라진 건 아니에요.
무책임하게도 '엄마를 그만뒀다' 생각하면서 제 마음은

편해졌지만, 그렇게 생각한다고 진짜로 해방된 건 아니죠.

　엄마들은 좀 더 마음 편히 후회해도 괜찮다고 생각해요. 후회 없는 인생을 사는 사람은 없으니까요. 엄마가 된 부분만 후회해선 안 된다는 법은 없잖아요. 마음껏 후회하고 싫은 건 싫다고 말하면서 거기서부터 무엇을 할 수 있을지 고민하면 좋겠어요.

머릿속에 이상적인 엄마의 모습이 있었어요. 맛있는 거 만들어 주고, 언제나 시간 맞춰 데리러 가고, 열심히 놀아 주고, 아이가 하는 말에 다정하게 대답해 주는 엄마요. 그런 모습과 제가 맞지 않는다는 생각에 괴로웠던 것 같아요.

무라타 사야, 인터뷰 중에서, 2022년 5월

취재를 하면서 만난 엄마들은 대개가 '좋은 엄마가 될 수 없었다'라고 말하곤 했다. 무라타 사야 씨(36세, 가명)와 처음 연락이 닿은 것은 도나스의 『엄마 됨을 후회함』이 일본에서 출간되고 한 달 뒤인 2022년 4월이었다. 출간 후 몇 주밖에 지나지 않았을 때였지만, 트위터(현재 X)에는 공감하는 사람들의 열띤 후기가 여기저기서 눈에 띄었다. 이 주제를 기사화할 수 있을까 싶어 출간 후 엄마들의 반응을 조사하던 중, 익명의 계정에 무라타 씨가 책을 읽고 쓴 글을 발견하고 인터뷰를 요청하는 메시지를 보냈다.

무라타 씨는 도쿄의 한 기업에서 정규직으로 근무하며 남편과 초등학생 아들, 어린이집에 다니는 딸과 함께 자가 아파트에 살고 있었다. 독서를 좋아하는 그녀는 도나스의 책이 출간되었다는 소식을 듣고 아무에게도 들키지 않게 전자책으로 구입했다. 책을 읽는 동안 엄마들의 말이 자신의 이야기처럼 느껴졌다고 한다.

SNS로 인터뷰를 요청하면 거절당하기 일쑤였던 당시, 후회에 공감하는 여성을 직접 만나게 된 것은 이때가 처음이었다. 무라타 씨가 퇴근 후 어린이집에 딸을 데리러 가기 전에 이야기를 듣기로 했다. 약속 장소에서 기다리고 있으니 시간에 맞춰 무라타 씨가 나타났다. 인터뷰가 시작되자 무라타 씨는 질문에 대해 곰곰이 생각하며 자신의 감정에 딱 들어맞는 말을 찾으려는 듯 조심스럽게 입을 열었다.

이왕 낳아야 한다면

무라타 씨는 1985년 대형 전자 기업에 다니는 아버지와 전업주부인 어머니 사이에서 태어났다. 아버지의 전근이 잦아 여러 지역을 전전하며 자랐고, 도쿄에 있는 대학의 이공계 학과에 입학했다.

집안에 딱히 불만이 있던 건 아니어서 부모님처럼 살아갈 거라고 생각했어요. 좋은 대학, 좋은 직장 들어가서 결혼하고 애 낳고 사는 게 행복인 줄 알았죠. 경기가 좋은 시절이었고, 아버지는 해외 출장이 잦아서 집을 비울 때가 많았어요. 엄마는 아침 일찍 아버지 출근 시간에 맞춰 일어나 옷을 챙겨 놓고 아침을 준비했어요. 그런 모습이 어느 집이든 당연한 건 줄 알았어요. 나도 결혼하면 살림은 직접 해야겠다고 생각했죠.

대학을 졸업한 2008년, 스물두 살의 무라타 씨는 도쿄에 있는 상장 기업에 시스템엔지니어로 입사했다. 이공계 여성 인재로서 귀한 인력이었다. 신입 시절 배정된 부서에서 의지하던 아홉 살 연상의 선배와 바로 사귀기 시작해 스물네 살에 결혼했다. 사회인이 된 지 불과

몇 년밖에 되지 않아 아직 앳된 모습이 남아 있던 무라타 씨는 남편에게 '자랑스러운 아내'가 되고 싶었다. 전업주부가 될 생각은 없었지만, 자신의 어머니가 그랬듯이 기상 시간부터 라이프스타일까지 모두 남편에게 맞췄다. 직장에서 '선배'였던 남편은 가정의 의사 결정을 주도하는 '가장'이 되었고, 무라타 씨는 자연스럽게 남편을 따르는 관계가 되었다. 시댁과도 원만히 지내며 사랑받는 아내로 살고 싶었다.

> 결혼하고 시부모님과 이야기를 나누다 보면 자연스럽게 '다음 수순은 아기'라는 식으로 분위기가 흘러갔어요. "지금은 석 달에 한 번 와도 애 생기면 한 달에 한 번은 올 거지?"라는 둥, 아직 태어나지도 않은 아기 옷을 친척한테 물려받으면 좋겠다는 둥, 아무튼 애를 낳는다는 전제가 당연하게 깔려 있었어요. 남편은 낳아도 안 낳아도 상관없다는 식이었지만, 안 낳으면 계속 그런 분위기와 싸워야 할 것 같아서 그럴 바에는 빨리 낳고 편해지자 싶었어요. 어차피 낳을 때까지 계속 그런 얘기가 나올 테니 서둘러 임신을 계획했죠.

시부모님의 기대에 부응해야 한다는 의무감뿐만 아니라 신뢰하는 남편의 아이라면 낳아 보고 싶다는 긍정적인 마음도 있었다. 꿈꿔 왔던 인생 계획은 3년 정도 부부만의 시간을 즐기다 서른 전에 아이를 갖는 것이었다. 회사 동기들보다 결혼이 이른 편이었지만 배란이 잘 안 된다는 진단을 받은 무라타 씨는, 아이를 가질 거라면 서둘러야겠다는 생각에 20대 중반부터 마음을 졸였다. 얼마 후 산부인과에 다니며 착실히 '임신'을 준비해 나갔다.

　3년 만에 그녀는 임신에 성공했다. 살면서 계획했던 모든 일들이 착착 진행되는 듯했다.

2013년, 첫째 아들을 출산했다. 남편은 주말에 아이가 태어나는 걸 지켜봤지만, 평일이 되자 곧바로 업무에 복귀했고 무라타 씨는 퇴원하자마자 곧바로 24시간 '독박' 육아 체제가 시작됐다. 그녀가 첫째를 출산한 그해 남성의 육아휴직 사용 비율은 2퍼센트에 불과했다.[9] 대다수 가정들과 마찬가지로 무라타 씨의 경우에도 아빠가 육아휴직을 쓸 계획은 없었다.

　보건소에선 신생아를 저녁 7시에는 재우라고 권했기 때문에 6시까지는 목욕과 수유를 마쳐야 했다. 남편이 7시에 돌아온다고 해도 재울 준비까지 모두 혼자서 끝내야 하는 일정이었다. 아이가 매일같이 밤마다 울어 젖히는 통에 자다가도 몇 시간마다 일어나야 했지만, 남편에게 맡기면 다음 날 업무에 지장이 생길 것 같아 혼자 돌봤다. 휴일에 잠시 외출을 해보려 해도, 평상시 아이를 돌보지 않던 남편에게는 맡기기가 어려웠다. 아이가 울면 남편은 "역시 엄마가 좋은가 봐" 하면서 곧바로 떠넘겼다. 엄마라고 해서 우는 아기를 쉽게 달랠 수 있는 건 아니었다. 아이가 왜 우는지 모를 때는 어떻게든 진정시키는 자세와 방법을 찾아봐야 했다. 남편도 자신처럼 시행착오를 겪다 보면 될 텐데, 못 하겠다며 금세 포기해 버렸다. 아이에게서 잠시도 떨어질 수 없었던 무라타 씨에겐 머리를 자르러 나갈 시간조차 나지 않았다.

생후 3개월 무렵, 머리가 너무 부스스해서 남편에게 아이를 맡기고 미용실에 갔다. 출산 후 아이와 떨어진 건 이때가 처음이었다. 두 시간쯤 지났을까. 집에 돌아와 현관문을 열자 아이가 목청껏 우는 소리가 들려왔다. 아이 옆에는 남편이 잔뜩 불편한 얼굴을 하고 앉아 있었다.

> 아이를 혼자서 볼 수 있을 때까지 조금씩 준비하고 연습하는 사람도 있어요. 잘 안 되면 어떻게 하면 좋을지 이것저것 시도해보는 거죠. 남편은 그런 궁리도 않고 바로 '더는 못 하겠어' 하는 식이었어요. 게다가 내가 왜 이런 꼴을 봐야 하느냐며 화를 낼 정도여서 그럴 거면 내가 보는 게 낫겠다 싶었죠.

처음에는 두 사람 모두 육아 초보였을 것이다. 하지만 안 되면 아내에게 맡기면 그만이라고 생각하는 아빠와 반드시 문제를 해결해야 하는 엄마 사이에는 육아에 관한 지식과 스킬 면에서 금세 차이가 벌어지기 시작했다. 비슷한 상황이 계속되는 동안 남편은 "나는 못 하겠다"며 점점 더 의욕을 잃어 갔다. 무라타 씨는 주말에 친구와 잠시 차 마실 시간도 내기 어려웠고 개인적인 용무로 외출하는 일은 거의 없었다. '아이가 있으면 이렇게 아무것도 할 수 없구나' 그런 생각만 계속 들었다.

아기와 단둘이 지내는 시간이 길어지자 혼자서 한 생명을 오롯이 책임져야 한다는 두려움과 중압감에 시달렸다. 눈 깜짝할 새 일어나는 질식 사고나 낙하 사고, 잠든 아기가 갑자기 사망하는 '영유아 돌연사 증후군' 등 어디에 숨어 있을지 모르는 위험을 어떻게든 피해야 했다. 오늘도 아이를 무사히 지켜 냈다는 생각에 잠시 안도하다가도, 숨 돌릴 새 없이 가파른 벼랑 위에 서있는 듯한 나날이 이어졌다. 아이를 키우는 사람은 다들 이런 마음이겠지 싶었다.

육아가 얼마나 힘든 일인지는 낳기 전부터 정보를 모으며 어느 정도 이해했다고 생각했지만 현실은 예상을 한참 뛰어넘었다.

숨을 제대로 쉬고 있는지, 살아 있는 걸 몇 번이나 확인해야 마음이 놓였어요. 요령을 부려서도 안 되고, 잠깐 한눈팔았다가는 죽을 수도 있는 생명을 책임지는 거니까요. 잠투정도 어찌나 심한지, 이렇게 바싹 긴장하고 나를 쥐어짜는 듯한 날들이 올 거라고는 생각지도 못했죠. 취업-결혼-출산까지 모두 순조롭게 흘러가는 것 같았는데, 애를 낳으면 무슨 일이 생기는지, 애를 키운다는 게 어떤 일인지, 상상력이 부족했던 것 같아요.

'좋은 엄마'가 되어야 한다

그럼에도 불구하고 육아는 처음이라 그렇겠지, 하며 스스로를 다독였다. 누가 뭐라 한 것도 아닌데, 좋은 엄마가 되어야 한다고 자신을 몰아붙였다. 그것은 부모로서 아이를 더 좋은 환경에서 키워야 한다는 책임감에 가까운 감정이었다.

같은 또래 아이를 둔 친구와 정보를 교환하며 애한테 도움이 될 만한 거라면 뭐든 했다. 그중 하나가 생후 6개월 무렵에 다녔던 베이비 마사지 교실이었다. '유대감을 높이고 발육을 돕는다'라는 안내 문구에 끌렸다. 아이와의 스킨십은 '애정 호르몬'이라고도 불리는 옥시토신 분비를 촉진해 아이에 대한 애착을 높인다고 알려져 있다.[10] 두 손에 오일을 듬뿍 바르고 아들의 통통하고 말랑말랑한 팔과 다리를 마사지했다.

수업에 몇 번 참여하다 보니 문득 다른 점을 깨달았다. 다른 엄마들은 자신과 달리 아기와의 교감을 진심으로 즐기는 것 같았다.

> 다른 엄마들은 아이한테 "기분 좋지?" "귀여워라" 이러면서 마사지를 하더라고요. 뭐랄까, 애지중지하는 느낌이었죠. 아기와 힐링했다고 말하는 사람도 있었는데, 저는 그런 느낌이 아니었어요. 즐거워 보이는 엄마들 사이에서 저만 묵묵히 정해진 절차를 따라가는 사람 같았죠.
>
> 첫째 때는 제대로 된 육아를 해야겠다는 마음에 베이비 사인▮이나 수제 이유식 만들기, 그림책 읽어 수기 같은 '그럴듯한' 것들을 해봤어요. 아이한테 도움이 되겠지 싶어서요. 아이가 좋아해 준 적도 있긴 한데, 제가 재미있어서 한 건 아니었어요.

무라타 씨는 결혼 전에도 아이를 좋아하진 않았지만, 엄마가 되면 달라질 거라고 생각했다. 주위에서 '내 자식은 귀여운 법'이라고

▮ 말을 배우기 전인 아이와 간단한 손짓으로 소통하는 대화법.

하니 자신에게도 분명 아이를 키울 자질이 있고, 엄마라면 갖게 될 감정이 생길 거라고 믿었다. 하지만 실제로 엄마가 되면 좋아하게 될 거라고 상상했던 일을 해봐도, 별다른 감흥이 없었다.

사람들 말대로 꼭 껴안고 싶고, 사랑스러워서 어쩔 줄 모르는 감정이 생길 줄 알았죠. 엄마만 느낄 수 있는 뭔가가 생기겠구나 싶었어요. 남편이나 반려동물한테는 '어쩜 저렇게 귀엽지?' 할 때가 있었으니까 분명 아이에게도 비슷한 감정을 느낄 거라고 생각했어요. 근데 아니었어요. 귀여운 순간은 물론 있지만, 다른 엄마들과 비교하면 뭔가 무덤덤하달까… 존재만으로도 사랑스럽다고 느껴지진 않았어요.

'어머니' '어머니' '어머니'…

무라타 씨가 육아에 대한 불안이 높아진 계기 중 하나는 아이의 건강과 발달 상태를 점검하는 영유아 검진이었다. 생후 1개월에 병원에서 첫 검진을 받은 뒤 몇 달 간격으로 지자체 보건소를 찾아가 검진을 받았다.

보건소에 가면 늘 모든 말이 '어머니'로 시작했어요. 아침에 빵만 먹었다고 하면 "어머니, 그럼 영양이 부족하니까 채소랑 유제품도 챙겨 주세요" 이래요. 아이가 안 먹는다고 하면 "어머니가 방법을 고민해서 먹게 해야죠" 하고요. 그런 대화를 계속하다 보면 이걸 전부 내가 해야 하나 싶은 마음에

울컥하더라고요.

저녁 7시에는 재우라는데, 그렇게 이른 시간에 자면 아빠 얼굴을 못 보잖아요. 그래서 둘째 때는 사실 8시에 재워도 7시에 잔다고 거짓말을 했어요. 첫째 때 뭐든 너무 솔직하게 대답했다가 혼나고 시무룩해져서 집에 돌아오곤 했어서요.

'어머니'로 시작되는 공격은 보건소뿐만 아니라 병원에서도 이어 졌다. 소아과에서는 "어머니, 매일 약 발라 주고 계시죠?"라고 물었고, 충치가 생기면 "어머니가 직접 이를 닦아 줘야죠" 같은 지적을 받았다. 어린이집에서 알레르기 증상이 나타나 급하게 진료를 받으러 갔을 때는 의사가 아이의 상태를 잘 살피라며 나무라듯 말했다. 엄마는 아이와 떨어져 있을 때 벌어진 일조차 죄다 알고 있어야 하고, 관리하고 기록하는 게 당연한 것처럼 여겨졌다. 무라타 씨는 이런 지적이 아이의 성장과 건강을 고려한 전문가의 관점에서 나온 것임을 살 알고 있었지만, 공공 기관에서도 모든 대응을 당연히 엄마가 해야 한다는 식으로 지적당하다 보니 무거운 짐을 홀로 짊어진 기분이 들었다.

보건소든 병원이든 전문가가 뭐라뭐라 하는 게 참 힘들더라고요. 그냥 편의상 '어머니'라 부르는 거겠지 생각하려 해도 부담스러웠어요. 들었던 말을 하나하나 마음에 담아 두고 내 노력이 부족한 탓이라고 자책하게 되더라고요. 척척 다 해내야 '좋은 엄마'일 텐데 부족한 엄마라서 미안한 마음이었어요.

아이와 관련된 곳에 갈 때마다 '어머니'라는 말을 계속 듣다 보니 다른 엄마들은 당연히 해내고 있을 거라는 생각도 들었다. 그러다 보니 육아에 소극적인 남편을 바꿔 보려 하기보다, 아이를 위해서라면 내가 할 수밖에 없다는 생각이 점점 굳어져 갔다.

일과 육아 사이에서

출산휴가에 들어간 지 딱 1년 만에 복직해 보니 아이와 떨어져 일하는 시간이 새롭게 느껴졌다. 회사원으로서도 엄마로서도 최선을 다해야겠다고 마음먹었다.

지금까지 해왔던 업무는 당연히 하는 거고, 집에 가면 아이도 잘 챙겨 주려고 했어요. 회사에서도 집에서도 제대로 잘하자, 힘을 내자 다짐했죠. 그 대신 아내로서 지금까지 남편을 챙겨 주던 게 좀 소홀해져도 이해하려니 했어요. 근데 남편이 집에 와서 대화도 못 나누니 쓸쓸하다는 거예요. 남편 외로움까지 챙겨야 하나 싶었죠. 꼭 애가 하나 더 있는 것 같았어요. 매일 숨 돌릴 틈도 없는데요.

복직 후에는 단축 근무를 하며 오후 4시 30분에 퇴근하게 된 무라타 씨는, 육아뿐만 아니라 집안일까지 상당 부분 도맡게 됐다. 아내가 복직한 뒤에도 남편은 이전과 다름없이 일하다 보니 집안에서의 역할 분담은 점점 굳어졌다. 게다가 남편은 부담을 덜어 주기는커녕 오히려 일을 늘리는 사람이었다. 육아를 혼자 감당하다 보니 업무에 지장이 생기기도 했다.

애가 열이 나면 병원에 데려가는 건 언제나 저였어요.
어린이집에 다닐 때도 남편 혼자 병원에 데려간 적이 없어요.
제가 단축 근무를 하고 회사에서 중요한 업무도 맡지 않는다고
생각해서였는지 "당신이 바로 갈 수 있잖아!" 이러면서 대신
가준 적이 없어요. 일을 쉬는 쪽이 당연히 제가 되는 게 너무
속상했달까요. 유급휴가도 전부 다 써서 결근을 한 적도 있어요.
점점 '남편은 돈 버는 역할, 육아는 내 책임' 같은 식이 되어
갔죠.

일과 육아 사이에서 항상 균형을 고민하는 사람은 언제나 엄마인
무라타 씨였다. 그러나 양쪽을 모두 성실하게 해내려 할수록 꿈꾸던
사회인의 모습에서도, '좋은 엄마'의 모습에서도 점점 멀어지는 느낌
이었다.

무너진 신뢰

2016년, 서른 살 무라타 씨는 둘째를 출산했다. 아이가 하나일 때는
어떻게든 해내던 일들이 둘이 되자 버거워지며 '독박 육아'의 한계가
더 절실히 느껴졌다.

형제가 있으면 좋을 것 같아서 둘째를 낳기로 했죠. 크면 둘이
알아서 놀 거고 서로 돕기도 하면서 본인들에게도 좋은 영향이

있겠지 싶었어요. 근데 애가 둘이 되니까 저 혼자서는
물리적으로 힘들다 싶은 순간이 오더라고요. 중심을 잘 잡고
순서를 생각하면서 움직이지 않으면 모든 게 무너질 것
같았어요.

계획을 세우며 꾸려 가도 뜻밖의 일이 생기면 그대로 되지 않는
경우가 많았다. 두 아이를 어린이집에 보내던 시절, 어느 날 아들이
아프다는 연락을 받았다. 일을 서둘러 끝내고 딸은 어린이집에 맡긴
채 아들을 병원에 데려갔다. 아들의 상태는 집에 돌아온 뒤 안정되었
지만, 딸을 데리러 갈 즈음 다시 상태가 악화되어 구토 증세가 계속
됐다.

애가 계속 토하는데 어떻게 딸을 데리러 가야 하나 정말
막막했어요. 남편한테 "어린이집에 8시까지는 맡길 수
있으니까 그때 데리러 가줄 수 있어?" 하면서 물어봤는데
"회의인데 당연히 못 가지" 이러고는 끝이었어요. 아들이
아픈데 회의가 중요한가 싶었죠. 결국 아들에게는 미안하지만,
봉지를 챙겨 같이 택시를 타고 딸을 데리러 갔어요.
　　육아는 나한테 다 맡겨 놓고는, 내가 어떤 일을 겪고 있고
얼마나 힘든지 남편은 몰라요. 하루만 해보고 '쉽네' 이러면 안
되죠. 매일 아무런 탈 없이 하는 게 힘든 거잖아요. 그런 것들이
쌓이면서 신뢰가 점점 무너졌던 것 같아요.

결혼 당시엔 남편이 자신을 가장 잘 이해해 주는 존재라 믿었지

만 육아를 하면서 무라타 씨는 서로 바라보는 풍경 자체가 완전히 달라져 있음을 깨달았다.

엄마로서의 소질

아이들이 어린이집을 다니게 된 후, 첫째 때 베이비 마사지 교실에서 느꼈던, 난 다른 엄마들 같지가 않구나 싶은 감정이 더 강해졌다. 아이를 데리러 갔을 때 다른 엄마들이 아이의 이야기에 다정하게 귀 기울이는 모습을 보면 그렇게 대단해 보일 수가 없었다.

> 애들이 "오늘 이런 일이 있었어"라고 말하면, 다른 엄마들은 "어머! 그랬니? 그래서 어떻게 했는데?" 하면서 열심히 맞장구를 치는데, 저는 "그래, 좋았겠네" 정도밖에 반응을 못 해요. 말투나 리액션 뭐 이런 사소한 것들을 다른 엄마들이랑 비교하면서 '애들은 다정한 엄마를 더 좋아하겠지' 하는 생각에 열등감이 생기더라고요.
> 아이가 울음을 그치지 않거나 음식을 바닥에 던져 버리거나 갑자기 멈춰 서서 꼼짝도 안 할 때가 있잖아요. 저는 아이의 그런 불안정함을 잘 받아 주지 못했어요. 그런데 어떤 엄마들은 그런 상황을 즐기듯 받아들이고 "애들이 원래 그렇지" 느긋하게 말하는 걸 보면서 저와 정말 다르다고 느꼈어요.

아이와 놀아 주는 데도 소질이 없는 것 같았다. 어느 날 아이와 '역할 놀이'를 하다가 문득 자신에게는 이런 놀이가 힘들다는 걸 깨달았다. '병원 놀이'나 '선생님 놀이'를 할 때면 아이가 정한 사소한 규칙에 맞춰 행동하는 게 너무 괴로웠다.

장시간 역할에 맞춰 말하는 게 너무 힘들고 자잘한 지시나 명령을 들으면 짜증이 났어요. 아이가 "엄마, 놀자" 해도 저는 하고 싶지 않았어요. "오늘은 못 하겠어" 하면 실망한 얼굴을 하니까 미안하고요. 다른 엄마들은 분명 같이 잘 놀아 줄 텐데, 저는 적성에 안 맞는 것 같았죠.

게다가 언제부턴가 무라타 씨는 아이가 몸을 기대려 할 때마다 불편한 감정이 들기 시작했다. 엄마라면 느끼지 않을 감정이라고 생각했기에 누구에게도 털어놓을 수 없었다. 그때부터 '내가 어딘가 결핍된 사람이 아닐까?' 하는 생각이 자꾸 들었다.

아이가 안아 달라고 어리광을 부리면 정말 마지못해 안아 주는 느낌이었어요. 한번 안아 주면 한동안은 다시 안고 싶지 않았고요. 그러다 보니 모성도 없고 애정도 부족한 엄마가 아닌가 싶더라고요. 스스로 냉정한 인간이라고 생각했죠.
아이의 요구를 거부하는 것도 그렇고, 제 사소한 말투나 태도가 나중에 아이에게 나쁜 영향을 미치면 어떡하나 걱정됐어요. 아이에게 상처 주지 않는 좋은 엄마이고 싶고 안심할 수 있는 존재가 되고 싶은데, 잘하고 있다는 자신이 없었어요. 아이의 요구를 뿌리치고 나면, 나쁜 엄마라는 생각이 들었죠.

'좋은 엄마'인지 아닌지는, 무라타 씨 자신의 평가만으로 끝나지 않았다. 남편과 학교 등 주위에서도 엄마인 자신의 행동을 항상 평가하는 것 같았다. 그리고 주위에서 요구하는 '바람직한 엄마의 모습'은 생각보다 훨씬 기준이 높다는 것을 깨달았다.

> 네 살 때인가 딸애가 갑자기 울음을 터뜨린 적이 있었어요. 저는 마침 핸드폰을 보고 있어서 우는 이유를 모르겠더라고요. 그걸 본 남편이 "엄마가 핸드폰 같은 걸 보고 있으면 안 되지. 그러니까 애가 울잖아" 이러는 거예요. 도대체 그게 무슨 소린가 싶었지만, 한편으로는 괜히 죄책감도 들어서 한동안 집에서는 폰을 안 봤어요.
>
> 어딜 가든 엄마는 아이랑 늘 함께 있으면서 정성껏 보살펴 주는 존재여야 한다고 생각하잖아요. 남들이 저를 늘 그렇게 보는 것 같았어요. 학교 행사 가는 거나 등하교시키는 거, 끼니 챙기는 것까지 모두 제 의사와 상관없이 해야 하는 일인데도 '당연히 엄마가 해야지' 하는 게 너무 부담스러웠어요. 엄마는 아이를 위해서라면 뭐든 해내는 슈퍼맨처럼 여기는 것 같았죠.

한편, 아빠인 남편이 육아와 집안일을 하면 곧바로 주위에서 칭찬이 들려왔다. 남편이 가족의 저녁 식사를 만든다고 말하거나 어린이집 행사에 참석하면 "아버님, 대단하세요"라는 말을 들었다. 행사 다음 날에는 무라타 씨도 남편과 마찬가지로 출근을 해야 했다. 일과 육아에서 더 많이 희생하는 쪽은 무라타 씨였지만 그녀를 격려해 주는 사람은 없었다.

　엄마와 아빠를 향한 불공평한 시선은 무라타 씨만 느낀 것이 아니다. 2022년 미국에서 두 아이의 엄마가 인스타그램에 올린 게시물이 화제를 모았다. 아빠와 엄마가 같은 행동을 해도 주위에서 전혀 다르게 받아들이는 '육아의 이중 잣대'를 그린 것이었다. 일러스트에는 똑같은 패스트푸드 봉투를 든 아빠와 엄마가 나란히 그려져 있고, 아빠에게는 '즐거운 아빠', 엄마에게는 '게으른 엄마'라는 문구가 붙어 있었다.11 패스트푸드를 사오는 아빠는 장난기 많고 아이를 즐겁게 해주는 긍정적인 사람으로 평가받는 반면, 엄마는 아이 몸에 좋은 식사를 챙기는 것이 '합격'의 기준이며, 패스트푸드는 감점 요소라는 것이었다. 아빠에게는 육아의 기대치가 낮지만 엄마에게는 높은 기준을 요구하기에 같은 행동을 해도 평가는 전혀 달라진다.

매일 전화기를 붙들고

아들이 다섯 살 무렵, 어린이집을 옮기고 투정이 심해진 시기가 있었다. 매일 저녁 몇 시간이고 울음을 그치지 않거나 주먹을 휘두르는 행동이 석 달이나 계속됐다. 친척으로부터 "엄마가 환경을 바꿔서 그렇지" 하는 말을 듣고 화가 났지만, 한편으로는 죄책감도 들었다. 그 무렵 두 살 된 딸은 자기주장이 강해지는 이른바 '미운 두 살' 시기가 찾아왔다. 두 아이의 힘든 시기가 겹치면서 무라타 씨의 마음은 한계에 이르렀다.

　아이가 생떼를 부릴 때는 언제나 같은 방식으로, 끝날 때까지

지켜보며 폭력은 안 된다고 말해 줬어요. 어린이집에서 전문가 선생님과 상담도 많이 했는데, 떼를 쓸 때는 그냥 기다리는 수밖에 없더라고요. 혼자서 대응하고 있으면 정신이 어떻게 될 것 같고, 죽고 싶다는 생각까지 들었어요. 그래서 아이가 떼를 쓰기 시작하면 바로 마음건강상담 창구에 전화를 걸었어요. "혼자라고 생각하면 너무 괴로워서요. 통화 연결 상태로 둬도 되나요?" 이렇게 부탁하면 아무 말 없이 기다려 주는 일도 많았어요. 매번 아이가 울음을 그칠 때까지 함께 있어 달라고 했어요.

상담은 사실 나중 일이다. 문제가 일어난 바로 그 순간 '독박 육아' 중인 부모는 어떻게든 고비를 넘겨야 한다. 무라타 씨는 그럴 때 혼자라고 느껴지는 게 무엇보다 견디기 힘들었다. 고독감을 느끼지 않으려 스스로 찾아낸 이 최소한의 방법으로 최악의 시기를 사싸스로 견뎌 냈다.

이처럼 정신적으로 한계에 내몰리면서도, 무라타 씨는 자신이 혼자 육아를 도맡는 상황에 문제가 있다고 생각하지 못했다. 어느 집이건 엄마들은 이런 상황을 견디고 있다고, 결국 자신이 할 수밖에 없다고 생각했기 때문이다. 그러나 남편과의 관계는 이대로 괜찮을지 의문이 들었다. 언젠가부터 마음이 통한다고 느껴지는 순간들이 사라져 있었다.

"넌 어떤데?"

변화의 계기는 친구에게 상담을 해보다 찾아왔다. 남편에 대한 이야
기를 나누다 보니 육아에 대한 조언도 듣게 됐다.

혼자서만 너무 힘들지 않냐고, 그게 무슨 가족이냐고 말해 준
친구가 있었어요. 좀 더 자신을 위해 살아도 괜찮다는 말을
듣고서 그래도 되는 거구나 싶었죠. 아이에게 불안감을 주지
않는 좋은 엄마가 되는 게 목표였는데, 아이가 아니라 "넌
어떤데?"라고 묻더라고요. 그걸 듣고 다시 생각하게 됐어요.
이대로 내가 버티면 가정은 유지되고 몇 년 후엔 괜찮아질 수도
있다. 하지만 계속 무리하다가 당장 병이라도 생기면 회복에
시간이 걸릴 수도 있다. 그렇다면 언제 찾아올지 알 수 없는
안정을 기다리지 말고, 지금의 나를 소중히 여기자 싶었죠.

"넌 어떤데?"라는 말을 들었을 때, 그제야 지금까지 자신의 감정
은 외면한 채 아이에게만 신경 쓰며 항상 주위의 기대에 부응하려 했
음을 깨달았다. 자신만 인내하고 가정을 지키기 위해 노력하는 게 어
딘가 잘못됐다는 생각이 들었다.

'무뚝뚝하지만 든든한 아빠'와 '밝고 다정한 엄마'가 있는 그런
가정을 어떻게든 유지해야 한다고 생각했던 거죠. 이혼? 다정한
엄마가 그럴 리 없지, 절대 안 돼, 하면서 나만 버티면 어떻게든
가정은 지킬 수 있을 거라 믿었죠. 하지만 배려도 없고 힘이
되어 주지도 않는다면, 나라도 '그건 아니다' 말해야 했어요.

혼자 노력해 봤자 상대는 내가 좋아서 한다고 생각하니
고마워하는 마음도 없고, 당연하게 받아들이더라고요. 그걸
깨달은 후로는 남편 눈치를 살피는 일은 하지 않으려 했고,
확실하게 내 요구 사항을 말했어요.

남편과의 신뢰 관계를 회복하기는 쉽지 않을 것 같았지만, 설령
예전으로 돌아가지 못하더라도 기울어진 관계를 이어 가는 것보다는
낫다고 생각했다. 다행히 무라타 씨에게는 생계를 유지할 수 있는 직
장이 있었고, 아이들이 가장 손이 많이 가는 시기에 혼자 키워 냈다
는 자부심도 있었다. 남편이 없어도 딱히 곤란할 일이 없겠다는 생각
이 들자, 집에서 뭔가를 협상할 때도 당당하게 밀고 나갈 수 있었다.
남편도 아내의 변화를 알아차리고, 이제는 아내가 자기 생각대로 움
직이지 않는다는 걸 깨달은 듯했다.

엄마답시 않아도 괜찮아

친구에게 남편과의 관계에 대해 상담할 무렵, 무라타 씨는 트위터를
시작했다. 예전에는 트위터에 불평하는 글이 많이 보여서 그런 분위
기에 휩쓸려 나를 잃고 싶지 않다는 생각에 일부러 멀리했다. 그러나
실제로 트위터에서 다른 엄마들과 교류를 해보니 자신처럼 '역할 놀
이'를 싫어하는 사람, 아이와의 스킨십이 서툰 사람들이 있었다. 자신
과 비슷한 사람도 있음을 알게 되니 오히려 마음이 편해졌다.
그런 시기에 우연히 트위터에서 『엄마 됨을 후회함』이라는 책을
발견했다. 제목을 보고 무라타 씨는 자신에게도 후회의 감정이 있을

지 모른다고 생각했다. 그렇게 읽기 시작한 책에서 엄마가 된 이후로
안고 있던 고민의 답을 찾아냈다.

<blockquote>
책을 읽으면서 엄마답지 않아도 괜찮다는 걸 깨달았어요.
그러고 보면 저는 예전부터 이것도 저것도 좋아하지
않았거든요. 엄마라도 엄마의 역할이 싫을 수 있다는 거, 그게
새로운 발견이었죠. 제가 꿈꿨던 '이상적인 엄마'의 모습은
전업주부였던 친정엄마였어요. 맛있는 것도 만들어 주고, 시간
맞춰 데리러 가고, 많이 놀아 주고, 다정하게 말하는 완벽한
모습을 떠올린 거죠. 그런데 제가 일을 하고 있다는 사실을
고려하지 않고 있었어요. 꿈꿔 왔던 이미지에 제가 맞지
않는다고만 생각하고 괴로워했다는 걸 알게 됐죠.
'나는 나한테 맡겨진 역할이 싫은 거구나' 이렇게 분명히
깨닫고 나니, 아이한테 "사랑해" 하면서도, 그렇지만 "이건 하고
싶지 않아" 이렇게 자신에게 말할 수 있게 됐죠. 그렇게
구별하면 마음을 지킬 수 있겠더라고요.
</blockquote>

아이를 위한다며 자신이 내키지 않는 일을 억지로 하는 건 그만
두었다. 아이에게 엄마의 감정을 전하는 편이 좋다는 친구의 조언도
들었다. 그것을 참고로 '나는 나, 아이는 아이'라고 생각하며 아이와
지내는 방식을 바꿔 보려고 노력했다.

아이가 저한테 화를 쏟아붓고는 언제 그랬냐는 듯이
달라붙으면 "엄마가 지금은 안아 줄 수 있는 마음이

아니야”라고 말해요. 예전에는 아이가 떼를 쓰다 저를 때려도 조금 뒤에 ‘엄마’ 하고 부르면 “응~” 하면서 대답해 주었죠. 근데 그러면 제 마음이 망가지더라고요. 이제 아이가 말을 이해할 수 있는 나이가 되었고, 저 스스로를 존중해야 한다는 생각에서 “네가 엄마를 때렸으니까 곧바로 받아 줄 수는 없어”라고 말해요.

무라타 씨는 이제 아이 앞에서 ‘완벽한 엄마’로 변신하기보다는 불완전한 인간인 채로 지내기로 했다. 자신이 할 수 없는 일이 생기면, 아빠인 남편이나 다른 누군가와 분담하면 된다. 꿈꾸던 이상적인 엄마는 아니지만, 그것이 자신이라면 어쩔 수 없다고 받아들이게 되었다.

엄마의 삶으로는 충족되지 않는다

육아를 경험하고 나이가 들면서 무라타 씨는 자신이 어떤 사람인지 분명히 이해하게 되었다. 그녀는 자신이 육아에서 보람을 느끼는 사람이 아님을, ‘좋은 엄마’가 되려고 애쓰는 것보다 다른 일에서 더 큰 가치를 느끼는 사람임을 깨달았다.

육아를 위해 단축 근무를 하던 시기에는 매일 발이 떨어지지 않는 심정으로 회사를 나와 어린이집으로 향했다. 아이가 성장하면서 근무시간을 점차 늘려 풀타임으로 일했지만, 출산 전처럼 일할 수 없어 아쉬웠다.

돌이켜 보면 남편과 주변의 도움이 있었다면 좀 더 편하게 육아

를 즐길 여유가 있었을지도 모른다. 그러나 아무리 좋은 환경이 뒷받
침되었더라도 육아 자체에서 큰 보람을 느끼지는 않았을 것 같다.

원래 일을 120퍼센트까지 해야 하는 타입이었어요. 다 같이
열심히 일하는 분위기에서 "죄송합니다. 애를 데리러 가야
해서요" 하고 퇴근하는 게 너무 초라하게 느껴졌어요. 시간을
신경 안 쓰고 마음껏 일할 수 있었던 시절이 너무 그리워요.
　아이가 귀여운 실수를 해서 웃음이 날 때나 말을 배우면서
엉뚱한 소리를 할 때면 지금 시기에만 느낄 수 있는 행복이라는
게 느껴지고, 하루하루 커가는 모습이 놀랍기도 해요. 근데 그건
성장한 아이가 대단한 거지, 제가 뭘 해낸 건 아니잖아요.
그러다 보니 육아에 시간을 많이 써도 보람이 느껴지진
않더라고요. 그래서 육아를 성실히 하는 사람일수록 지쳐서
고갈되고 자기 자신이 없어지는 거죠. 저는 아이를 돌볼 때보다
일하거나 사람들과 이야기를 나누거나 취미 생활을 하며
시간을 보낼 때 더 충족감을 느끼는 사람이라는 걸 알았어요.
엄마가 되지 않았다면 일상의 만족도는 더 컸을 거예요.

만약에 엄마가 되지 않았더라면, 자신에게 더 의미 있는 일들에
많은 시간을 할애할 수 있었을지 모른다. 그렇게 생각하자 '후회'라는
말이 무라타 씨의 마음에 더 절실히 다가왔다.

엄마로 사는 것에 만족감을 느낄 수 없던 무라타 씨는 엄마가 아니었다면 어떤 일을 하고 무엇을 좋아했을까 하는 생각도 하게 되었다. 가족을 우선시하는 동안 자신의 취향이나 취미를 잊고 있었음을 깨달았다.

> 나를 되찾기 위해 이것저것 시도해 봤어요. 좋아했던 음악도 들어 보고 만화도 보고, 친구랑 수다도 떨고요. 내가 좋아하는 옷부터 전부 다시 생각하면서 나다운 모습을 찾아가는 기분이었어요. 재밌는 일이라면 잠깐이라도 시간을 내서, 어떤 때는 밤을 새워서라도 해봤더니 점점 살아나는 것 같았어요. 역시 난 엄마와 아내로만 살 순 없다는 걸 깨달았죠.

그러던 중 예전에 만화와 애니메이션을 좋아하던 오타쿠 기실이 있었다는 게 떠올랐다. 육아를 하다가 짬이 날 때 무심코 소셜 게임을 하게 됐는데 거기 등장하는 남성 캐릭터에 푹 빠져서 굿즈를 모으기 시작했다. 같은 게임을 하는 친구들과의 교류도 활력이 됐다. 좋아하는 캐릭터의 생일날에는 방 한구석을 굿즈로 장식해 서로 보여 주기도 했다. 그렇게 최선을 다해 응원하는 동안엔 내가 다시 살아나는 느낌이었다.

무라타 씨처럼 좋아하는 연예인이나 캐릭터를 응원하는 '덕질'에 빠지는 엄마들이 적지 않다. 2023년에 나온 도쿄가스의 기업 광고 「엄마의 덕질」편[12]을 보면, 택시 기사로 바쁘게 사는 싱글맘이 한국 아이돌 그룹을 알게 되고 덕질에 몰두하면서 충만한 일상을 보내는 모습이 그려진다.[13] 광고가 나가자 SNS에서는 공감하는 엄마들의 목소리가 이어졌다. '덕질'이 정신 건강에 도움이 된다는 지적도 있다. 정신 건강이 나빠진 사람은 과도하게 자신에게 주의를 기울이는 '자기 주목' 상태에 빠지기 쉽다. 하지만 덕질을 하면서 자신이 아닌 '최애'에 집중함으로써 악화되었던 마음 상태가 회복될 수 있다고 한다.[14]

'덕질'이 모든 문제를 해결해 주진 않았지만, 무라타 씨는 이를 계기로 되살아난 열정과 기쁨을 다른 데도 쏟을 수 있다고 생각하게 됐다.

무라타 씨는 자신이 좋아하는 일을 찾는 과정에서 글쓰기에 즐거움을 느낀다는 사실을 발견했다. 지인의 의뢰를 받아 그림책 스토리를 짜보기도 하고, 블로그에 자신의 일상을 올려 보기도 했다. 앞으로도 일과 육아를 하면서도 시간을 쪼개 자신의 페이스대로 집필을 이어 갈 생각이다.

> '최애' 덕분에 힘든 시기를 극복할 수 있었기 때문에 감사한 마음이 있어요. 지금은 책을 읽으려 해도 페이지를 넘길 때마다 애들이 말을 걸기도 하고, 화장실도 마음대로 못 갈 때가 있어서 차분히 오랜 시간 뭔가를 하던 때가 너무 그리워요. 육아는 아이들이 성인이 될 때까지 계속되겠지만, 내가 정말 하고 싶었던 일은 해나갈 거예요. 아이가 제 손을 떠난 뒤의 삶이 지금부터 기대돼요.

자신의 후회를 인식한 일은 무라타 씨에게 어떤 의미가 있었을까? 취재를 마무리하며 무라타 씨에게 "다시 선택할 수 있다면 엄마가 될 건가요?"라고 물었다.

> 지금 키우고 있는 아이들은 제게 소중한 존재이기 때문에 이 세상에 없다는 건 도저히 상상할 수 없어요. 다시 이 아이들을 낳을 수 있다면 낳겠지만, 다른 아이라면 낳고 싶지 않아요. 아이를 키우는 경험은 이미 충분해요. 흥미로운 일이긴 하지만, 들어가는 수고를 생각하면 끝이 없으니까요.
>
> 제 입장에서는 낳지 않았더라면 아마도 더 잘 지내지 않았을까, 더 만족스러운 인생이지 않았을까 싶어요. 제 인생만 생각했을 때 '낳기를 잘했다' 진심으로 말할 수 있느냐 하면, 그렇지는 않아요.

엄마라는 이유로 언제나 자신보다 아이와 가족을 중심으로 생각하며 행동했다. 지금도 그 상황은 크게 달라지지 않았다. 하지만 무라타 씨는 주위의 조언과 책에 담긴 말들을 계기로 문득 자신의 인생을 중심에 두고 생각했을 때 지금의 상황이 괜찮은지 스스로 묻게 되었다. 무라타 씨에게 후회라는 감정은, 잃어버렸던 나 자신을 하나하나 되찾으며 차분하게 바라볼 수 있게 되었을 때 처음으로 떠오른 것이었다.

과거를 뒤돌아보며 평가하는 건 좋지 않다고 생각하는 사람도 있을 것이다. 하지만 무라타 씨는 현재의 자기 내면과 거짓 없이 마주함으로써 후회를 직시하지 못했던 때보다 마음은 더 편해졌다. '좋은 엄마라면 어떻게 했을까?'가 아니라 나는 어떻게 하고 싶은지 자신에게 물으면서 전보다 숨쉬기가 편해졌다.

엄마라면 다들 육아를 잘하고 좋아한다고 생각하지만, 전 정말 힘들어요. 엄마라고 다 같지 않거든요. 일을 좋아하는 엄마도 있고, 애들이랑 대화하는 걸 아주 싫어하는 엄마도 있고, 아이를 언제나 꼭 껴안고 싶어 하는 엄마가 있는가 하면 그렇지 않은 엄마도 있어요. 이렇게 다양한 엄마가 있다는 사실을 받아들이는 사회라면, 아이를 낳기도 더 쉬울 거예요. 엄마가 안아 주지 않으면 애정 결핍이 생긴다거나 엄마는 이래야 한다는 압력이 없었다면, 좀 더 맘 편히 지내지 않았을까 싶어요. 출산 후에도 여러 선택지가 있고, 엄마도 원하는 삶을 살아도 괜찮다는 따뜻한 시선을 주위에서 보내 주면 좋겠어요.

이러다 내가 증발해 버릴 것 같아요

이러다 내가 증발해 버릴 것 같아요

왜 엄마들은 아이를 돌보고 남는 시간을 쪼개서 자기 인생을
살아야 할까요? 아이를 낳은 이후로 제 존재가 점점 투명해지는
것 같았어요. 내가 점점 옅어지다가 증발해 버릴 것 같았죠.
아이를 낳지 않았다면 나를 포기하지 않아도 됐을 텐데, 하는
생각을 얼마나 했는지 몰라요.

오타 스즈에, 독자 투고란, 2022년 5월

독자 투고란에 후기를 보내 준 오타 스즈에 씨(50세, 가명)는 엄마로서
아이들을 위해 살아야 한다는 압박 때문에 자신이 사라져 가는 것 같
았다고 고백했다. 엄마라는 이유로 사신을 위한 시간을 갖지 못하고
살아온 결과, 지금까지 쌓아 온 정체성이 무너져 가는 것에 대한 절
망감이 글에서 뼈저리게 느껴졌다.

(도나스의) 책은 아직 안 읽었어요. 읽고 싶은데 언제 읽게 될지
모르겠네요. 애 둘이 고등학생이 된 지금도, 아이들 뒷바라지에
아침부터 밤까지 쉴 틈 없이 휘둘리고 있거든요. 서점에 갈
여유가 없어요. 이렇게 몸과 마음이 지친 상태가 계속되는 게
엄마가 된 걸 후회하는 결정적인 이유에요.
　아이가 어릴 때 몇 시간을 모래밭에서 보내는 것도 지옥
같았어요. 땡볕이 내리쬐는 무더위에도, 혹한의 찬바람에도

한없이 모래 케이크를 만드는 게 정말 괴로웠죠.

소금에 설탕을 더한다고 짠맛이 사라지지 않듯이, 아이를 낳은 후회가 아이를 낳은 기쁨과 즐거움을 사라지게 하는 건 아니라고 생각해요. 양쪽 다 똑같이 있어요. 다만 너무 힘들다는 거죠. 엄마이기 때문에 '해야 할 일' '하는 게 당연한 일'이 왜 이리도 많은 걸까요? 왜 아빠는 못 한다는 말 한마디로 책임에서 면제될까요?

오타 씨는 20년간 엄마라면 해야 하고 해내는 게 당연한 일들을 위해 많은 시간을 할애했다.

모두 잠들어 있는 새벽에 혼자 일어나 도시락을 싸고 식구들이 일어나면 아침 식사를 차린다. 퇴근 후에도 두 아이가 학원에서 돌아오는 시간에 맞춰 매번 저녁밥을 다시 차리느라 늦은 밤이 되어야 집안일이 끝난다. 틈틈이 청소와 빨래를 하고 장도 봐야 한다. 정해진 업무 시간 외에는 대부분의 시간을 가족을 위해 써왔다. 일을 끝까지 마무리하지 못하고 집으로 돌아가는 길에 오타 씨는 몇 번이고 답답한 마음을 곱씹어야 했다.

남편이 아빠가 된 후에도 아이가 태어나기 전과 같이 일에 몰두해 성과를 올리는 사이, 엄마가 된 오타 씨는 매일 아무런 성과로도 이어지지 않는 일을 그저 반복하고 있는 것 같았다. 오타 씨는 지난 20년간 느낀 괴로움을 독자 투고란에 털어놓았다.

오타 씨가 느낀 괴로움을 상징하는 것이 아이와 공원 모래밭에서 만들던 모래 케이크다. 더운 날에도, 추운 날에도 늘 아이의 손에 이끌려 공원에서 하염없이 모래 케이크를 만들었다. 더운 날씨에 땀을

뻘뻘 흘려 가며 몇 개씩 만들어 놓으면 아이가 무너뜨리고 또다시 만들기를 반복했다. 애써 만들어도 무너져 버리는 모래 케이크가, 아무리 노력해도 성과가 보이지 않는 자신의 일상과 겹쳐 보였다.

오타 씨는 글을 맺으며 이렇게 적었다.

"엄마가 된 걸 후회하는 마음은, 지금도 그 모래밭을 벗어나지 못했어요."

오타 씨에게 직접 만나 인터뷰를 하고 싶다고 하니 흔쾌히 응해 주었다. 도쿄 시내의 어느 역에서 만나 근처 카페에서 이야기를 듣기로 했다.

"카페에 오는 게 오랜만이라 가슴이 설레네요. 뭘 마시면 좋으려나."

오타 씨는 즐거운 듯 메뉴판을 보며 잠시 고민하더니 홍차와 과일조각케이크를 주문했다. 나는 일단 글을 보내 준 데 감사를 전하고, 엄마가 된 후의 괴로움이 글에서 고스란히 느껴져 무척 인상 깊었다고 말했다. 그러자 오타 씨는 쓸쓸한 미소를 지으며 말했다.

원래 잡지 편집 일을 했기 때문에 글 쓰는 걸 좋아했어요.
글뿐만 아니라 영화나 음악 문화 예술에 관심이 많았죠. 하지만 엄마가 되면서 그런 것들을 내려놔야 했어요.

전업주부였던 엄마에 대한 반발

오타 씨는 1972년 두 자매 중 둘째로 태어났다. 고도성장기였던 당시엔 남자는 회사에서 장시간 일하고, 여자는 전업주부로 살림과 육아에 전념하는 가정이 많았다.[15] 오타 씨의 가족도 여느 집과 마찬가지로 아버지는 가정을 소홀히 한 채 일에 몰두했고, 어머니는 전업주부로서 두 딸을 키웠다.

오타 씨의 어머니는 틈날 때마다 "앞으론 여자도 일하는 시대니까 노력해야 한다"고 했다. 오타 씨가 태어난 1970년대는 여성의 자기실현과 성 역할로부터의 해방을 지향하는 우먼리브운동[여성해방운동]이 확산하던 시기였으니 오타 씨의 어머니가 딸의 사회 진출을 바란 것도 이상한 일은 아니었다.

하지만 실제로 주변에 일과 육아를 병행하는 여성은 아직 없었다. 구체적인 성공 사례가 보이지 않는 상황에서 오타 씨는 어머니가 여성의 사회 진출이라는 이상만 내세우는 것 같아 위화감을 느꼈다.

엄마는 자식한테 자신의 이상을 떠넘기는 사람이었어요.
당신이 전업주부로 사는 것에 불만이 있으셨던 것 같은데,
스스로 운명을 바꿔 보려 하진 않았어요. 그런데도 본인은
실현하지 못한 '가정과 일의 양립'이라는 이상을 저한테
요구했어요. 그런 엄마한테 계속 반발심이 들었어요. 그래서
나는 가정과 일의 양립 같은 건 안 하겠다, 아이를 낳지 않고 내
인생을 살겠다고 생각했죠. 지금 생각하면 저도 딱히 뚜렷한
계획이 있던 건 아니지만요. 주위에서 자기 삶을 제대로
살아가는 여성을 직접 보기는 어려운 때였지만, 이상만큼은
어렴풋하게 만들어져 가던 시대였던 것 같아요.

중학교 시절 오타 씨는 어머니와 같은 전업주부가 아닌, 경제적으로 자립한 일하는 여성을 꿈꾸며 학업에 열중했고, 그 결과 지역의 명문 여고에 합격했다. 오타 씨는 이 학교에 가면 미래에 남성과 어깨를 나란히 하며 사회에서 활약할 수 있는 기반을 마련할 수 있을 거라는 기대를 품고 있었다. 그러나 학교의 교육 방침은 상상과는 달랐다.

자립한 여성을 키워 낸다는 방침을 내세웠지만, '현모양처'가 되어야 한다는 메시지가 곳곳에 숨어 있었다. 수업은 기본 과목 외에도 예절 교육과 다도 수업이 있어 마치 신부 수업을 받는 것 같았다. 특히 기억에 남는 것은 가정 수업이었다. 커리큘럼 중 아기 장난감을 만드는 시간이 있었는데, 높은 수준의 학력을 갖추는 것도 어디까지나 '좋은 엄마'가 되기 위한 것이라고 말하는 듯했다.

> 친구랑 같이 엄청 반발했어요. 선생님께 "제 인생에서 이
> 수업은 절대로 필요하지 않습니다"라고 말했죠. 학교가
> 키우려는 이상적인 여성상은 '착실히' 애 낳아서 엄마가 되고,
> 일은 아이를 키우는 데 방해되지 않는 선에서 하는, 현모양처
> 같았어요. 그런 가치관에서는 개인에게 선택의 여지가
> 없잖아요. 거기 반발하니까 이단아 취급을 받았죠.

아무리 노력해 봤자 여기 있다가는 계속해서 '현모양처' 되기를 강요당할 것 같았다. 숨 막힐 듯한 답답함을 느낀 오타 씨는, 고향에서 멀리 떨어진 대학에 진학하기로 마음먹었다.

오타 씨가 대학에 입학한 건 1990년이었다. 여성의 4년제 대학 진학률은 매년 상승해 그해 처음으로 15퍼센트를 넘겼다. 앞으로는 활기차게 일하는 고학력 여성들이 늘어나지 않을까 하는 기대로 오타 씨의 마음도 부풀었다. 그러나 얼마 뒤 버블 경제가 붕괴하면서 취업 빙하기로 불릴 만큼 고용 시장이 얼어붙었다. 오타 씨에게는 사원을 모집하는 안내문도 거의 오지 않는 상황이었다. 수십 개 회사에 지원해 최종 면접까지 올라간 곳도 몇 군데 있었지만 결국 합격하지 못했다. 글 쓰는 일이 하고 싶어서 졸업 후 통신사에서 아르바이트를 하던 중 친척의 소개를 받아 어렵사리 잡지 편집자로 일하게 되었다.

오타 씨는 대학 때부터 결혼을 전제로 교제해 온 사람이 있었는데, 결혼 뒤에도 지금까지의 노력을 헛되게 하고 싶진 않았다. 계속 일을 하며 아이를 낳고 싶지 않다는 생각은 고등학교 시절부터 변함이 없었다. 일터에서 남성과 어깨를 견주며 새로운 시대를 만든다는 자부심도 있었다.

그러나 주위에서는 그런 생각을 용납해 주지 않았다.

약혼자의 남동생에게 아이가 태어났을 때의 일이었다. 약혼자의 부모는 내내 오타 씨의 안색을 살피면서 몇 번씩이나 "아기가 귀엽지? 한번 안아 봐"라고 말했다. 일에 매진하는 오타 씨에게 아이에 대한 관심을 갖게 하려는 의도가 고스란히 느껴졌다.

가족들로부터는 더 노골적인 말들이 쏟아졌다. 여자도 일해야 한다고 그토록 강조하던 어머니가 결혼 이야기가 나오자마자 "얼른 애부터 가져. 결혼하고 나서도 일만 하고 살림을 소홀히 하면 안 돼"라고 말하기 시작했다. 오타 씨는 당시 사회 분위기나 입장에 따라 어

머니가 요구하는 이상형이 달라지는 데 피로감을 느꼈고, 점차 본가
와 거리를 두게 되었다.

　　가정에서 남편을 내조하며 아이를 낳고 키우라는 압력을 넣는 것
은 비단 가족만이 아니었다. 동거하던 약혼자가 밤늦게 상사와 동료
들을 집에 데려오면 오타 씨는 아무리 일이 바쁘고 피곤해도 안줏거
리를 내가고 사람들에게 맥주를 따라 주었다. 하지만 그것만으로는
부족한 모양이었다. 오타 씨가 따라 준 맥주를 마시던 약혼자의 상사
가 말했다. "이 친구 도시락 좀 싸줘요. 혼자만 도시락이 없으니까 불
쌍하잖아요." 또 한번은 느닷없이 "애부터 가져요"라는 소리를 들었
다. 그런 상황에서도 약혼자는 말없이 웃기만 할 뿐이었다. 그 표정
을 보아하니 아무래도 회식 자리에서 결혼해도 아이를 갖지 않을 것
같다며 고민 상담을 한 듯했다.

　　사회에서 활약하기 위해 줄곧 노력해 온 지금까지의 인생을 무시
하고 '가정을 지키는 좋은 아내이자 엄마가 되는 일'을 상요당하는 걸
더는 견딜 수 없었던 오타 씨는 헤어지기로 결심했다.

　　내 뜻에 안 맞는 일을 왜 강요하는지, 왜 이렇게 내 영역을
　　서슴없이 침범해 오는지 계속 의문이었어요. 남들이 '이게
　　행복'이라면서 제멋대로 정하려 드는데, 저한테는 그게 전혀
　　행복으로 느껴지지 않았어요. 아무도 그 마음을 알아주지
　　않았어요. 당시엔 아내가 일을 해도, 애 낳고 남편 내조하는 걸
　　당연시했으니까요. 자식은 필요 없다고 말하면 바로 이상한
　　사람이 돼 버려요. 노이로제에 걸릴 것 같더라고요. 그 사람은
　　나보다는 아이를 원하는 사람을 새로 만나는 게 낫겠다 싶어서

헤어지기로 했어요.

낳은 순간 느낀 후회

그 후로 오타 씨는 자신이 사회적으로 기여할 수 있는 일이 무엇인지 모색하며 관심 있는 일에 다양하게 도전하는 20대를 보냈다. 당시는 결혼하지 않고 일에 매진하는 여성이 드물었기 때문에 힘들 때도 있었지만, 엄마처럼 되고 싶지 않다는 생각에 마음을 다잡았다. 그런데 스물여덟 살 때 전환점이 찾아왔다. 어머니가 병으로 세상을 떠난 것이다.

> 엄마가 돌아가시고 슬펐지만, 한편으로는 묘하게 마음이 놓이기도 했어요. 내 인생이 드디어 내 것이 된 것 같아서요. 지금까지 부정했던 전업주부로 살면서 잠시 멈추고 쉬어도 되지 않을까… 하면서 어깨에서 힘이 빠진 듯한 느낌이었죠.
> '왜 평범하게 살지 못하는 거야?' 같은 말을 끊임없이 듣다 보니 주변 사람들과 사회의 시선에 지쳐 버린 부분이 있었던 것 같아요. 더는 강한 척하지 말고 결혼하고 애 낳고 주부로 사는, 사람들이 말하는 '보통'의 삶을 살아도 되지 않을까 싶으면서 힘이 빠졌어요.

그 후 오타 씨는 교제하던 남성과 결혼하며 잠시 일을 쉬기로 했다. 어머니의 눈을 신경 쓰지 않고 '보통'의 행복을 누려 보고 싶었던 오타 씨는 잠깐 쉬어 볼 요량이었지만 이내 아이가 생겨 일에 복귀하지 않고 아이를 낳기로 했다.

임신 기간에도 생활에 큰 변화는 없었다. 취미가 비슷한 남편과는 임신한 후에도 영화도 보고 음악도 듣고 맛집도 다니며 만족스러운 나날을 보냈다. 취미로 하던 오케스트라에서의 악기 연주도 출산 막달까지 이어 가며 주위를 놀라게 했다.

임신 후에도 삶의 방식을 바꾸지 않았던 건, 출산 후에도 아이를 최우선으로 두는 '엄마'는 되지 않겠다는 의지의 표현이기도 했다. 이전처럼 연주도 하고 영화도 보며 자기다움을 잃지 않는, 그런 엄마가 될 수 있다고 믿으며 아이와 만날 날을 기대했다. 그러나 출산 후 아이를 처음 마주했을 때 느낀 감정은 기쁨보다는 너무나 무거운 책임감이었다.

처음 후회의 감정을 느꼈던 순간은 분만할 때였어요. 아이가 나온 그 순간이요. '큰일났다. 이 생명을 앞으로 어떻게 책임져야 하나' 싶었죠. 말도 안 되는 일을 저질렀다는 생각이 덜컥 들었던 기억이 생생해요. 갓난아기가 처음 엄마 품에 안기는 걸 '감동적인 캥거루 케어'라고들 하는데, 저는 전혀 아니었어요. '드디어 만났구나!'가 아니라 '저기 잠시만. 애 좀 다른 데로 데려가 줘'라고 말하고 싶은 기분이랄까요… 물론 그런 마음은 아무한테도 말 못 했죠.

출산 전부터 이미 예상하고 있던 거 아니냐고 할 수도 있지만, 저는 아이를 낳고서야 생명에 대한 책임의 무게를 실감했어요. 그게 최초의 후회였네요. 보통이 아닌 삶에 지쳐서 아이를 낳았지만 '보통'으로 사는 것도 쉽지 않다는 걸 깨닫고 나니 두려워졌어요.

　도나스의 책에서도 출산 직후 혹은 임신 중 후회의 감정을 느꼈다고 말하는 여성의 목소리가 여러 차례 소개되었다. 온라인 기사의 독자 투고란에는 난임 치료 끝에 임신에 성공했음에도 불구하고 출산 전부터 후회를 하고 있다는 사람도 있었다.

　임신 중이나 출산 직후 여성들은 커다란 환경 변화에 맞닥뜨리면서 정신적으로 불안정해지기 쉽다고 알려져 있다.16 지금은 대다수 지자체에서 이 시기 여성들의 심리 상태를 정기적으로 점검하고, 필요할 경우 치료까지 연계해 주는 조치를 해주고 있다. 그러나 오타 씨는 출산 후 심리적으로 불안정해졌을 때에도 그런 기회가 없었다.

　한편 출산에 부정적인 감정을 느끼는 원인이 전부 불안정한 심리 상태에서 비롯된 것이라고 단언할 순 없다. 도나스의 책을 보면 산후우울증이 원인이 아니라, 단순히 엄마가 되고 싶지 않다는 감정이 그 이유라고 말하는 사람도 있다. 오타 씨가 출산 직후 후회를 느낀 이유가 출산 후 불안정한 심리 상태 때문이었는지, 엄마가 되고 싶지 않은 감정 때문이었는지, 혹은 둘 다였는지는 확실하지 않다. 그러나 그때 싹튼 후회는 이후에도 오랫동안 계속되었다.

　　　　　　　　　　　　　엄마가 된 나, 그리고 남편

오타 씨는 출산 후 몸을 추스를 새도 없이 좀처럼 자지 않는 딸 때문에 온종일 돌봄에 쫓기는 나날을 보냈다. 한밤중에 우는 아이를 달래기 위해 온갖 방법을 써봤지만 효과는 없었다. 남편은 출장 때문에 한 달의 절반은 집을 비웠고, 친정엄마도 돌아가셨기에 기댈 곳이 없었다. 게다가 출산 후 1년이 지났을 무렵, 뜻하지 않게 둘째를 임신했다. 둘째인 아들을 낳은 뒤에도 독박 육아는 계속됐고 점점 더 버거워졌다.

오타 씨의 일상은 아이가 태어나기 전에 꿈꾸던 '나다움'을 지키는 삶과는 한참 멀어졌다. 취미는커녕 자신의 옷차림과 식사조차 제대로 챙기지 못할 때도 있었다.

오타 씨가 특히 고민했던 것은 이유식이었다. 딸은 먹는 것 자체를 싫어했고, 아들은 편식이 심해 좋아하는 것만 먹었다. 그녀는 아이들이 잘 먹지 않는 원인이 자신이 이유식을 맛있게 만들지 못해서라고 자책했다.

오타 씨는 당시 보급되기 시작한 인터넷을 활용해 다른 집에서는 어떻게 이유식을 만들고 있는지 찾아봤다. 영양과 맛은 물론, 생김새까지 완벽해 보이는 사진들을 보며 자신이 초라하게 느껴졌다. '애들이 이렇게 편식하면 나쁜 엄마라는 소리를 듣겠지?' 하는 걱정에 매일 정성껏 다양한 음식을 만들어 봤지만, 대부분 거부당했다.

한편 남편은 아빠가 되기 전과 마찬가지로 일하고, 아무런 변화없이 자신이 원하는 대로 사는 것 같았다. 그것은 일상의 사소한 부분에서 드러났다.

어느 날 가족이 다 함께 패밀리 레스토랑에 갔을 때였다. 오타 씨는 아이가 주문한 음식을 먹다가 질렸을 때를 대비해 자신이 먹고 싶은 게 아니라, 아이들도 먹을 수 있는 가락우동을 골랐다. 하지만 남편은 아무렇지도 않게 아이는 먹을 수 없는 매콤한 탄탄면을 시키더니 다 먹고 나선 어디론가 사라져 버렸다. 반면 오타 씨는 자신이 주문한 음식에는 손도 못 대보고 두 아이를 먹였다. 애들이 다 먹은 뒤 테이블에 남은 건 퉁퉁 불은 가락우동뿐이었다. 그걸 허겁지겁 먹고 나니 외식은 끝이 나있었다. 항상 아이가 먹을 수 있는 음식을 우선해 고르다 보니 점점 자신이 좋아하는 음식이 뭔지도 떠오르지 않았다.

오타 씨는 남편에게 여러 번 말했지만, 얼마 가지 않아 잊어버리고 같은 상황이 반복됐다. 식사 외에도 작은 일들이 점점 쌓여 가면서 오타 씨는 거리감이 들기 시작했다.

부모가 된 순간 기존의 일상이 무너지고 변화를 강요당한 자신과 달리, 아무런 변화 없이 아이의 사랑스러움만 즐기는 남편. 너무 큰 격차를 계속 마주하면서 관계에도 금이 가기 시작했다.

제가 뭐라고 하면 남편도 할 수 있는 일은 해요. 하지만 여유가 없거나 어려워 보이면 "난 못 하겠어. 당신이 해" 태연하게 이러더라고요. 못 한다고 말할 수 있는 점이 엄마랑 다른 거죠. 아이를 키우다 보면 아무리 나한테 여유가 없고 어려운 일이라도, 못 한다고 하지 않으면 아이는 죽는 거예요. 나도 그랬지만 꾸역꾸역 해온 거라고 말을 해도, 남편은 "아냐, 못 한다니까" 하면서 딱 버텨요. 이 차이가 도대체 뭘까 싶어서 정말 괴로웠어요.

점점 사라져 가는 나

이대로는 출산 전에 꿈꿨던 '나다운' 삶을 살 수 없을 것 같았다. 오타 씨는 육아에서 벗어나 조금이라도 나답게 있을 수 있는 곳을 찾아 일

3장 이러다 내가 증발해 버릴 것 같아요

을 구해 보기로 했다. 하지만 여기에서도 벽에 부딪혔다. 구인 중인 회사에 연락을 하니 면접도 보기 전에 어린이집부터 확보하라고 요구했다. 그래서 어린이집에 아이를 보내려 하자, 이번에는 취업한 상태가 아니면 어린이집에 입소할 수 없다며 거절당했다.

일을 찾기 위해서는 어린이집에 보내야 하고, 어린이집에 들어가려면 취업을 해야 하는, 기막힌 상황이었다. 답답한 마음에 관공서에 찾아가 문의도 해봤지만, 돌아온 대답은 "어떻게든 해야죠"라는 한마디가 전부였다.

결혼 전까지만 해도 4년제 대학을 졸업한 여성으로서 다양한 일을 경험했는데, 이제는 파트타임이나 아르바이트조차 면접까지 가기가 쉽지 않았다. 그동안의 경력과 노력이 아무런 평가를 받지 못하는 현실에 오타 씨는 충격을 받았다.

첫째가 유치원에 들어가기 전까지 3년 동안, 오타 씨는 매일 아침 10시가 되면 아이늘을 데리고 출근하듯 공원을 찾아 놀이터와 모래밭을 온종일 뒹굴었다. 아이들이 해달라는 대로 하염없이 만들고 부수고를 반복하며, 오타 씨는 그 모래 케이크가 꼭 엄마가 된 자신 같았다.

열심히 노력해서 명문고도 갔고 대학도 나왔다는 자부심이 있었어요. 사회에서도 일하다가 실패도 있었지만 노력해서 성공도 해봤고요. 근데 육아만큼은 아무리 노력해도 전혀 성과가 안 나는 것 같아요. 아무리 열심히 해도 모든 게 다 무너지는 느낌이에요. 아이를 낳기 전까지는 시험 공부하듯 열심히 노력하면 좋은 엄마가 되어 아이를 잘 키울 수 있을 줄 알았는데, 전혀 그렇지가 않았어요. 아무리 열심히 해도 제대로 하고 있는 것 같지가 않아요. 내가 뭘 잘못하고 있는 건가 싶었죠.

그런 와중에 '나 오늘 한 게 아무것도 없네' 이런 날이 사흘이 되고, 석 달이 되고, 일 년이 되더라고요. '난 도대체 뭘 하고 있는 걸까? 뭘 위해 사는 걸까?' 이런 생각에 점점 빠져들었어요. 오늘 하루 한 일이라곤 아이와 공원 가서 모래 케이크를 만들었다 부쉈다 한 게 전부구나. 밑 빠진 독에 물 붓기 같았죠.

그러다 보니 나는 애들 엄마로서만 남아 있고 '나'라는 존재는 사라져 가는 것 같았어요. 점점 투명해지는 느낌이랄까. '나는 이 세상에 없어도 되지 않을까' 하는 생각까지 들기 시작했어요. 사실 창문 밖으로 뛰어내리면 모든 게 편할 것 같다는 생각이 들 정도로 절박했어요.

육아를 핑계로 놀고 있다?

오타 씨에게 유일한 구원은 육아지원센터에서 보내는 시간이었다. 비영리단체에서 운영하는 곳이었는데 장난감과 그림책이 다양하게 갖춰져 있어 안심하고 아이를 놀게 할 수 있었다. 그리고 무엇보다 엄마 외에도 아이를 함께 보는 어른이 있어 힘이 되었다. 오타 씨는 일주일에 두 번 센터가 문을 여는 날이면 반드시 아이를 데려갔고, 첫째가 유치원에 들어가기 전까지 3년을 그렇게 가까스로 보냈다.

아이들이 유치원에 다니기 시작한 이후에도 오후 2시 반이면 끝

나기 때문에 하원 이후에는 공원에 데려가 해가 질 때까지 노는 것을
지켜보는 날도 적지 않았다. 애들이 없을 때 집을 청소해도 공원에서
돌아오면 온 집안을 모래투성이로 만드는 탓에 집을 깨끗하게 유지
한다는 건 정말 어려운 일이었다. 하지만 남편은 그런 사정을 이해하
지 못했다. 오타 씨는 아이들이 유치원에 가있는 사이에 집안일을 하
면 되지 않느냐고 타박하는 듯한 남편의 시선을 항상 느꼈다.

어느 날 퇴근하고 온 남편이 어질러진 방을 보고 말했다. "애 키
운다는 핑계로 놀고 있으면서 왜 이렇게 집안일을 소홀히 하는 거
야." 그 순간, 오타 씨의 마음속에서 뭔가가 부서지는 소리가 들렸다.

> 저는 그때 모래밭에서 막 돌아와 저녁 식사 준비로 정신이
> 없었어요. 근데 "애 키운다는 핑계로 놀고 있으면서 좀 더 잘 할
> 수 있잖아? 도대체 뭐하는 거야" 이러더라고요. 사실 남편이
> 그렇게 보고 있다는 건 어렴풋이 느꼈어요. 근데 독박 육아로
> 지친 저를 보고도 그런 소리를 하는 걸 듣고 나니 제 안에서
> '쨍그랑' 하고 뭔가가 깨지는 듯한 소리가 났어요. 그래서
> 이랬죠. "알겠어. 애 핑계 대고 놀지 않을게. 이제 내가 하고
> 싶은 거 할 거야."

되찾은 내 이름

첫째가 유치원에서 상급반으로 올라가니 연장 보육을 신청할 수 있
게 되었다. 오타 씨는 구직 활동을 재개하기로 결심했다. 하지만 아
이가 있는 여성을 채용해 줄 직장은 한정적이었고, 조건이 좋은 곳은

좀처럼 보이지 않았다. 그러던 중 우연히 근처 대학에서 성인 학습자 전형을 시작한다는 소식을 들었다.

의료 전문직 자격증을 딸 수 있는 학부였기 때문에 취업을 위한 길도 열리지 않을까 생각한 오타 씨는 고민 끝에 응시해 보기로 했다. 하지만 친척들이나 유치원의 다른 엄마들까지 모두가 '애가 아직 어린데 왜 굳이 지금 무리해서 대학에 들어가려 하느냐'며 의아해했다. 그런 냉담한 시선에 주눅이 들기도 했지만, 남편의 말을 도저히 용서할 수 없어서 시험을 본 뒤 당당히 합격했다.

입학 첫날, 교실에 들어가니 책상 위에 '오타 스즈에'라고 적힌 종이가 붙어 있었다. 오랜만에 마주하는 자신의 이름이었다. 아이를 낳은 뒤로는 '누구 엄마' 혹은 '남편의 아내'로만 불리며 언제나 누군가를 보조하는 역할로 지내 왔는데, '오타 스즈에'를 위한 책상이 마련돼 있었던 것이다. 내가 있을 곳을 드디어 되찾은 것 같은 기분이었다.

'누구 엄마'라는 아이의 옆자리가 아니라, 온전히 나만의 자리가 생겼다는 게 정말 기뻤어요. 엄마가 된 후로는 제가 주인공이 되어 이름을 불릴 일이 없었거든요. 너무 오랜만이라 처음에는 당황스러울 정도였어요. 내 이름이 적힌 장소가 있다는 건, 그곳에서 나로 존재한다는 의미잖아요. 학교의 흔한 책상 하나일 뿐이지만, 내가 있을 곳이라는 생각이 들었어요. '이제야 겨우 내가 나로 돌아왔구나' 싶었죠.

누군가에게 속한 존재가 아닌 개인으로서 인정받는 것. 당연한 일처럼 보이지만, 오타 씨에게는 마치 새로 태어난 것처럼 엄청난 사건이었다.

대학에 입학하니 다소 별난 사람으로 보는 시선도 있었지만, 오타 씨는 '지금의 내 모습이 좋아' 하는 마음으로 떨쳐 낼 수 있었다. 그리고 의료 전문직 국가 자격증을 취득한 뒤, 의료 분야에 정규직으로 취업하는 데 성공했다.

학부모의 일

그러나 취업했다고 해서 엄마로서 져야 할 책임이 사라진 것은 아니었다. 아이가 크면 좀 편해질 줄 알았는데, 아이의 성장과 함께 또 다른 역할들이 요구됐다.

둘째가 어린이집에 다니던 시절, 주변의 엄마들이 주민자치회 어린이회의 임원을 맡아 달라고 청했다. 당시 오타 씨는 대학에 다니며 과제와 실험으로 바빠서 거절했지만 '할 수 있을 때 하면 된다'는 말에 마지못해 떠맡게 되었다. 하지만 여름 방학에는 라디오 체조▎ 당번을 위해 새벽 6시 반에 공원에 나가기도 하고, 행사 준비에 쫓기는 등 많은 시간을 할애해야 했다. '할 수 있을 때 하면 되는' 수준의 일이 아니었고 정신적으로도 부담이 컸다.

아이가 초등학생이 되니 이번에는 학부모회 임원을 맡아야 했다. 임원이 되면 행사 운영과 벨 마크▎▎ 수집 등 할 일이 많았다. 엄마의

▎ 약 3분간 음악과 구령에 맞춰 하는 일본의 국민 건강 체조. 매일 아침 라디오와 티브이를 통해 방송된다.

학부모회 활동이 아이 평가에 좋은 영향을 준다는 소문도 있어서 아이들을 위해 임원을 맡아야 할지 고민이 됐다. 아이 한 명당 최소 한 번은 해야 한다는 암묵적인 룰이 있어서 거절하기도 어려웠다. 한편 학부모회 임원이 되면 일을 쉬고 낮에 열리는 회의에 참석하거나 벨마크를 용지에 붙이는 작업까지 해야 했다. 안 그래도 이미 일과 살림을 병행하느라 시간이 없었기에, 학부모회 활동은 체력과 기력의 한계를 넘어서는 일로 느껴졌다. 결국 오타 씨는 미안한 마음을 안고 학부모회 임원을 사퇴하기로 했다. 주위 엄마들의 반감을 살 거라는 건 알고 있었다. 하지만 억지로 떠맡았다가는 너무 큰 희생을 치러야 할 것 같았고, 또다시 '나'로 살 수 없을 것 같았다.

　대학에서 오랜만에 자신의 이름을 마주한 후 오타 씨는 아이를 위해 자신을 희생하지 않아도 된다는 것을 깨달았다. 집 밖에서 자신의 자리를 찾으면서 아이와 자신을 분리해서 생각할 수 있게 되었기 때문이다.

예전의 저는 스스로 '세상이 이상적으로 보는 엄마상'에
사로잡혀서 아이를 제 성과물처럼 여겼던 것 같아요. 더 좋은
것을 주고, 세상이 말하는 훌륭한 아이로 키우지 않으면
'엄마로서 웃음거리가 될 거야' '좋은 엄마로 인정받고 싶다'
이렇게 생각했죠. 지금 돌이켜 보면 편식도 아이의 개성인데,

■■ 일본의 학교 지원을 위해 학부모와 기업, 지역사회가
참여하는 포인트 적립 제도. 각종 제품의 벨 마크를 모아 교육
용품을 구매하는 포인트로 사용할 수 있다.

기를 쓰고 이것저것 먹이려고 했어요. 결국 아이를 위해서가
아니라, 저 자신을 위해서였다는 걸 이제야 깨달았어요. 아이의
인생은 아이의 것이고, 저와는 다른 인격체인 거잖아요. 당연한
말이지만, 지금에야 그걸 실감해요. 아이와 거리를 두고 '이상한
엄마'가 되더라도 제가 하고 싶은 일을 하면서 마침내 나
자신으로 돌아온 것 같았어요. 그러다 보니 어느새 애들도
엄마한테 의존하지 않게 되었고, 스스로 좋아하는 것을
찾아가며 자기 삶을 만들어 가더라고요.

현재 오타 씨는 지역의 육아지원센터에서 한 달에 한 번 의료 전문가
로서 보호자들을 위한 상담 활동을 하고 있다. 육아로 가장 힘들었던
시기에 다니며 큰 도움을 받았던 곳이다.

　2023년 8월 오타 씨가 센터에서 어떤 일을 하고 있는지 궁금해
찾아갔다. 오타 씨의 안내로 공간을 둘러보니 그림책과 장난감이 넉
넉하게 마련되어 있고 친절한 직원 네 명이 일하고 있었다. 센터를
찾은 사람 중에는 엄마들뿐만 아니라 아빠들도 보였다.

십 년 전만 해도 아빠들은 이런 곳에 거의 안 왔어요. 있다고
해도 일 년에 몇 명, 엄마랑 와서 잠깐 들렀다가 금방 돌아가는
경우가 대부분이었죠. 근데 요즘은 아빠 혼자 상담하러 오는
일도 종종 있어요. 그만큼 시대가 바뀐 거죠. 바람직한
변화예요.

이날은 원래 오타 씨가 상담을 맡은 날이 아니었지만, 우리가 센터를 돌아보며 취재하던 중 한 직원이 오타 씨에게 말을 걸었다.

"오늘 어떤 엄마가 아이가 보리차를 잘 마시지 않는다면서 고민을 털어놨어요. 몇 그램을 줘야 할지 모르겠다면서 상담을 요청했는데, 이런 경우엔 뭐라고 답해 드려야 할까요?"

그러자 오타 씨가 웃으며 답했다.

"그램 수에 너무 집착하지 않아도 돼요. 자신감을 가지라고 전해 주시겠어요?"

한때 죽음을 떠올릴 정도로 육아에 대해 고민했고 그러다 이 센터를 찾게 됐던 오타 씨는, 이제 자기처럼 힘든 상황에 놓인 엄마들이 조금이라도 줄었으면 하는 바람으로 그들을 돕고 있다. 만약 과거의 자신이 상담하러 왔다면 어떤 말을 해줄 수 있을지 물었다. 오타 씨는 잠시 생각에 잠기더니 이렇게 말했다.

"그렇군요… 힘드시겠어요" 이렇게 말할 것 같네요. 역시 해줄 수 있는 말이 별로 없네요. "이것도 다 한때예요"라고 말해 줘도 그때는 와닿지 않을 거고요. 저도 당시에 비장한 분위기를 풍겼는지 다들 "조금만 있으면 편해질 거예요"라고 말해 주곤 했어요. 하지만 '조금만이 대체 언젠데? 지금 힘들어 죽겠는데' 이런 생각뿐이었죠. 그 시절의 저는 '나쁜 엄마 소리는 듣지 말아야지' '이유식은 직접 만들어야지' 하면서 스스로를 더 힘들게 했어요. 지금 돌아보면 "좀 더 내려놔도 돼, 일단 잠부터 자"라는 말을 해주고 싶네요.

상담하러 오는 엄마들도 보면 다들 너무 애를 써요. 지금도 예전의 제가 하던 고민을 많이 해요. 어쩌면 요즘은 인터넷에서 남들의 화려한 모습이 눈에 띄니까 더 힘들지도 몰라요. 우리 때는 죽 무게를 재는 일은 없었는데, 지금은 엄마들이 너무 강박을 느끼는 것 같아요. '죽은 몇 그램, 양배추는 몇 그램 먹여야 하는데 애가 안 먹어요!' 하면서 고민하는 사람이 엄청 많아요. 계량하지 않아도 괜찮다고 말해도, 매뉴얼대로 안 먹이면 애가 어떻게 될까 걱정이 되나 봐요. 그래서 저는 너무 애쓰지 않아도 괜찮다고 말해 주죠. 그 시절의 저에게 말해 주고 싶지만 그건 불가능하니까 대신 상담하러 오는 엄마들한테 말해 주는 거예요.

엄마는 평범한 회사원조차 될 수 없는 걸까

저는 워킹맘이고, 솔직히 엄마가 된 걸 여러 번 후회했어요.
회사에서 일의 성과도 어중간하고 시간도 자유롭게 쓸 수
없어요. 많은 도전을 스스로 포기해 왔죠. '반드시 이렇게 해야
합니다' 회사에서 이렇게 자신 있게 말해 보고 싶지만 두려워요.
'밤 9시까지 야근했다' '수고했으니까 한 잔 하러 갈까' 이런
말은 꿈도 못 꾸죠. 엄마들만 다른 세상에 사는 사람 같아요.
몸은 너덜너덜해지고 늘 피곤에 절어 있어요. 스트레스 때문에
몸무게도 점점 늘고요. 왜 엄마는 자아가 무너질 정도로
스트레스를 받으며 살지 않으면 '평범한 회사원'조차 될 수 없는
걸까요. 다시 선택할 수 있다면, 다음에는 이 길을 택하지 않을
겁니다.

우치다 구미, 독자 투고란, 2022년 5월

독자 투고란은 일하는 엄마들의 절박한 목소리로 가득했다. 일본에
서는 워킹맘이 계속 늘고 있는 가운데, 2022년 처음으로 결혼한 부부
중 전업주부 세대 비율이 30퍼센트 아래로 떨어졌다.[17] 맞벌이 세대
는 꾸준히 늘고 있지만, 부부가 가정에서 맡는 육아와 가사 시간에는
여전히 큰 차이가 있었다. 가사와 육아를 누가 얼마나 맡고 있는지에
관한 전국 조사에 따르면, 육아와 가사에 쓰는 시간 모두 아내가 약
80퍼센트를 감당하고 있었다.[18] 일하는 여성은 늘었지만, 아내가 가

97

사와 육아 대부분을 부담하는 현실은 달라지지 않았다. '일과 가정의 양립'이라는 과제는 지금도 여전히 여성의 몫인 것이다.

'평범한 회사원조차 될 수 없다'며 독자 투고란에 글을 보내온 우치다 구미 씨(42세, 가명)는 도쿄 소재 IT 관련 상장 기업의 영업부 내근직으로 일하며, 같은 회사에 근무하는 남편과 마련한 도쿄의 단독주택에서 중학생 첫째와 곧 초등학교에 입학하는 둘째를 키우고 있었다. 출산 전에는 영업직으로 거래처를 돌았다는 구미 씨의 쾌활한 말투에서는 주위를 활기차게 만드는 에너지가 느껴졌다.

평일에는 단축 근무를 하는 구미 씨의 육아 부담이 크지만, 대신 남편이 새벽에 일어나 빨래를 돌리고 아침 식사를 준비해 놓은 뒤 출근한다. 일찍 퇴근한 날에는 아내와 가사를 분담하고, 주말에는 가족이 다 함께 식사를 준비한다.

나는 2022년 가을, 그해 연말로 예정된 방송을 앞두고 구미 씨에게 부부가 같이 출연해 줄 수 있는지 물었다. 구미 씨 같은 맞벌이 가정의 일상을 소개하고 싶었기 때문이다. 구미 씨는 취재 요청을 받아들일지 의논하기 위해 처음으로 남편에게 엄마가 된 것을 후회한다는 말을 꺼냈다.

남편 세이치 씨(가명)는 당시의 기분을 이렇게 전했다.

솔직히 처음에는 욱했어요. "왜? 정말?" 뭐 그런 느낌이었죠.
도대체 무슨 일인가 싶었어요. 육아는 대부분 아내가 맡았으니
정신적인 부담이 컸을 거라는 건 이해해요. 그래도 본인이 하고
싶어 하는 일을 존중해 줬으니 괜찮을 줄 알았어요. 물론
아내에게 육아를 계속 맡긴 것도 있으니 미안한 마음은 들었죠.

하지만 집안일과 육아를 서로 분담하는 부분도 있었어요. 저도 하고 있으니까 너그럽게 봐줬으면 했죠.

세이치 씨는 자신도 능력껏 집안일을 거들며 아내가 하고 싶어 하는 일을 응원하고 있는데, 아내가 어째서 후회한다는 건지 이해할 수 없었다고 솔직히 털어놓았다. '욱했다'라는 말에는 육아 부담을 더 많이 짊어진 아내에 대한 죄책감과 본인이 비난받는 것 같은 느낌도 담겨 있었을 것이다.

아내의 마음을 온전히 받아들일 수 없고 아이나 회사 일에 영향이 있지 않을까 내심 걱정하면서도, 결국 세이치 씨는 아내의 뜻을 존중했다. 그리고 잠깐이라면 자신을 카메라에 담아도 괜찮다며 취재를 허락해 주었다.

집으로 취재를 하러 간 주말, 주방에서 세이치 씨가 가족의 저녁 식사를 준비하는 모습과 구미 씨가 식사 선에 아이기 어지른 물건들을 정리하는 모습을 촬영했다. 촬영을 담당한 여성 스태프 역시 아이를 키우고 있었는데 취재를 마치고 돌아가는 차 안에서 "요리하는 아빠라니 부럽네요"라고 말했다.

남편은 되도록 도와주려 하고 있고, 주위를 둘러봐도 잘하는 편인 것 같아요. 그래서 너무 약한 소리를 하면 안 되겠다고 생각해요. 다니는 회사도 육아 중인 여성을 배려해 주는 편이고, 지원도 잘 되어 있고요. 그런데도 '나는 왜 이렇게까지 시간이 없고 힘들까?' 하는 생각이 들어요.

1979년 도쿄에서 태어난 우치다 구미 씨는 세 자매 중 장녀로 자랐다. 도쿄의 사립대학에 재학 중이던 2000년 가을, 당시 3학년이던 그녀는 구직 활동을 시작했다. '취업 빙하기'가 한창이던 시기였다. 해외를 오가는 일을 하고 싶어 항공 업계를 지망했지만, 결과는 전부 낙방이었다. 60곳 이상 지원한 끝에 유일하게 합격한 곳이 '앞으로는 IT와 컨설팅이 대세'라는 말을 듣고 무심코 지원한 지금의 회사였다. 지망하던 업계는 아니었지만, 원하는 곳에 가는 것보다 일단 취업해야 한다는 마음이 더 컸다. 아르바이트를 하던 곳에서 대학 졸업 후 정규직이 되지 못하고 [알바로 생계를 이어 가는] 프리터로 일하며 고생하는 사람들을 여럿 봤기 때문이다. 합격 통지를 받았을 당시에는 일단 갈 곳이 정해졌으니 다행이라는 생각에 안도했다.

당당히 상장 기업에 합격하긴 했지만 구미 씨는 치열한 취업 활동을 거치며 이전에는 느껴 보지 못한 남녀의 격차를 깨달았다. 같은 학부에서도 남학생은 빠르게 채용이 확정된 반면, 여학생은 여러 곳에 합격한 소수의 '강자'를 제외하고는 전반적으로 합격이 늦어지고, 대체로 남학생보다 규모가 작은 기업에 채용되었다. 성적이 우수했던 한 친구는 면접관으로부터 "여자가 그렇게 머리가 좋아도 어중간하단 말이죠"라는 말까지 들었다. 여자는 아무리 유능해도 남자와 달리 언제 결혼과 출산으로 그만둘지 알 수 없으니 중요한 직책은 맡길 수 없고, 그렇다고 보람이 적은 업무를 시키면 불만을 가져서 어디에 배치할지 난감하다는 이야기였다.

그 이야기를 듣고 구미 씨는 분노보다도 '역시 그렇게 보고 있었구나' 하는 생각이 먼저 들었다. 기업의 채용 담당자들이 자신을 비롯한 여성 지원자들을 대하던 태도에서 느낀 위화감의 원인이 바로 이 것이었구나 싶었다. 여성이라는 이유만으로 불리한 현실이 사회인이 되자 당연하게 밀려드는 것을 그저 받아들일 수밖에 없었다. 직접 만 난 적도 없는 면접관의 말은 이후에도 구미 씨의 머릿속에 오랫동안 남았다.

> 명문대 출신도 아니고, 같은 스펙이라면 역시 그만둘 위험이나
> 휴직 리스크가 적은 남성을 뽑겠구나 싶었죠. 절대적으로
> 불리한 상황 같았어요. 남성과 같은 능력이라면 여성은 뽑히지
> 않을 거라는 압박감이 들었죠. 남녀가 같은 성장 속도라면,
> 자리에서 물러날 정도까지는 아니더라도 필요가 없어진달까,
> 있어도 그만 없어도 그만인 존재가 되어 버리진 않을까 걱정이
> 됐어요. 처음부터 쉽지 않을 거라는 각오로 사회생활을
> 시작했죠.

1990년대부터 2000년대까지 취업난이 극심했던 시기에 구직 활 동을 해야 했던 '취업 빙하기 세대'는 원하는 일자리를 얻지 못해 뜻 하지 않은 일을 하게 된 경우가 많았다. 구미 씨도 취업 준비를 하며 언제까지 회사를 다닐 수 있을지 알 수 없다는 불안과, 경력을 쌓아 서 자신의 가치를 높이지 않으면 안 된다는 위기감을 느꼈다. 주변에 는 몇 년 일하다 이직하는 친구들도 많았고, 구미 씨 역시 어느 정도 일을 하다 지망했던 해외 관련 일자리로 옮길 생각이었다.

두 마리 토끼를 다 잡는 것이 자아실현?

60여 명의 입사 동기 중 영업부에 배치된 여성은 구미 씨를 포함해 두 명뿐이었다. 1000명이 넘는 선배 사원 중에서도 여성 영업 사원은 몇 명 없었다. 몇 년 후, 취업 준비생을 대상으로 한 홍보 책자에는 영업직으로 일하는 구미 씨가 밝게 웃는 사진이 실렸다.

여자 영업 사원이 있으면 재밌지 않을까 하는 생각에서 배치한 모양이었어요. 채용될 때부터 저는 영업부로 정해져 있었던 것 같아요. 말도 잘하고 붙임성도 있어 보였나 봐요. 배치된 부서는 분위기도 괜찮고 동료들도 좋은 사람들이어서 무척 일하기 편했어요.

영업직으로서 기대에 부응하는 일을 하고 싶었다. 구직 활동 당시 면접관이 친구에게 했다던 말은, 사회인이 된 후에도 구미 씨의 머리를 떠나지 않았다. 성차별적 관행의 벽을 넘어서 필요한 인재가 되기 위해서는 아이가 생기기 전에 남들보다 훨씬 뛰어난 성과를 남겨야 한다는 생각뿐이었다. 하지만 현실은 그렇게 녹록하지 않았다.

첫 수주 따내는 것도 정말 힘들었어요. 그 후에도 도움을 받기만 할 뿐이지 허울만 영업직인 것 같았죠. 여자 영업 사원이라고 하면, 일도 척척 하고 위기의 순간에도 눈 하나 깜짝하지 않는 이미지를 떠올리는데, 저는 전혀 아니었어요. 멘탈도 약했고, 영업이 별로 안 맞더라고요. '여자는 남자보다 빨리 성장해야 하고 어중간해서는 안 된다' 이런 마음만 앞서고 잘하지 못하니까 누가 뭐라 한 것도 아닌데 극도로 초조해졌어요.

곧바로 직장에서 슈퍼스타가 될 수는 없었다. 그래도 할 수 있는 일을 하나씩 착실히 해나가다 보니 걱정과는 다르게 성실한 자세로 동료들의 신뢰를 얻기 시작했다.

입사한 지 몇 년이 지나자 선배와 동기들이 하나둘씩 결혼을 하고 애를 가졌다. 그런 모습을 보니 새로운 조바심이 생겨났다. 일을 계속하더라도 남편도 아이도 없는 삶을 살고 싶은 생각은 없었다. 대학 때 진로 상담하며 듣던 '일과 가정의 양립'이라는 말이 입사한 뒤에도 계속해서 반복됐다. 두 마리 토끼를 모두 잡는 것이 마치 '자아실현의 길'이라고 암시하는 것 같았다.

입사하고 6년 뒤, 같은 영업부에서 일하는 연상의 동료였던 세이치 씨와 결혼했다. 그리고 이듬해인 2009년, 서른 살에 첫째를 낳았다.

꿈꾸던 가정상은 서른 살 즈음에 애를 낳고 일도 하면서
화기애애 지내는 뭐 그런 모습이었어요. 결혼보다는 아이를
갖고 싶은 생각이 커서 이제 슬슬 가정을 꾸려야겠다 싶었죠.
20대 때는 뭔가에 홀린 듯이 '나도 그런 세계로 가고 싶다'고
생각했어요. 돌아보면 왜 그렇게 마음이 끌렸나 싶을 정도로요.
결혼해서 아이도 낳고 그렇게 사는 게 행복 아닐까, 하면서
앞길을 정해 놓았던 거죠.

1년의 육아휴직 기간에 둘째를 임신했다. 복직한 뒤 몇 달 만에

다시 출산휴가에 들어갔다. 본격적으로 일에 복귀한 것은 2013년 4월, 서른셋이 되어서였다. 첫째 출산휴가에 들어간 뒤로 3년 반이 지나 있었다.

> 경기가 좋아지기 시작할 무렵이었는데, 저는 육아 때문에 다른 일자리를 알아볼 수도 없었어요. '이 회사에 이렇게 오래 있을 생각은 아니었는데' 하는 아쉬움이 컸죠. 다행히 회사는 육아에 좋은 제도와 환경을 갖추고 있었어요. 다른 부서의 경우 여자 부장님도 있고, 아이를 키우고 있는 엄마들도 많아서 선택지가 어느 정도는 보였죠. 하지만 출산 후에도 영업직으로 일하는 여성은 없었기 때문에 5년 뒤, 10년 뒤의 제 롤모델이 없었어요. 복직할 때도 근무시간이 긴 영업부에서 어떻게 일하면 좋을지 상상하기 힘들었죠.

엄마가 되어도 계속 일할 거라고 상상했던 미래는 현실이 되었지만 아이를 키우면서 영업 사원으로 일하는 현실이 어떤 모습일지는 선명하지 않았다.

'저성과자'가 되다

구미 씨 부부는 영업 사원으로서 같은 업무를 했지만, 육아휴직이 끝나고 복직 후에는 구미 씨가 단축 근무를 하는 것으로 굳어졌다.

육아 중인 여성 사원은 보통 오후 4시에 퇴근하는 게

일반적이었기 때문에 저도 단축 근무를 신청했어요. 일과
육아를 병행하기에 최적의 시간이라고 생각했는데, 실제로
해보니 그게 한계였어요. 복귀할 때는 원래 일하던 부서나 영업
관련 업무로 돌아가고 싶었어요. 하지만 늦은 시간에 회의
참석은 어려울 것 같아서 상담해 보려고 상사한테 메일을
보냈어요. 복귀 직전에 답장이 왔는데 사무처리 부서로
옮기라는 내용이었어요. 당시까지만 해도 육아휴직을 쓰면
같은 부서로 못 돌아간다는 소문이 있었어요.

인사이동 가능성을 생각 안 한 건 아니지만, 상의조차 없이
결정된 것도, 말 한마디 없이 '열외' 취급을 받는 것도
충격이었어요.

2017년부터 임신과 출산을 빌미로 불이익을 주는 '모성 차별'에
대해 사업주가 방지책을 마련하도록 의무화된 이후 사회적 의식도
높아지면서19 현재는 복직 후 인사이동에 신중해진 회사들이 많다.
구미 씨의 회사도 지금은 본인의 의사를 확인한 뒤 육아휴직 전과 동
일한 부서로 돌아가는 것이 일반화됐지만, 2013년 당시에는 상황이
달랐다. 구미 씨가 옮기게 된 부서는 일단 배치되면 다시는 나올 수
없다는 말이 돌던 곳이었다. 이제 영업부로 돌아가지 못할 수도 있다
는 생각에 마음이 복잡했지만 '그래도 일하게 해준다니 어쩔 수 없지'
하며 체념했다.

아무래도 떳떳할 수가 없었어요. 다른 사람은 풀타임으로
일하는데, 저만 짧게 일하고 끝나니까요. 원래라면 내 자리가

없을 수도 있는데, 역할을 부여받고 회사에 남을 수 있게 된 것
같았어요. 그래서 제한된 시간 안에 최대한 해내야겠다고
생각했죠.

　　새로운 부서에서 폭풍 같은 날들이 시작되었다. 시간을 최대한
효율적으로 활용해 다른 사람들한테 피해가 가지 않도록 해야 한다
고 생각했다. 근무 시간에 제약이 있는 데 부담을 느꼈기 때문에 남
들이 꺼리는 잡무도 앞장서서 도맡았다. 그런데 복직한 지 1년 정도
가 지났을 때, 인사 평가 면담에서 도저히 받아들이기 힘든 일이 일
어났다.

　　당시는 인사 평가 결과가 공개되지 않았지만, 면담하던 중
종이가 펄럭하고 뒤집히는 바람에 얼핏 보였어요. 최저 평가를
받았더라고요. 정말 충격이 컸어요. 이유가 뭘까 싶었죠.
제한된 시간 속에서 화장실 갈 시간도 아껴 가며 업무 성과를
최대한 높이려고 나름대로는 최선을 다했거든요. 납득할 수
없었지만, 월급 받는 처지에 달리 갈 곳도 없으니 방법이 없다고
생각했어요. 평가 결과가 마이너스여서 월급이랑 보너스도
깎였어요.

　　근무시간 내 실적이 다른 직원보다 낮다고 판단한 것이라면 어
쩔 수 없지만 여러 상황을 고려할 때 '단축 근무'를 한다는 이유만으
로 낮은 점수를 줘도 된다고 쉽게 생각한 것은 아닐까 하는 의심이
들었다.

출산 후 직장에 복귀했을 때, 본인의 의사에 반하는 단순 업무를 맡거나 승진 코스에서 제외되는 일을 육상 트랙에 빗대어 '마미 트랙'이라고 한다. 한번 그 트랙에 들어서면 승진과는 점점 거리가 멀어진다는 뜻이다. 성과가 나지 않는 일을 맡는 탓에 좋은 평가를 받기도 어려운 악순환에 빠지기도 한다.

> 저도 나름대로 계속 노력했지만, 주위보다 낮은 평가를 받으며 점점 차이가 벌어지는 곳으로 떠내려가는 느낌이었어요.

돌아온 영업부에서

사무 처리 부서로 이동한 지 몇 년 뒤, 기회가 찾아왔다. 어느 날 갑자기 영업부로 발령이 난 것이다. 알고 보니 영업부 시절 상사가 돌아올 수 있게 배려해 준 모양이었다. 돌아온 영업부에서도 단축 근무를 했지만, 인사 평가는 출산 전 수준으로 회복되었다. 맡은 업무는 고객과 직접 소통하는 일이 아니라 계약 내용을 정리하는 내근 업무였다. 최전선에서 계약을 따내는 것보다 계약서를 다루거나 사내에서 처리하는 업무에 자신이 있었던 구미 씨는 적성에 맞는 업무를 맡았으니 좀 더 도움이 되도록 해야겠다고 분발했다. 그러나 바라던 영업부에 복귀했음에도 벽은 있었다.

일단 아이의 예측하지 못한 상황에 맞춰 계획을 갑자기 변경해야 할 일이 잦아졌다. 이 무렵부터 아이가 알레르기 증상이 심해져 병원에 갈 일이 많아졌고, 그때마다 구미 씨가 휴가를 내야 했다. 남편이 교대해 주는 날도 있었지만, 그것도 한계가 있었다. 거래처와의 약속을 변경할 수 없다는 것은 같은 업무를 했던 자신도 잘 알고 있었다.

첫째는 유난히 병치레가 잦아서 정말 종합병원이었어요. 여러 과를 전전했죠. 그러다 보니 출근 일수도 부족했어요. 가장 심할 때는 둘째가 감염병에 걸리고 그다음 주에는 첫째, 마지막에는 저까지 아파서 총 3주를 쉰 적도 있어요. 지금이야 원격 근무가 있으니 어떻게든 되겠지만, 당시에는 눈 깜짝할 사이에 유급휴가를 다 써버렸죠.

예전에 했던 업무를 다시 하게 되면서 자신의 변화도 느꼈다.

맡은 업무가 예전과 같은 수준으로 안 되더라고요. '전에는 됐는데, 왜 지금은 안 되지?' 스스로 되물었어요. 이유는 시간이 부족해서인데 그렇다면 좀 더 궁리를 해보자 생각했죠. 그런데 예전보다 성과는 안 나는데 투입하는 에너지는 오히려 더 크더라고요. 오랜만에 운동을 하면 몸이 안 따라 줘서 다치는 것처럼요. 할 수 있을 줄 알았는데, 막상 해보니 안 돼요. 예전의 내가 하던 만큼도 못 하는 게 너무 괴로웠어요.

'예전처럼 일이 안 된다'라고 말해 버리면, 쓸모없는 존재가 되진 않을까? 모처럼 돌아온 영업부에서 버림받을지도 모른다는 불안이 밀려왔다. 한편, 주위에는 짧은 시간 안에 업무를 처리해 좋은 평가 를 받는 워킹맘 선배도 있었다. 그에 비해 자신은 뛰어난 성과를 내 기는커녕 평범한 사원 수준에도 못 미치는 것 같았다. 뭘 해도 어중간하고 능력이 부족하다는 생각에 자신감을 잃어 갔다.

아이를 낳기 전까지는 평범한 회사원이었어요. 필요한 업무를
필요한 수준으로 해내는 사람이 '보통'이라면, 그 정도는 할 수
있었어요. 출산 전에는 '어중간'한 인재로는 안 된다고, 보통에
머무르면 결국 도태될 거라고 생각했어요. 근데 이제는 그
'보통'에조차 미치지 못한다는 조바심, 100을 해내고 싶어도
물리적으로 불가능한 일이 늘어나면서 절반밖에 해내지
못한다는 괴로움으로 마음이 뒤죽박죽이었죠.

엄마가 되기 전에는 매년 조금씩이나마 자신이 성장하고 있음을
느낄 수 있었다. 업무 범위도 넓어지고 질도 높아졌으며 맡은 책임도
늘었다. 그런데 육아를 시작한 뒤로는 예전의 나로 돌아가기조차 어
려웠다. 예전처럼 일할 수 없는 자신을 받아들이지 못하고 무리하게
일을 계속했다. 그러다 정해진 시간에 퇴근하지 못하는 날도 생기고,
기한까지 모든 것을 끝내기 위해 하루하루를 빠듯하게 보내며 늘 긴
장 상태로 지내야 했다.

언제까지 이런 상황이 이어질까, 끝이 보이지 않아서
괴로웠어요. 아이가 더 크면 괜찮아질 줄 알았는데 '아,
아직도네' 이런 상태가 몇 년간 이어졌죠. 초등학교 입학
전까지는 계속 그랬던 것 같아요. 결국 제가 업무 능력이 예전
같지 않다는 걸 받아들이지 않는 한, 달라질 수 없었어요. 거기
도달하기까지 시간이 좀 걸렸죠. 정신적으로 늘 위태로웠어요.

한편 풀타임으로 일하는 남편 세이치 씨는 아이가 태어난 후에도 영업부에서 바쁜 나날을 보냈다. 아내와 나이 차가 있어서 먼저 관리직으로 승진했고 책임도 늘었다. 아이가 어려도 근무 방식을 크게 바꾸기는 어려웠고 거래처의 요청이 있으면 늦은 시각이어도 대응해야만 했다. 밤 9시, 10시에 퇴근해 집에 오면 아이들은 이미 잠든 뒤였다. 퇴근 후 한숨 돌리며 술을 마시러 가기도 했지만, 다음날에는 반드시 새벽 5시에 일어나 빨래를 돌리고 아이들 아침밥을 만들어 놓고 출근했다. 회사에서는 육아 중인 동료들이 많아서 집안일을 분담해야 한다고 늘 조언해 줬기에 가능한 한 지키려고 노력했다.

아내 구미 씨는 세이치 씨가 귀가하기 전 오후 4시쯤 회사를 나와 아이를 데리러 갔다. 집에 돌아오면 오후 5시. 그때부터 애들이 잠자리에 드는 9시까지 매일 저녁 식사를 만들고, 두 아이를 먹이고, 씻기고, 재우며 폭풍 같은 네 시간을 보냈다. 조용해진 방 안에서 겨우 한숨 돌리고 나면 다음 날 등원 준비를 하고 남은 집안일과 업무를 마무리했다. 한 민간 조사에서 일본, 중국, 인도네시아, 핀란드 4개국에서 유아 자녀를 둔 엄마들을 대상으로 설문 조사를 진행해 누가 집안일과 육아를 담당하고 있는지 비교했다.[20] 도시에 사는 전형적인 맞벌이 가정의 경우, 중국에서는 조부모가, 인도네시아에서는 동네 커뮤니티가, 핀란드에서는 아빠가 각각 엄마와 함께 집안일과 육아를 맡고 있었다. 한편 일본에서는 오로지 엄마 혼자서 아이가 잠들 때까지 네 시간을 감당했다. 구미 씨는 업무가 바쁘거나 스트레스가 큰 시기에도, 또 아이나 본인의 몸 상태가 좋지 않은 날에도 10년 넘게 이런 생활을 이어 왔다.

집안일과 육아를 누가 담당하고 있는가

베넷세 교육종합연구소 〈유아기 가정교육 국제 조사〉(2018) 등 동 연구소의 모치다 시게코가 정리한 이미지를 토대로 작성함.

그런 일상이 반복되다가 어느 날 문득 너무 지쳤다는 걸
깨달았어요. 삶이 고달프더라고요. 엄마가 돼서 이런 감정을
느낄 줄은 몰랐어요. 잠도 잘 못 자고, 정말 정신이 이상해질 것
같은 순간이 있었어요. 인간이 한계에 도달한다는 게 쉬운 일은
아닐 거라 생각했는데, 의외로 그렇지 않다는 걸 깨달았죠.

친정엄마

구미 씨는 다행히 근처에 살던 친정엄마의 도움을 받을 수 있었다.
결혼 후 육아를 대비해 부모님이 사는 집에서 걸어갈 수 있는 거리에
단독주택을 마련했다. 육아휴직을 마치고 직장에 복귀해 아이가 어
린이집에 다닐 무렵에는 일주일에 두세 차례 어머니의 도움을 받았
다. 정신적인 한계를 느끼고 아무것도 할 수 없을 때면, 친정어머니
가 있어 잠시나마 도망칠 수 있었다.

첫째가 초등학교 1학년 때, 제가 반나절 동안 가출한 적이
있었어요. 일이 한창 바쁜 시기였는데 퇴근하고 집에서 애
숙제를 봐주고 있었죠. 당시 첫째는 국어 받아쓰기가
서툴렀어요. 지금 생각해 보면 발달상 특성 때문이었는데
당시에는 이유를 몰랐죠. 아무리 잘 가르쳐 보려고 해도 아이가
불평만 쏟아 내니 멘탈이 무너질 것 같더라고요. 엄마한테
전화해서 "미안해. 더는 못 하겠어. 나 좀 나갔다 올게" 하고선
그대로 자전거를 타고 뛰쳐나갔어요. 눈물이 멈추지 않아서
공원에 사람 없는 컴컴한 구석에서 네 시간쯤 있다 마음을

가라앉히고 돌아왔어요. 나중에 엄마한테 미안하다고 사과는
했죠. 그 순간에 의지할 수 있는 건 엄마뿐이었어요. 엄마가
없었다면 육아는 더 비참했을 거예요. 경험자니까 고민을 들어
주고 굳이 말하지 않아도 지지해 주고 밥도 해주고. 정말로
저에게는 큰 존재예요.

친정어머니는 그녀가 의지하는 소중한 존재지만, 손주를 돌보며
고생시키는 것에 죄송스러운 마음도 있다. 세 자매를 키워 낸 어머니
는 손주가 태어난 이후에는 딸들을 돕기 위해 손주 육아의 상당 부분
을 맡고 있었다.

이번에는 여동생이 아이를 낳아서 엄마가 도와주러 갔어요.
엄마는 자기는 괜찮대요. 아무래도 우리가 부탁하면
가만있기가 힘든가 봐요. 하지만 나중에 몸이 안 좋아져서 누워
지내실 때도 있어서 너무 의존하면 안 되겠다고 여동생과
이야기했어요. 엄마한테 부담이 집중되는 게 죄송스러워요.

구미 씨의 어머니는 자신이 좀 힘들더라도 손주 얼굴을 보는 기
쁨이 더 커서 일상에 활력이 생겼다고 했다. 그런데 이렇게 느끼는
할머니만 있는 것은 아니다. 손자의 존재가 조부모의 행복에 주는 영
향을 분석한 연구를 보면, '외손주'일 경우 '친손주'에 비해 할머니의
행복도가 낮다는 결과가 있다.[21] 이는 육아 부담이 엄마에게 집중되
는 현실에서 그 엄마가 의지하기 쉬운 친정어머니에게 부담이 쏠리
는 현상 때문인 것으로 보인다.

구미 씨의 경우 친정엄마의 도움 덕분에 일과 육아를 병행하기 좋은 조건에 있었다. 직장에서는 자녀가 초등학생이 되어도 단축 근무를 계속할 수 있게 하는 등 복지 제도가 잘 갖춰져 있었다. 거주하는 지역에서는 맞벌이 가정의 아이가 방과 후에 시간을 보낼 수 있는 '방과 후 보육' 서비스가 마련돼 있었다. 이처럼 가족, 기업, 지자체의 지원 중 어느 하나라도 빠지면 일을 할 수 없는 엄마들이 적지 않다. 구미 씨의 동료 중에도, 거주하는 지역에서 어린이집을 찾지 못해 일을 관둔 사람이 있었다. 그런 이야기를 들을 때마다 구미 씨는 만일 주위의 도움 중 어느 하나라도 없었다면 자신도 일을 관둬야 했을지도 모른다는 생각에 아찔한 기분이 들었다.

중년의 위기?

구미 씨는 육아에 대해 어느 정도 도움을 받을 수 있는 환경에서 어떻게든 일을 계속할 수 있었다. 하지만 일과 가정 사이에서 균형을 잡는 동안, 일에서 성취감을 느끼는 순간은 적어졌다. 문득 돌이켜 보니 긴 시간이 흘러 있었다.

> 마흔이 되었을 때 '아, 난 이대로 죽겠구나' 하는 생각이 들었어요. 갑자기 허리를 삐끗했는데, 몸도 정말 한계가 왔다는 걸 깨달았거든요. 이대로 죽기는 싫었어요. 한 번뿐인 인생이니까요. 아이가 어리다, 가정이 있다는 이유로 여러 가지 것들을 포기하고, 적당히 체념하는 제가 싫었어요. '그때 할 걸' '이걸 해볼 걸' 하면서 후회만 늘어놓는 것도 이제

4장 엄마는 평범한 회사원조차 될 수 없는 걸까

지치더라고요.

30대 후반부터 40대에 걸친 시기에 찾아오는, 앞날에 대한 불안과 조바심은 '중년의 위기'라고도 한다. 앞으로의 삶을 예측할 수 있게 되고, 인생의 반환점을 생각하면서 '내 인생은 이대로 괜찮은 걸까' 하고 정체성이 불안정해지는 상태를 말한다. 이를 극복하기 위해서는 자기 삶의 방식을 주체적으로 모색해 보고 스스로가 만족하는 방식을 찾아가는 것이 중요하다고 한다.[22]

구미 씨가 선택한 방식은 다소 과감해 보일 수도 있는 방법이었다. '하고 싶은 일을 해보자' 생각하자마자 바로 떠오른 것이 있었다. 몇 년 전, 자신의 삶을 바꿀 실마리를 찾을 수 있지 않을까 싶어 여성 취업 지원 행사에 간 적이 있었다. 그곳에서 해외 대학원 강의를 온라인으로 수강하며 경영학 석사(MBA)를 취득하는 교육과정을 발견했다. 외국에서 일을 하고 싶은 꿈을 이루지 못했던 구미 씨에게는 매력적인 도전 같았다.

> 그 뒤로 늘 MBA를 생각했어요. 수면 시간이 부족해서 가끔 몸이 망가질 때도 있었는데 더 망가지지는 않을까, 일에도 지장이 생기지 않을까 엄청 두려웠어요. 그래도 지금 내가 하고 싶은 일은 MBA를 따는 것뿐이라는 생각이 들어서 어찌 되든 도전해 보자 마음먹었죠.

수강료는 300만 엔. 맞벌이라 해도 결코 만만한 금액은 아니었지만, 차를 샀다고 생각하기로 하고, 마흔한 살에 다시 공부를 시작했

다. 퇴근하고 초등학생 아이들의 뒤치다꺼리를 끝낸 뒤 밤늦게까지
공부하는 날들이 이어졌다.

부부의 인식 차이

구미 씨가 한창 MBA에 도전 중이던 2022년 11월, 나는 구미 씨 부부
를 취재하기 위해 카메라를 들고 집을 찾았다. 이때 카메라 앞에서
부부가 나눈 대화를 통해 두 사람의 육아 시간에 대한 인식 차이를 엿
볼 수 있었다. 다음은 나와 부부가 나눈 대화를 기록한 것이다.

취재진 : 아빠가 된 걸 후회하진 않으세요?

세이치 : 후회는 없어요. 아이를 훈육하는 부분에서 아직도 제가
부족하다고 느끼기는 해요. 제 감정으로 아이를 혼내고,
화를 내고 반성하고 그래요. 미숙한 아빠긴 하죠.

구미 : 힘든 부분은 없어?

세이치 : 힘든 건 없어.

구미 : 놀랍네.

세이치 : 아이가 생기면 여가 시간을 아이에게 쓰는 건 당연한
거고, 아이 중심으로 사는 거라고 생각해요. 물론 모든 걸
다 할 수 있는 건 아니니까 특히 엄마가 맡은 부분이
많기는 하죠. 그래서 이런 주제가 나오지 않았을까 하는
생각이 드네요. 저도 제 나름대로 최선을 다하고 있다고
생각하지만, 다른 아빠들과 비교하면 어떨지는
모르겠네요.

세이치 씨는 자신의 생활에서 "여가 시간을 아이에게 쓰는 것은 당연하다" 여기고 있었다. 아빠인 자신도 가능한 범위에서 하고 있지만, 아내가 더 많이 맡아서 부담을 느끼고, 그것이 후회로 이어졌을 것 같다고 추측했다.

한편, 아내 구미 씨는 이날 느꼈던 남편과 자신의 차이를 이렇게 되짚었다.

> 애초에 '비어 있는 시간에 한다'라는 발상이 저랑 다르다고 느꼈어요. 저는 모든 시간을 육아에 쏟고, 혹시 시간이 비면 뭔가를 할 수 있는 거죠. 근데 남편은 '오늘 한잔하고 들어갈게' '한잔했어' 같은 말을 할 수 있었어요. 아이들이 어릴 때도 일주일에 세 번 정도는 술을 마셨고요. '해야만 하는 사람'과 '할 수도 있는 사람'이 있는 거예요. 다른 선택지가 있느냐 없느냐에 따라 헌신의 차이가 너무 크다는 걸 보르는 거죠. 제 고충이 남편에게 전혀 전달되지 않았다고는 할 수 없겠지만, 그대로 전달하기는 어려운 것 같아요.

줄다리기

아빠인 세이치 씨는 일을 하거나 지인을 만날 시간을 확보한 상태에서 집안일을 맡았다. 반면에 엄마인 구미 씨는 빈 시간을 쓰는 것만으로는 부족해서 일과 휴식 시간도 줄이고 커리어 방향까지 바꿔 가며 아이를 중심으로 살았다.

이렇듯 부부간에 인식 차이는 있었지만, 구미 씨는 세이치 씨를 일방적으로 탓할 마음은 없었다. 서로 역할을 바꿔 보려고 남편이 일찍 귀가하고 아내가 야근을 하는 식으로 해본 적도 있었다. 하지만 지금까지의 생활 방식을 바꿔 다른 집들과는 다르게 하려니 그때마다 주변에 설명을 해야 했다. 남편 역시 자신과는 다른 형태로 큰 부담을 지고 있다는 건, 아내 구미 씨가 가장 잘 알고 있었다.

사실 남편 입장도 잘 알아요. 적당히 일해서는 안 되는 나이라서 평일에는 밤늦게 녹초가 돼서 들어와요. 저도 같은 업무를 한 적이 있기 때문에 그 스트레스도 알죠. 자유의 정도에 차이가 있지만, 술자리에 간다고 해도 그 부분은 아직 눈감아 주려고요. 남편도 가끔은 힘들어서 무너지거든요.

그 사람은 자기 나름대로 하고 있다고 생각하고, 저는 좀 더 해줬으면 하지만 표현을 잘 못 해서 거의 얘기를 안 했어요. 말해 봤자 소용없을 것 같아 관뒀고 번거롭다는 생각이 들었어요. 술 마시고 있는데 말하기도 좀 그렇고, 일이 바쁠 때는 또 그러려니 하고, 여유가 있을 때만 말했죠.

집안일과 육아를 분담할 때면 부부간에 언제나 협상과 줄다리기가 필요하다. 주위에서는 '남편한테 더 시키면 될 텐데' 생각하겠지만 실제로 그러기는 쉽지 않다. 구미 씨는 과중한 업무에 시달리는 남편에게 무턱대고 집안일을 분담시킬 수는 없었고, 세이치 씨는 그런 아내의 배려에 기대 왔다. 한편, 세이치 씨 또한 나름의 고충이 있었다. 직장에서 관리직으로서 중요한 책임을 맡아 인생의 긴 시간을 일에 쏟았다. 아내가 책임져 온 것 중에는 남편에게 쉽게 넘길 수 없는 것

들도 많았다. 아이들의 정신적인 지주로서 고민을 들어줄 수 있는 쪽
은 엄마인 구미 씨였다. 그것은 엄마가 압도적으로 긴 시간을 아이들
과 보내 온 당연한 결과이기도 했다.

부부가 서로 충분히 대화를 나눴어야 했다고 반성하는 한편, 지
난 10년 동안 달라진 부분도 있었다.

> 그래도 남편이 분담하는 부분이 점점 늘었어요. 옛날에는
> 구체적으로 '이렇게 해줘'라고 말하지 않으면 움직이질
> 않았는데, 지금은 평일에 일찍 들어오면 아무 말 없이 하거든요.
> 가끔 일찍 들어왔을 때 '보통 일이 아니구나' 느꼈던 것 같아요.
> 가끔 제가 한계가 와서 무너지면 남편이 어쩔 수 없이 해야
> 하잖아요. 그러면서 고충을 이해하고 조금씩 양보해 주는
> 과정을 10년간 반복하고 있는 것 같아요.

변화의 속도가 그녀에게 만족스럽지 않았을지 몰라도 가정에서
의 역할이 완전히 고정된 것도 아니었다. 집안일 하나하나를 누가 맡
을지를 두고 부부 사이의 줄다리기는 여전히 이어지고 있다.

나만을 위한 도전

취재를 갔던 날, 구미 씨가 MBA 과제를 하는 모습을 촬영했다. 집안
일을 마치고 난 밤 9시, 서재 겸 침실로 사용하는 방에 들어가 책상
앞에 앉았다. 책상 바로 옆에는 침대가 있고, 커튼으로 분리되어 있
었다. 곧 초등학생이 되는 둘째가 자다가 일어나 엄마 침대로 넘어왔

다. 그러면 구미 씨는 방의 불은 끄고 책상 위 조명만 켜두었다. 커튼을 사이에 두고 잠든 아이 옆에서 공부를 계속하다가 새벽 3시 무렵 겨우 잠자리에 들었다. 이런 생활을 한 지도 2년 가까이 됐다.

구미 씨처럼 해외 대학원의 MBA 취득을 목표로 학업을 이어 가는 일은, 일하면서 아이를 키우는 사람이 쉽게 따라 할 수 있는 일이 아니다. 남들이 보면 대단하다며 감탄할 일이지만, 구미 씨는 현실이 그렇게 녹록하지 않다고 말한다.

그다지 보기 좋은 모습은 아니에요. 몸은 너덜너덜해지고 스트레스 때문에 체중은 점점 늘고, 아이들도 불만이 많은 것 같고요. 성적도 안 좋고, 과제는 엄두가 안 날 때도 많아요. 하지만 지금 제가 할 수 있는 만큼 최선을 다하고 있고, 이 이상은 불가능한 상태까지 와있어요.

체력을 소모하면서 계속 달리는 동안, 마음에 변화가 찾아왔다.

과거를 돌아보면서 '이렇게 할 걸' '저렇게 할 걸' 생각하는 일이 확 줄었어요. 예전에는 못 하는 저 자신을 받아들이는 게 힘들었어요. MBA 과정도 끝나 가고 있는데, 이제는 여기까지 했으니 안 되면 그게 나라고 받아들일 수 있을 것 같아요.

MBA 도전하길 잘했다고 믿지 않으면 정신적인 타격이 클 거예요. 앞으로의 일이나 커리어에 실제로 도움이 될지는 아직 잘 모르겠지만 학위를 따는 것만으로는 의미가 없으니까 진짜로 잘한 선택이었는지는 시간이 더 지나 봐야 알겠죠.

사실 MBA에 도전하기로 했을 때부터, 과정을 수료한다고 해서 곧바로 커리어에 도움이 될 거라고는 생각하지 않았다. 누군가는 그런 시간과 노력, 비용을 들여 도전할 만한 가치가 있느냐고 할 수도 있겠지만, 스스로 납득하고 선택한 일이라는 점에서 분명 의미가 있었다.

이 정도로 목표를 높게 잡고 달려가지 않아도, 자신을 인정할 수 있는 사람도 있을 것이다. 하지만 구미 씨의 경우, 오랫동안 자신의 마음속에 자리 잡고 있던 응어리를 풀기 위해서는 이렇게 철저해야만 했다. 취업 빙하기에 희망과는 다른 업계에서 일을 시작해, 육아 때문에 이직할 타이밍을 놓쳐 버렸다. 가정과 균형을 맞춰 가며 일했지만 자신의 커리어에 만족할 수 없었고 '엄마가 되지 않았다면 더 할 수 있었을 텐데' 하는 마음을 품은 채 오랜 시간이 흘렀다. MBA는 엄마가 되면서 여러 도전을 포기해 온 구미 씨가, 비로소 하고 싶다고 마음먹고 끝까지 해낸 자신만을 위한 도전이었다. 그 도선은 그녀들 더 지치게도 했지만, 동시에 잃어버린 자신감을 되찾고 자신의 한계를 긍정적으로 받아들이는 계기가 되었다.

두 마리 토끼를 잡으려다 깨달은 것

'일과 가정의 양립'이라는, 슬로건처럼 반복되는 실체 없는 말이 구체적으로 무엇을 의미하는지 구미 씨는 답을 찾아 왔다. 일을 통해 자기실현을 이루고 싶으면서도 한편으로는 아이에 대한 애정으로 떨어지기 힘들어하는 마음이 있었다. 일하는 동안에도 아이가 걱정돼 온전히 집중하지 못하는 자신이 너무 싫었지만, 그런 모습 또한 나라면 어쩔 수 없다고 받아들이게 되었다.

　돌이켜 보면 설령 선택지가 충분히 주어졌더라도 일에만 매달리며 생활을 제쳐 두는 삶의 방식은, 자신에게 최선이 아니었을 거라는 생각이 든다.

　영업일을 계속하고 싶기도 하고, 아이와 함께 있고 싶기도 한 두 가지 자아가 존재해요. 계속 일할 수 있는 환경이었어도 아이가 잠들기 전에 집에 가서 보고 싶다고 생각했을 거예요. 선택지가 있었더라도 가정으로 돌아갔을 것 같기도 해요.

　아이들에게는 나중에 제가 일과 육아를 병행하며 배운 점을 알려 주고 싶어요. 결혼이나 아이를 갖는 일에 대해 어떻게 생각하는지 물어 온다면, 그것만이 전부가 아니라고 말해 주고 싶어요. 결혼하지 않아도, 아이를 갖지 않아도 괜찮다고, 꼭 그렇게 해야 한다고 믿지 않아도 괜찮다고요. 그런 다음 자신의 인생을 선택했으면 좋겠어요. '당연한 것'이나 '보통'에 집착할 필요는 없다고 과거의 저에게도 말해 주고 싶어요. 낳았든 낳지 않았든, 어느 쪽이든 후회는 있었을 테고, 뭐든 그것대로 좋은 점도 있었을 거라고 생각해요.

　부부를 취재한 프로그램이 방영된 이듬해, 구미 씨는 MBA 과정을 수료했다. 수료식에 참석하기 위해 미국 본교에 혼자 갔을 때 찍은 사진에는 검은 졸업 가운을 입고 석사모를 쓴 마흔네 살의 구미 씨가 담겨 있었다. 최선을 다했다는 생각에, 독자 투고란에 소감을 썼을 때보다 지금은 후회가 줄었다고 한다.

그래도 후회가 완전히 사라진 것은 아니다.

지금도 후회하는 마음은 있어요. 그런 마음에 끌려 다니지
않으려고 해도 절대로 그 마음이 사라지진 않더라고요. 일본
사회에서 엄마가 된다는 건, 지금도 좋은 선택이라고는
생각하지 않아요. 엄마로 살아간다는 건, 정신적으로 힘든 일인
것 같아요. 아이를 낳은 걸 후회하는 건 아니에요. 다만 이
사회에서 엄마가 된 걸 후회해요.

엄마 역할을 완벽히 해낸 후에 제가 원하는 일을 하고 싶은데 그게 전혀 안 되더라고요. 딸이 살아 있는 한 이런 죄책감을 계속 안고 가겠죠. 이 이야기를 꺼내는 것만으로도 죄책감이 밀려와요. 나중에 딸이 어른이 돼서 독립을 하더라도 좋은 엄마로만 살지 못한 것에 미안한 마음이 계속 들 것 같아요.

요시카와 사쓰키, 인터뷰 중에서, 2023년 6월

엄마가 된 뒤로는, 자부심을 느꼈던 일에 떳떳하지 못한 마음이 생겼다는 여성을 취재 과정에서 만났다. 호스티스로 일하던 요시카와 사쓰키 씨(46세, 가명)다.

요시카와 씨는 우리가 방송에 앞서 내보낸 온라인 기사를 읽고 무심코 독자 투고란에 글을 남겼다. 그녀의 마음을 특히 흔들었던 건 '아이를 낳지 말았어야 했다고 생각한 적이 있나요?'라는 질문에 '셀 수 없을 만큼 많다'라고 답한 엄마가 7퍼센트나 된다는 조사 결과였다.[23] 요시카와 씨는 그 7퍼센트 속에 자신을 겹쳐 보았다. 이토록 후회를 많이 했던 건 '죄책감' 때문이었다.

요시카와 씨는 엄마인 자신이 호스티스로 일하며 나답게 살고 싶다고 소망하는 것에 깊은 죄책감을 느끼고 있었다. 그녀를 괴롭힌 것은 주변 사람이나 사회의 압력이 아니라 자기 안의 고정관념이었다.

127

저는 '아이를 낳지 말았어야 했다'고 생각한 적이 셀 수 없을 만큼 많다'라고 답한 7퍼센트에 속해요. 아마 그 7퍼센트 중에서도 심한 편일 거예요. 결혼 자체에 대해서도 회의적이고요.

그때로 돌아갈 수 있다면 돌아가고 싶어요. '나는 나'라고 생각하면서 반짝이는 하루하루를 보내던 시절로요. 작년부터 무기력한 상태에서 벗어나려고 예전에 하던 호스티스 일을 다시 시작했어요. 역시 저는 사회에 나가서 일하고, 인정받고, 쓸모 있는 일을 하고 싶어요. 가정이 아닌 사회에서요. 하지만 늘 죄책감이 따라다녀요. 아이가 있는데 호스티스 일을 하는 엄마라니. 어떤 날은 괜찮은 것 같다가도, 문득 죄책감이 밀려올 때가 있어요. 그렇게 갈팡질팡하며 하루하루 살고 있어요.

요시카와 사쓰키, 독자 투고란

그녀는 어째서 이토록 죄책감을 안고 살게 되었을까? 이야기를 듣고 싶어 취재를 요청하니 흔쾌히 수락해 주었다.

시내 카페에서 요시카와 씨와 만나기로 한 건 6월의 끝자락, 조금만 걸어도 땀이 줄줄 흐르는 무더운 날이었다. 이런 날씨에 약속을 잡아 죄송스러운 마음으로 기다리고 있는데, 시간에 맞춰 요시카와 씨가 가게로 들어왔다. 그녀는 나를 보더니 무더위도 날려 버릴 듯한 시원시원한 목소리로 인사했다.

"안녕하세요. 만나서 반가워요. 원래 땀이 많은 편이라 쏟아지는 거니까 신경 쓰지 마세요."

그렇게 말하며 웃는 요시카와 씨는 무척 밝은 모습이어서 "셀 수 없을 만큼 후회를 해온” 사람처럼 보이진 않았다. 하지만 밝게 웃는 얼굴을 한 이때도 요시카와 씨의 마음속에서는 커다란 죄책감이 소용돌이치고 있었다. 나는 그것을 뒤늦게 알게 되었다.

엄마와는 다르게

요시카와 씨는 1976년, 규슈에서 태어났다. 어린 시절부터 친척들에게 ‘시집가서 아이를 낳는 게 여자의 행복’이란 말을 들으며 자랐고 그것이 ‘상식’인 줄 알았다. 실제로 주위 친구들은 ‘장래 희망은 엄마’라고 말하곤 했다. 그러나 요시카와 씨는 달랐다. 어렸을 때부터 아이는 필요 없다는 생각이 확고했다.

아홉 살 터울의 여동생과 열두 살 터울의 남동생이 있었던 요시카와 씨는 초등학생 때부터 엄마를 도와 동생들을 보살폈다. 엄마는 늘 육아와 집안일로 지친 모습이었다. 언제나 자신은 뒷전이었고, 남편과 아이들을 우선하며 살았다. 자신을 위한 자유로운 시간도, 돈도 전혀 없는 것 같았다. 한편 아버지는 집안일과 육아에는 일절 참여하지 않았고, 아이가 기침을 하면 ‘감기 옮아서 회사 못 가면 어떡하느냐’며 화를 내는 사람이었다.

요시카와 씨는 전업주부로 늘 아버지의 심기를 살피며 인내하며 살던 엄마의 모습을 보면서 아이를 낳고 싶지 않다고 생각하게 되었다.

엄마는 자기 자신을 위해 돈을 쓰는 게 나쁜 일이라고 생각하는 것 같았어요. 그래서 자기 옷은 하나도 안 사고 맨날 같은 옷을

입고 다녔어요. 아버지가 차갑게 굴 때 묵묵히 참으면서도
마음을 쓰는 게 절절하게 느껴졌죠. 엄마한테 자식이 없었다면
좀 더 자유롭게 살았을 거라는 생각이 들지 않을 수가 없었어요.
그래서 일단 나는 엄마와는 다르게, 경제적으로 자립한 여성이
되고 싶었어요.

가정에 머무르며 남편한테 의존하지 않고, 스스로 기술을 익혀 일
찌감치 자립하고 싶었던 요시카와 씨는 단기대학의 의상과에 진학했
다. 졸업 후에는 희망하던 유명 의류 브랜드 매장에서 일하기 시작했
다. 그녀는 타고난 커뮤니케이션 능력을 발휘해 고객의 요구를 능숙
하게 파악하고 취향에 맞는 옷을 추천해 주었다. 고객의 취향이나 대
화 내용을 기억해 두고 쇼핑을 즐길 수 있도록 돕기도 했다. 그러다 보
니 어느새 요시카와 씨와 이야기하고 싶어 매장을 찾는 고객들이 늘
기 시작했다. 그것은 요시카와 씨에게 무엇보다도 기쁜 일이었다.

고객 중에는 "언제 매장에 계세요? 출근하시는 날에 맞춰서
매장에 갈게요"라거나 "요시카와 씨가 쉬는 날이라길래 그냥
돌아왔어요"라고 하는 사람도 있었어요. 일반적으로는 팔기
어려운 독특한 디자인의 옷도 "요시카와 씨가 어울린다고
하니까" 하면서 사가는 경우가 있었죠. 물론 옷이 팔리면
매출이 늘고 제 실적으로도 이어지지만, 그런 것보단 저를 보고
옷을 사러 와주는 게 기뻤어요. 그때 경험에서 고객을 응대하는
일이 참 즐겁다고 느꼈어요.

보람을 느끼며 2년간 의류 브랜드에서 일했지만, 요시카와 씨는 단골 고객만 우대하는 매장의 방침에 점점 의문이 생겨 퇴사했다.

이후 하고 싶은 일을 찾는 과정에서 시행착오를 겪었지만 딱히 마음에 드는 일을 찾지 못했다. 어느덧 의류 매장에서 일하던 시절에 벌었던 돈도 바닥나고 경제적으로 어려워지기 시작했다. 어느 날 뭐든 해야겠다며 친구와 의논하다가 호스티스 일을 소개받았다. 처음에는 일단 돈을 모아야겠다는 마음으로 시작했지만, 서서히 일의 재미에 눈을 뜨게 되었다.

생각보다 재미있었어요. 돌이켜 보면, 의류 매장에서 고객을 응대할 때도 가장 기뻤던 게 손님이 저를 찾아와 주는 거였어요. 그런 일을 좀 더 깊이 파고든 직업이 호스티스였죠. 하면 할수록 어렵기도 했지만, 어떻게 해야 손님이 만족할 수 있을까 생각하는 게 너무 즐거웠어요. '함께 있으면 웃음이 절로 나는, 즐거운 시간을 선물하는 호스티스가 되어야겠다' 이런 마음으로 열심히 수다를 떨었죠.

공부는 좋아하지 않았지만, 신기하게도 손님과 나눈 이야기나 이름은 모두 기억할 수 있었어요. 가끔은 장난스럽게 이름을 불러 드리면 좋아하시더라고요. 모처럼 소중한 시간을 내서 자기 돈 주고 술을 마시러 오신 거니까 어떻게 해야 즐거워하실까 항상 고민했어요. 회사와 가정에서 이런저런 일들로 지친 손님들이 많아서, 여기서는 정말 즐겁게 머물다가 가시길 바라는 마음으로 일하면서 보람도 많이 느꼈죠. 이게 제가 할 수 있는 사회 공헌이라고 생각하면서 최선을 다했어요.

유흥업에 대해 사람들이 편견을 가지고 있다는 건 알고 있었지만, 요시카와 씨는 호스티스라는 직업에 자부심을 느끼며 일했고 어느새 자신의 가게를 열고 싶은 목표가 생겼다. 그사이 여동생과 친구들은 엄마가 되었지만, 요시카와 씨는 아이를 낳지 않고 자신의 꿈을 따라가며 초조해하지 않았다.

일찍이 혼자 살겠다고 결심했던 요시카와 씨는 스물아홉에 나고야의 중심부에 아파트 한 채를 장만했다. 어린 시절 아버지의 전근으로 여러 지역을 전전하며 살았던 경험 때문에, 예전부터 한곳에 자리를 잡고 삶의 기반을 다지는 것이 그녀의 바람이었다.

아파트를 장만하고 2년 뒤, 자궁근종이 여러 개 발견되어 근종적출술을 받았다. 의사로부터 자연 임신은 어렵다는 말을 들었지만, 요시카와 씨는 크게 충격받지 않았다. 오히려 아이를 가질 일이 없게 되어 후련한 기분이 들었고 더욱 일에 매진할 수 있었다.

그리하여 마침내 가게를 열 수 있을 만큼 자금이 모였을 무렵, 마음에 드는 자리가 눈에 띄어 곧바로 계약을 했다. 카운터석과 테이블 세 개가 전부인 작은 가게였지만, 다른 사람의 도움 없이, 오롯이 혼자 힘으로 마련한 공간이었다. 정성을 다해 완성한 이곳은 요시카와 씨의 성(城)이 되었다. 마침내 꿈을 이룬 순간이었다.

영업을 시작하자 입지가 좋았던 데다 요시카와 씨의 타고난 밝은 성격까지 더해져 가게 운영은 순조롭게 궤도에 올랐다. 개업 1주년을 맞아 기획한 이벤트 기간에도 연일 손님들로 북적였다. 매일같이 의욕을 불태워 일한 나머지 마지막 날에는 과로로 쓰러져 일주일간 입원까지 할 정도였다. 몸은 고단했지만 보람찼다.

이벤트 기획하는 걸 좋아했어요. 여름에는 유카타뿐만 아니라 하와이 전통 의상을 입고 알로하 축제 같은 것도 하고요. 프리저브드 플라워 자격증이 있어서 가게를 꽃으로 가득 채우기도 했어요. 이 동네에서 가장 예쁜 가게라는 자부심을 안고 일했어요. 1주년 기념 이벤트 때는 손님들에게 감사의 마음을 담아 할인권과 함께 '덕분에 1주년을 맞이했습니다. 꼭 와주세요'라고 다이렉트 메일도 보냈어요. 손님이 많으면 가게 분위기도 즐겁잖아요? 손님도 할인권으로 싸게 마실 수 있으니 행복하고. 모두가 즐겁고 행복한 1주년이었어요. 마지막 날엔 입원할 정도로 무리를 하긴 했지만, 그만큼 온 힘을 다해 열심히 일하던 영광의 시절이에요. 그때를 돌아보면 현재의 나와 비교하게 돼요. 그때는 하루하루가 즐거웠는데, 그에 비하면 지금은 뭘까 하고요….

뜻밖의 임신

개업한 지 1년 반이 지나고 서른다섯 살이 되던 해 초여름, 가게 운영도 여전히 순조로워 2주년 이벤트를 구상하던 무렵, 예기치 못한 일이 벌어졌다. 당시 교제하던 남성과의 사이에 아이가 생긴 것이다. 의사에게서 자연 임신은 어려울 것이라는 말을 들었던 터라 요시카와 씨에게는 청천벽력 같은 소식이었다. 임신을 계기로 지금까지 순탄하게 흘러가던 요시카와 씨의 인생이 요동치기 시작했다.

기쁜 감정은 들지 않았어요. 가게에서 언제까지 서있을 수
있을까, 이 가게를 계속할 수는 있을까 하는 생각뿐이었어요.
그냥 어떻게 해야 할지 몰라서 혼란스러웠어요. 그렇지만
임신하기 어렵다던 제가 아이를 가졌다는 건 뭔가
인연이겠거니 싶었고, 제 손으로 아이의 생명을 포기할 수는
없겠더라고요. 그래서 중절은 고려할 수 없었어요. 임신했으면
낳아야 한다는 강박관념이 있었던 거죠.

요시카와 씨는 갑자기 앞날이 깜깜해진 듯한 기분이 들었지만,
뱃속의 생명을 스스로 포기할 수 없다는 책임감 때문에 임신을 받아
들이고 출산하기로 마음먹었다.

모든 걸 잃은 듯한 마음

임신 사실을 알게 된 지 한 달도 지나지 않아 요시카와 씨는 병원에
입원했다. 자궁근종의 영향으로 유산 가능성이 높아 병원에서 상태
를 지켜보며 안정을 취해야 했기 때문이다. 대형 병원 산부인과 병동
에 입원하니 요시카와 씨처럼 유산 위험이 있는 임산부뿐만 아니라
부인과 수술을 한 여성들도 있었다. 그중에는 입원 도중에 유산한 사
람도 있고, 자궁 적출 수술을 한 사람도 있었다. 그런 사람들의 이야
기를 들을 때면 아이를 간절히 원하는 사람도 이렇게나 출산이 어려
운데, 임신을 기뻐하지도 않는 자신이 아이를 낳으려는 것에 강한 죄
책감이 들었다. 그 때문인지 주위의 임산부들처럼 애정 어린 손길로
배를 쓰다듬을 수 없었다. 요시카와 씨에게 출산은 단지 아이가 생겼

으니 낳아야 한다는 의무에 가까운 일이었다.

임신을 계기로 아이의 생부와는 결혼을 하는 쪽으로 이야기가 흘러갔다. 요시카와 씨는 유산 가능성도 적지 않은데 인생이 크게 달라질 결단을 내리는 것이 마음에 걸렸다. 그러나 아이의 생부는 별다른 고민 없이, 임신을 했으니 가게는 접고 결혼하자고 했다. 고심 끝에 요시카와 씨는 태어날지도 모르는 아이를 위해 결혼을 받아들이기로 했다.

퇴원 후 절대 안정을 취하라는 의사의 말에 요시카와 씨는 일을 내려놓고 집에서 좀처럼 나올 수 없었다. 일하고 싶은 마음을 참아 가며 줄곧 안정을 취했지만, 그렇게 노력한 보람도 없이 몸 상태가 악화해 다시 입원하게 됐다. 입원이 거듭되면서 출산 후 언제 복귀할 수 있을지 가늠하기 어려웠다. 결국 요시카와 씨는 가게를 처분할 수밖에 없었다. 2주년을 코앞에 둔 시점이었다.

한편 아이의 생부는 전부터 원했던 이직에 성공해 도쿄로 이사를 해야 했다. 요시카와 씨와 아기도 도쿄에서 함께 새로운 생활을 시작하는 걸 전제로 이야기를 나누었는데, 도쿄에 가게 되면 당연히 요시카와 씨가 소중히 여기던 아파트도 정리해야 했다. 꼭 도쿄에 가야 하냐며 반발도 해보았지만, 가게를 처분한 마당에 강하게 밀어붙일 순 없었다.

아이가 생긴 후에도 원하는 커리어를 쌓아 가는 아이의 친부와 달리, 모든 것을 포기해야만 하는 자신의 처지를 생각하며 왜 이렇게 차이가 생기는 걸까, 답답해하면서도 요시카와 씨는 '엄마란 원래 그런 존재'라며 스스로를 달랬다. 그리고 소중히 꾸려 온 가게와 아파트를 모두 정리하고 도쿄에서의 삶이 시작됐다.

생각지도 못한 일로 결단을 내려야 하는 게 무엇보다
괴로웠어요. 장사가 잘 안 됐다든지 일이 싫어졌다면 제
문제니까 받아들일 수 있어요. 하지만 임신했다는 이유로
가게를 닫아야 하는 게 정말 억울했어요. 가게를 정리하기로 한
뒤에는 서있기도 힘들어져서 무엇보다 소중한 가게였는데,
결국 문 닫는 날에는 출근도 못 했어요. 지금까지 앞만 보고
목표를 향해 살아왔는데, 갑자기 임신 사실을 알고부터는
목표로 해오던 것들이 전부 사라져 버렸어요. 지금까지 제가
쌓아 온 것뿐만 아니라 미래의 목표까지도요. 임신은 저에게서
모든 걸 앗아 갔어요.

그 후 요시카와 씨는 제왕절개로 여자아이를 낳았다. 아이가 무
사히 태어난 것은 기뻤지만, 앞으로의 생활을 생각하면 절망적인 심
정이었다. 가족들과 친구들이 축하 인사를 전할 때마다 요시카와 씨
는 마음이 복잡해졌다.

아이가 세상에 태어난 것을 축하해 주는 건 상관없죠. 하지만
저에 대한 축하 인사는 달갑지 않았어요. 아이가 사랑스러운
마음이 들기도 했지만 한편으론 엄마가 되고 싶지 않은 마음이
있었으니까요. 주민센터에 가서 출생신고를 하고 등본을
받았는데 제 이름 밑에 딸 이름이 기재된 걸 봤어요. 그 순간
'나는 앞으로 이 아이에게서 평생 벗어날 수 없겠구나' 하는
생각이 들어서 두려웠던 게 생생히 기억나요.

건강하게 태어난 딸은 밤에 울거나 보채지도 않는 무던한 아이였다. 그런데도 요시카와 씨는 항상 답답함을 느꼈다. 요시카와 씨를 괴롭혔던 것은, 육아 자체의 고충이 아니라 '엄마답게 살아야 한다'라는 자신에게 씌운 굴레였다. 지금까지 요시카와 씨는 원피스나 하이힐 등 여성스러운 옷차림을 좋아해서 호스티스로 일할 때 다양한 드레스를 입을 수 있는 것을 행복으로 여겼다. 하지만 자신이 좋아하는 옷을 입으면 주변에서 '애 엄마가 야한 옷을 입는다'면서 자기뿐만 아니라 딸까지 차가운 시선으로 바라볼까 봐 청바지에 운동화처럼 '수수한' 옷차림을 하게 됐다.

실제로 아이를 동반한 여성이 힐을 신고 가는 모습을 보고 다른 엄마가 "저 사람 힐 신었네. 대단하다"라며 조롱하듯이 말하는 것을 들은 적이 있었다. 그 순간, 자신이 운동화를 신고 있다는 걸 확인하고 자기도 모르게 안심했다.

한편으로는 드레스를 차려입고 일하던 과거의 자신을 부정하는 것 같아서 자괴감에 시달리는 날들이 이어졌다.

딸은 정말 사랑스럽고 착한 아이예요. 하지만 어떤 아이든 낳으면 그 순간부터 엄마는 아이한테 매여 살게 되잖아요. '엄마니까 이래야 한다' '저래야 한다'라는 식으로요. 예를 들면 저는 지금까지 힐만 신고 다녔거든요. 원피스나 미니스커트도 좋아했고요. 하지만 엄마가 여성성을 드러내면 안 된다는 생각에 저 자신을 억눌렀어요. 운동화에 청바지, 후드티를 입고 짧은 치마나 힐은 포기한다, 왜냐하면 엄마니까. 나를 죽이고

아이를 최우선으로 해야 한다고 타일렀지만 서글퍼지는 건
어쩔 수 없었어요. 예전에 신던 구두를 두고 '이제 이 아이는 못
신겠구나. 기껏 샀는데 미안하네' 이렇게 생각하면서 신지도
못하고 맨날 바라만 봤어요. 결국 이 사회는 엄마들이 자기답게
사는 것을 좋게 안 보잖아요? 엄마가 자기답게 살려고 하면,
철없는 사람처럼 보죠. 그래서 '나를 죽이고 살아야 한다'
생각했어요.

　　나는 여전히 그대로인데 왜 이렇게 달라져야 할까. 현실을
받아들이기가 힘들어서 과거와 지금을 비교하는 일이 점점
늘어났어요.

좋아했던 패션, 자부심을 가졌던 일, 목표를 위해 원하는 만큼 쓸
수 있었던 시간, 무엇보다 누가 뭐라 해도 신경 쓰지 않고 나답게 살
았던 나. 그 모든 것을 임신과 출산을 하면서 한꺼번에 떠나보냈다.

요시카와 씨가 괴로운 이유는 단지 떠나보낸 것들 때문만은 아니
었다. 떠나보낸 것에 대한 미련이 들 때마다 엄마로서 아이를 최우선
으로 생각하지 못하고, 또 그렇게 사는 것에 기쁨을 느끼지 못하는
자신을 질책했다. 자신이 생각했던 '좋은 엄마'로서 살지 못하는 죄책
감에 짓눌리는 듯했다.

딸이 여섯 살 무렵, 배가 너무 아파 병원에 갔더니 의사가 위에서
출혈이 있다고 했다. 원인은 스트레스였다.

당시에는 제 잘못이라고만 생각했어요. 딸은 너무 귀엽고
사랑스러워요. 하지만 계속 이렇게 사는 건 받아들일 수

없었어요. 그저 과거의 나를 되찾고 싶다는 생각만 했죠. 이런 나로 살아갈 바엔 언제 죽어도 상관없었어요. 내가 잘못 살았구나, 지금까지 열심히 해왔던 것은 도대체 뭐였나, 하는 생각이 맴돌았어요.

손가락질 받고 싶지 않은 마음

그러던 어느 날, 요시카와 씨에게 기회가 찾아왔다. 딸이 초등학교에 막 입학했을 무렵, 예전에 나고야에서 호스티스로 일하던 시절의 지인을 만나 도쿄의 가게에서 일해 보지 않겠느냐는 제안을 받은 것이다. 요시카와 씨는 자기다움을 되찾을 기회라는 생각에 집안일은 어떻게든 해보기로 하고, 일주일에 세 번 호스티스로 일하기로 했다. 가족들이 '애 엄마가 호스티스를 한다니 무슨 소리냐' 하며 반대했지만, 요시카와 씨는 물러서지 않았다. 호스티스로서 다시 일하기 시작한 첫날, 요시카와 씨는 오랜만에 하이힐을 신었다. 당시 발끝에서 느껴진 감각을 지금도 잊을 수 없다.

힐을 신자 제 안의 자아가 돌아온 것 같았어요. 마침 초저녁 바람이 불고 있었는데 '아, 싱글일 때 맡았던 바람 냄새다'라는 생각이 들더라고요. 돌이켜 보면 아이를 낳고 기분 좋게 바람 쐴 여유조차 없었던 거죠. 그래, 이거야. 바로 이걸 원했던 거구나 싶었어요. 마치 저주에서 풀려난 기분이었어요.

갑자기 생활이 분주해졌다. 오전 중에 요리와 청소, 빨래 등 집안일을 해두고, 저녁부터 늦은 밤까지 일한 뒤 몇 시간 눈을 붙이고 새벽에 일어나 아침밥을 준비했다. 수면 시간이 부족한 날들이 쌓이면서 몸은 고단해졌지만, 집안일을 소홀히 하기는커녕 일을 시작하기 전보다 더 열심히 했다. 자신이 하고 싶은 일을 하는 이상, 집안일과 육아를 소홀히 하는 건 엄마로서 용납할 수 없었다. 특히 편견을 갖기 쉬운 유흥업에서 일하는 만큼, 손가락질받고 싶지 않은 마음에 바짝 긴장하고 있었는지도 모른다.

일하러 집을 나설 때나 밤새 일하고 지친 몸으로 집에 돌아와 잠을 청할 때, 방이 어질러져 있거나 설거지가 쌓여 있는 게 보이면 '나는 왜 이 모양일까' 하는 생각이 들었어요. 엄마 역할을 완벽히 해내야 내가 하고 싶은 일도 할 수 있다고 생각했는데, 그게 전혀 안 되고 있다는 죄책감이 들었어요. 그래서 일하기 전보다 오히려 더 집안일을 신경 쓰게 됐어요.

나답게 사는 것에 대한 죄책감

온 힘을 다해 집안일과 육아, 그리고 일에 매진하는 하루하루를 보내며 몸은 지쳐 갔지만, 한편으로는 여느 때보다 활기가 넘치는 자신을 발견했다. 일하고 있는 동안에는 아이에게 얽매인 '엄마'가 아닌, 독립적인 한 사람으로 느껴졌고 차츰 마음이 긍정적으로 변해 갔다.

한편으로는 엄마가 유흥업에서 일한다는 사실이 딸에게 어떤 영향을 끼칠지 불안한 마음이 늘 따라다녔다. 지금까지 누가 뭐라 하건 자부심을 안고 호스티스로 일해 왔지만, 속으로는 '엄마는 물장사 같은 걸 해서는 안 된다'는 편견과 싸우고 있었다. 그래서 일에 즐거움을 느낄 때마다 딸에 대한 죄책감에 시달렸다.

결혼도 한데다 엄마가 된 내가 호스티스로 일하는 게 과연 맞는 걸까, 스스로 매일 되묻고 있어요. 딸을 최우선으로 하는 엄마가 아니어서 미안한 마음이에요. 하지만 호스티스로서 일하기 시작한 이후로, 마침내 나답게 산다고 느꼈어요. 더는 엄마로만 사는 건 견딜 수 없어요. 딸이 살아 있는 한 이 죄책감을 계속 안고 가겠죠. 이 이야기를 꺼내는 것만으로도 죄책감이 밀려와요. 나중에 딸이 어른이 돼서 자립하더라도 좋은 엄마로만 살지 못했다는 데 대한 미안함은 계속 남아 있을 것 같아요.

사람들과 이야기 나누는 것을 좋아한다고 말했던 요시카와 씨는 인터뷰 내내 웃는 얼굴로 이야기를 들려주었다. 하지만 그 웃음 뒤에는 언제나 죄책감이 소용돌이치고 있었다. 그런데도 왜 인터뷰에 응했는지 묻자 그녀는 이렇게 말했다.

온라인 기사를 읽고 저만 그런 게 아니라는 걸 알고 마음이 편해졌거든요. 계속 제가 이상한 거라고 생각했기 때문에 '다들 똑같구나. 다행이다' 싶었죠. 후회하는 사람 이야기는 들어 본 적이 없었지만, 낳기 전에 알았다면 좀 더 숙고해서 결정할 수 있었을 것 같아요. 그래서 저 같은 사람이 더 생기지 않았으면 하는 마음에 뭐라도 하고 싶었어요.

선택지는 여러 가지가 있고, 세간의 시선이나 고정관념에
얽매이지 않아도 괜찮다고, 과거의 저 자신이나, 저처럼
괴로워하는 여성들에게 말해 주고 싶어요. 자신을 존중하고
마음 가는 대로 살아도 괜찮다고요. 스스로 선택하는
것이야말로, 자신을 소중히 여기는 일이라고 생각해요. 저도 좀
더 자신을 소중히 여겨야 했어요.

두 가지 죄책감

독자 투고란에는 요시카와 씨처럼 죄책감을 안고 아이를 키우고 있
는 엄마들의 다양한 목소리가 전해졌다.

그중에서도 특히 아이에게 '좋은 엄마'가 되지 못하는 것에 대해
죄책감을 느끼는 엄마들이 많았다.

24시간 쉬는 날도 없는 엄마 역할이 가끔은 힘들어요. 미혼
시절처럼 내 시간을 오롯이 쓸 수 있던 시절로 돌아가고 싶을
때가 있어요. 하지만 남편에게 맡기고 아이들과 떨어져 있으면
죄책감이 들어요. 언젠가는 이런 마음이 폭발해 버릴 것 같아요.

(연령 미상)

아이는 소중하고 사랑스럽다. 하지만 그 이면에는 내 커리어와
꿈, 즐거움, 자유를 내려놓아야 했던 시간이 있다. 말하자면
나를 희생한 것이다. 그 사실을 받아들이지 않으면 견디기
힘들다. 엄마니까 어쩔 수 없다. 실제로 자신을 희생하지 않으면

5장 '좋은 엄마'가 아니어서 미안해

육아는 할 일이 쌓이게 되고, 아이에 대한 죄책감도 생긴다.
유일한 즐거움인 목욕이라도 하려고 찜질방에 혼자 가면
"애는?"이란 말을 듣고, 남편이 본다고 하면 바로 칭찬이
쏟아진다. 나는 아이를 내버려 두고 한가롭게 목욕이나 하는
불량 엄마가 되는 거다. 피해망상일까? 하지만 그렇게 생각하게
만드는 사회 아닌가.

(연령 미상)

또 다른 죄책감은 출산이나 육아에 대해 부정적인 감정을 느끼는
것에서 비롯되었다. 이 감정이 아이의 존재를 부정하는 것으로 이어
지지 않을까 자책하는 사람도 있었다.

간절히 바랐던 일을 시작하자마자 임신인 걸 알았어요.
출산이나 그 후의 육아를 생각해서 일을 관둬야 했어요. 아이는
정말 귀여워요. … 그렇지만 마음이 지치면 가끔 '그 타이밍에
임신을 하지 않았다면 지금은 일하고 있을까' 하는 생각이 들
때도 있어요. 그런 생각을 하면 아이를 부정하는 듯한 기분이
들어서 엄청난 죄책감이 밀려왔어요.

(20대)

아이가 태어난 뒤로는 산후 후유증에 수면 부족, 아이의
잠투정이 겹쳐 고생이 심했어요. 결국 노이로제까지 생겨서
아이가 나를 죽이러 온 것 같다는 생각이 들 정도로 전혀
사랑스럽지가 않더라고요. … 아이를 잠시 돌봄 시설에 맡기려

143

했지만 '애가 너무 딱하다'는 친정엄마의 말에 그러지도 못하고 매일 울기만 했어요. '사라지고 싶다' '어디로든 떠나고 싶다' '아이가 없어지면 좋을 텐데' 매일 생각했죠. 그런 마음을 갖는 것도 죄책감이 들었어요.

(연령 미상)

'고통스럽다' '괴롭다' 같은 감정은 당연히 통제할 수 있는 것이 아니다. 그런데 자연스럽게 드는 감정에 대해서도 엄마들은 떳떳하지 못하다고 느끼고 있었다. 이런 죄책감은 2장과 3장에서도 언급한 '엄마는 육아에 기쁨을 느껴야 한다' '엄마란 아이를 위해 자신을 희생하면서도 헌신하는 존재다'라는 고정관념 때문에 생기는 것으로 보인다.

요시카와 씨 역시 이런 죄책감이 계속되면서 나날이 괴로움이 깊어졌다.

죄책감과 함께 살아가기

요시카와 씨의 딸 무쓰키(가명)에게도 이야기를 들어 보고 싶어서 나는 다른 날에 생후 7개월 된 아들을 데리고 요시카와 씨의 집을 방문했다.

정오가 지났을 무렵 요시카와 씨의 아파트를 찾아가니 초등학교 5학년인 무쓰키는 아직 학교에서 돌아오지 않은 상태였다. 요시카와 씨는 무쓰키가 아기 때 가지고 놀던 크기가 다른 알록달록한 양동이 장난감을 내 아들을 위해 꺼내 두고 기다리고 있었다. 장난감을 보자

마자 아들은 눈을 반짝이며 무작정 입에 넣고 빨기 시작했다. "죄송해요"라고 사과하니 그녀는 웃으며 말했다. "아기들이 다 그렇죠. 신경 쓰지 말고 마음껏 놀게 둬요."

아들이 장난감을 가지고 노는 동안 요시카와 씨와 이야기를 나누었는데, 금세 지루해졌는지 칭얼거리기 시작했다. "배도 안 고플 텐데 왜 그러지?" 내가 당황해서 달래니 요시카와 씨는 "안아 봐도 될까요?"라고 물었다. 요시카와 씨가 아이를 안고 "여기는 무서운 곳이 아니란다. 엄마도 옆에 있으니까 울지 않아도 괜찮아"라고 말하니 울음을 뚝 그쳤다. 아기 말투를 흉내 내며 하는 과장된 톤이 아니라, 어른에게 말하듯 차분한 목소리였다. 방금까지 울던 모습은 온데간데없이 기분이 좋아진 아들을 보고 내가 놀라자 요시카와 씨는 장난스러운 웃음을 지었다.

의외라고 생각할 수도 있지만, 저는 아기나 애들한테 인기가 좋아요. 딸이 어릴 때부터 딸 친구도 내 친구라고 생각하며 대했거든요. 딸 덕분에 꼬마 친구가 많이 생겨서 기쁘다고, 딸에게도 자주 말해 줘요.

그녀는 누구나 나이, 성별, 직업, 직함을 따지지 않고 오롯이 한 사람으로서 대했다. 설령 그게 아기일지라도 마찬가지였다. '엄마'라는 주어진 역할에 괴로워했던 요시카와 씨에게서 자긍심이 느껴졌다.

한 시간 정도 기다리자 무쓰키가 학교에서 돌아왔다. 거실에 들어서더니 나를 향해 활기차게 인사했다. 무쓰키는 책가방을 내려놓고 아들이 노는 장난감을 보고는 미소를 지으며 말했다. "이거 오랜만이네. 이 장난감, 하나 잃어버렸던 거 기억나?" 요시카와 씨도 웃으며 답했다. "맞다, 잘 기억하네. 아마 다른 걸로 대신해서 놀았었지." 즐겁게 옛이야기를 하는 두 사람은 마음이 잘 통하는 친구 같았다.

"그러고 보니 현관에 구두가 있던데."

무쓰키의 말을 듣고 가슴이 철렁했다. 그 구두는 요시카와 씨가 예전에 엄마라서 신지 못했다며 바라보기만 했던 하이힐이었고, 사진을 찍기 위해 내놓고 그대로 둔 것이었다. 요시카와 씨가 딸에게 보이고 싶지 않았으면 어떡하나 걱정스러운 마음에 표정을 살폈지만, 다행히도 그녀는 미소를 짓고 있었다.

"예쁘지? 좀처럼 보기 힘든 특이한 무늬야. 지금도 일할 때 가끔 신고 있어."

"응, 진짜 예쁘다. 원피스에 어울릴 것 같아."

요시카와 씨는, 무쓰키가 자신이 엄마답기 위해 입었던 청바지보다 원피스나 스커트가 어울린다고 말해 준다며 자리를 비웠을 때 알려 주었다. 그녀가 일 때문에 드레스를 입으면, 어떤 구두가 어울릴지 코디를 조언해 줄 때도 있다고 한다.

처음부터 딸은 힐을 신었으면 좋겠다고 말해 줬어요. 딸은 줄곧 엄마답지 않은 저를 인정해 줬던 거예요. 하지만 제 자신이 허락하지 않았어요. 결국 제 생각에 스스로 얽매였던 것뿐이라는 걸 알면서도 자유로워질 수가 없어요. 죄책감을 갖지 않아도 된다는 것도 알지만, 그것 역시 저에겐 불가능하죠. 그래서 이 죄책감과 공존하려고 해요. 오히려 죄책감이 있기에 마음껏 딸을 사랑해 줄 수 있다고 생각하려고요.

무쓰키와 우리는 선물로 사 온 슈크림을 함께 먹었다. 방금 이야기할 때만 해도 의젓하고 어른스럽게 보였지만 "크림만 영원히 먹고 싶어"라며 웃는 얼굴에서 초등학생다운 천진함이 비쳤다. 문득 이 아이가 장래에 무엇이 되고 싶어 하는지 궁금해졌다. 물어보니 아직은 없다면서 선택지가 너무 많아 고르지 못하고 있다고 했다. 요시카와 씨가 "친구 중에 장래 희망을 '엄마'라고 말하는 친구 있어?"라고 묻자 무쓰키는 신기하다는 듯한 표정을 지었다.

"없어. 다들 직업을 말하는 걸. 장래 희망을 '엄마'라고 할 수도 있어?" 요시카와 씨가 어린 시절에는 주위 친구들이 '엄마'가 장래 희망이라고 말하면 어른들이 흡족해했다. 하지만 딸 무쓰키의 주변에서 이젠 하고 많은 선택지 중에서도 '엄마'는 찾아볼 수 없게 되었다. '엄마'가 되는 것이 여성의 행복으로 여겨지던 시대가 변화하기 시작한 것일지도 모른다. '엄마'이기 전에 한 사람으로서 선택을 존중받는 날이 온다면, 요시카와 씨의 죄책감도 가벼워질 수 있을까.

무쓰키의 대답을 들은 요시카와 씨는 조금 안심한 듯 말했다.

"너는 앞으로 무엇이든 될 수 있어. 뭐가 되든 괜찮아."

6장

이 아이를 사랑할 수 있을까

아이를 떠나보내야겠다는 생각에 어느 순간 제가 인터넷에서
아이를 원하는 가정을 중개해 주는 입양 기관을 필사적으로
찾고 있더라고요. 아이가 없을 때는 일이 삶의 보람이었고, 일
때문에 남편과는 계속 엇갈리는 생활이었지만 직장에서
인정받는 것에 기쁨을 느꼈어요. 지금은 혼자만 뒤처진 것 같고,
가끔 출근하는 여자들을 보면 엄마가 된 게 잘못이 아니었나
스스로 되묻곤 해요.

이시카와 주리, 독자 투고란, 2022년 5월

'아이를 사랑한다. 그래도 엄마가 아닌 삶을 꿈꾼다.'

이 문장은 도나스의 『엄마 됨을 후회함』 일본어판이 나온 2022년, 책 띠지에 쓰인 카피 문구다. 신초샤 출판사의 담당 편집자 우치야마 준스케가 지은 이 인상적인 문구는, 책의 주제를 명료하게 드러낸다. 우리가 책에 대한 반향을 기사나 방송으로 내보내기에 앞서 내부에서 보도의 취지를 설명할 때, 사람들은 우선 아이들을 염려했다. 방송이라는 공공성이 강한 미디어의 특성상, 아이를 포함해 다양한 연령대가 방송을 접할 가능성이 있고, 때로는 본인 의사와 상관없이 보게 되는 일도 있다. 방송이 아이에게 미칠 영향에 관한 우려가 제기되는 상황에서 이 문구는 언제나 큰 힘이 되어 주었다. 아이가 이 세상에 존재하지 않았으면 좋았겠다는 의미가 아니라는 점, 엄마의 후

회와 아이를 향한 애정이 양립 가능하다는 점은, 이 주제를 접하는 시청자들을 안심시킬 수 있는 요소였다. 그리고 이 명료한 문구는 엄마들이 쉽게 목소리를 내는 데도 도움이 됐다. 실제로 이야기를 들려준 대다수 여성들은 아이에게 애정을 느낀다고 말했고, 아이를 소중히 생각한다고 강조했다.

우리가 엄마의 후회를 다룬 방송과 기사를 내보낼 때도 반드시 '후회를 이야기하는 엄마 역시 아이를 사랑한다'라는 단서를 덧붙였다. 애정이 있음에도 불구하고 엄마가 된 것을 후회하게 만드는 사회적·환경적 조건이 있고, 여러 요인이 겹치면 누구에게나 그런 일이 일어날 수 있다는 것을 보여 주고 싶었다.

한편, 도나스의 책과 우리 방송에 대해 (조산사나 연구자들처럼) 심각한 상황에 처한 부모와 자녀의 돌봄에 관여해 온 전문가들은 "누구나 그렇게 자신의 감정을 명확히 구분할 수 있는 건 아니다"라고 지적하기도 했다. 『엄마 됨을 후회함』의 독서 모임을 취재했을 당시, 모임에 참가한 엄마들 중 한 명은 '책에서 큰 도움을 받았지만 여전히 엄마는 아이를 사랑해야 한다는 말을 듣는 것 같다'고도 했다.

취재하는 나 역시 이 말을 반복함으로써 아이를 사랑하지 못하는 엄마들을 궁지에 몰아넣는 건 아닐까 하는 걱정이 마음 한구석에 있었다. 하지만 나는 '후회하는 엄마들도 아이를 사랑한다'고 분명히 밝히기로 했다. 그것이 이 주제에 관해 세상에 질문을 던질 때 적절한 접근 방식이라고 생각했기 때문이다.

전문가들의 지적대로, 실제로 취재하면서 '아이를 사랑하지 않는다'라고 말하는 사람들도 만났다. 독자 투고란에 '입양 기관을 찾아본 적이 있다'고 적은 이시카와 주리 씨(가명)와 처음 이야기를 나눈 것은

2022년 가을이었다. 30대 후반인 이시카와 씨는 초등학생 딸과 아들을 키우며 남편과 함께 수도권 교외의 한 단독주택에서 살고 있었다. 멀리 외출을 하기는 어렵다고 해서 아이들이 집에 돌아오기 전 낮 시간에 온라인으로 이야기를 듣기로 했다.

출산휴가는 꿈같은 얘기

1980년대 후반에 태어난 이시카와 씨는 복지 전문학교를 졸업한 뒤 스무 살에 노인 복지시설에서 정규직 요양보호사로 일하기 시작했다. 어린 시절 할머니를 열심히 돌보는 요양보호사의 모습을 보며 꿈꿔 온 직업이었다.

가정환경은 불우했다. 전문학교 재학 시절 대출받은 학자금을 매일 술만 마시던 아버지가 멋대로 탕진해 버렸다. 그래도 굴하지 않고 취직 후 자신의 힘으로 다 갚았다. 주위로부터 심성이 착하다는 말을 많이 들었고, 길을 가다가도 어려움을 겪는 노인을 보면 꼭 말을 거는 성격이었다.

부모님과 함께 살던 그녀는 노인들의 식사와 목욕, 배변 등 생활 전반을 24시간 지원하는 시설에서 교대 근무를 하며 분주한 나날을 보냈다.

저는 성격이 느긋해서 다른 일은 잘 맞지 않았지만, 돌봄 일은
열심히 했어요. 야간 근무와 새벽 출근이 잦은 데다 현장에
인력이 부족하다 보니 인간관계도 삐걱거리고 예상치 못한
현실적인 어려움도 있어서 힘들었죠. 하지만 어르신들 돌보는

일에는 늘 보람을 느꼈어요. 제가 담당하는 어르신 가족들이
감사 인사를 전해 오면 뿌듯하고 그랬죠.

20대 중반이 되고 일도 익숙해졌을 무렵, 이시카와 씨는 지인의
소개로 만난 남성과 결혼했다. 결혼을 계기로 일하던 시설을 그만둔
그녀는 부모님 집을 나와 남편과 둘이서 살 집을 구했고 곧 신혼집 근
처에서 일자리를 구해 다시 정규직 요양보호사로 일하기 시작했다.
그리고 결혼한 지 2년여 만에 첫째를 임신했다.

가족이 많아지면 분명 즐거울 것 같아 우리 부부는 첫째를 갖게
되었어요. 임신한 걸 알기 전까지는 계속 일했는데, 제가 다니던
시설은 출산휴가가 없었어요. 새로 생긴 시설이라 출산휴가를
다녀온 직원이 아무도 없었죠. 출산휴가, 육아휴직 후 복직하는
여성들을 티브이에서 보긴 했지만, 저에게는 거리가 먼
이야기였어요. 현실에서 제도를 이용할 수 있는 건
극소수뿐이라고 생각해요.
저도 결혼 전에 근무했던 곳만큼 좋은 직장이라는 생각은
들지 않아서, 무리해서 계속 다닐 게 아니라 일단 그만두고
육아에 전념하자고 생각했어요. 당시에는 정말 곧바로 복귀할
수 있을 줄 알았어요.

출산휴가와 육아휴직은 국가가 법으로 보장하는 제도다. 하지만
이시카와 씨처럼 직장에서 전례가 없거나 그만두지 않으면 안 될 분
위기 때문에 신청하지 못하는 현실은 지금도 여전하다. 소규모 사업

장에서는 사용률이 저조하고[24] 제도가 있어도 쓰기 힘든 분위기인 경우도 있다. 그런 회사에서는 직원들이 '우리 회사에 출산휴가는 없다'고 받아들여 이용할 수 있는 길이 막혀 있다. 회사로 돌아가는 선택지는 이시카와 씨에게 존재하지 않았다.

주변에서 배려해 주었지만 임신 후에도 일을 계속하기는 어려웠다. 당장 내 앞에 이동해야 하는 어르신이 있는데 다른 사람이 올 때까지 기다려 달라고 할 순 없는 노릇이었다. 이처럼 힘이 필요한 일도 임신한 몸으로 직접 할 수밖에 없었다. 당직 근무가 어려워진 상황인데 소중한 정규직 자리를 차지하고 있는 것도 죄책감이 들었다. 이시카와 씨는 주변을 위해서든, 본인의 몸 상태를 위해서든 더는 일하기 힘들다고 판단해 임신한 지 몇 달 뒤 일을 그만뒀다.

모유 부트캠프

2010년대 초반, 첫 딸을 낳았다. 하지만 갓난아기를 앞에 두고도 행복에 잠길 여유는 없었다. 출산 직후부터 엄청난 스트레스를 주는 일이 기다리고 있었기 때문이다. 무엇보다 모유가 나오지 않았다.

출산한 병원이 모유 수유를 적극 권장하는 병원이었어요. "나오지 않아도 일단 물려야 해요" 하면서 계속 가르치는데, 그게 점점 스트레스가 되더라고요. 분유는 나쁘다는 식으로 말하면서 "웬만하면 주지 마세요" 했어요. 저도 병원에서 하는 조언이라면 철칙처럼 지켜야 하는 줄 알았고 엄마라면 아이를 모유로 키워야 한다고 믿게 되었죠. 퇴원 후에 남편이 "분유를

주면 되지" 해도 전혀 귀에 들어오지 않았어요. 오히려
"병원에서 안 된다잖아" 하면서 말다툼할 때도 있었죠.

아동·가정청▮ 홈페이지에 게시된 산모용 안내 자료에는 수유 방식은 하나로 정해진 것이 아니며 모유와 분유 중 어느 쪽이든 괜찮다고 적혀 있다. 한편 같은 자료에 모유 수유가 산모와 아기에게 주는 긍정적인 영향도 언급돼 있다.[25] 모유의 장점을 보여 주는 연구를 근거로 모유 수유를 권장하는 의료 기관은 많다. 다만 모유를 권장하는 병원들 사이에서도 구체적인 수유 교육이나 지원 방식에는 큰 차이가 있다. 모유 양이 부족하면 바로 분유로 보충하는 병원이 있는가 하면, 입원 중에는 되도록 분유를 주지 않으려는 병원도 있다. 어떤 관점을 지닌 병원에서 출산하느냐에 따라 퇴원까지 약 닷새간 병원에서 지내는 방식과 의료진의 대응이 달라지는 것이다.

이시카와 씨가 출산한 병원은 모유 수유에 중점을 둔 곳이었다. 아기가 젖을 빨면 모유 분비가 점차 늘어난다는 이유로, 산후에 반복적으로 젖을 물리도록 지도했다. 이시카와 씨도 입원 기간에 수유 방법을 배우긴 했지만, 모유가 잘 나오지 않았다. 몇 시간 간격으로 찾아오는 수유 시간마다 아기의 체중을 재고 몇 그램이 늘었는지가 기록됐는데, 이시카와 씨는 마치 자신의 부족함이 수치화되어 평가받는 기분이었다.

▮ 저출산 문제 및 보육 정책을 총괄하는 일본의 총리 직속
기관으로 2023년에 신설됐다.

수유 횟수를 늘리기 위해 산모와 아기가 같은 방에서 지내는 '모자 동실'도 바로 이루어졌다. 모자 동실을 운영하는 의료 기관은 전국적으로 많지만26 시설에 따라 방식은 제각각이다. 산모가 요청하면 신생아를 곧바로 맡아 주는 곳도 있고, 산모와 아기를 분리하지 않는 원칙을 철저하게 지키는 곳도 있다. 이시카와 씨가 출산한 병원은 후자에 가까웠다. 쉬고 싶을 때도 아이를 맡아 주지 않아 병원에서부터 피로가 쌓이기 시작했다. 그래서인지 첫 출산은 괴로운 기억으로 남았다.

모유 수유를 권장하는 병원에서 출산한 엄마들 중에는 24시간 모자 동실이나 모유를 나오게 하기 위한 여러 지원 덕분에 이후 육아가 순조로웠다고 말하는 사람도 있다. 반면에 그 엄격함에 괴로움을 느끼고 정신적으로 힘들었다는 사람도 적지 않다. SNS에서는 이런 병원에서의 경험을 '모유 부트캠프'나 '스파르타 모유 수업'으로 표현한 글도 눈에 띈다.

이시카와 씨는 출산 전엔 모유를 고집하는 편이 아니었지만, 입원 중에 모유의 중요성을 계속해서 듣게 되면서 분유는 안 좋다는 인식이 생겨 점차 선택지에서 제외하게 됐다. 분유에 의존했다가 지금 노력하면 나올 수도 있는 모유가 마르게 되진 않을까 하는 불안도 있었다. 병원에서는 부족한 양은 분유로 채워 주면 된다고 말해 준 적이 없었다. 머리에 남은 것은 "웬만하면 주지 마세요"라는 말뿐이어서 퇴원하고 집에 온 뒤에도 분유를 사두지 않았다. 모유는 계속 나오지 않았고 그렇게 2주가 흘렀지만, 병원에서 가르쳐 준 대로 아무리 노력해도 나오지 않는 건 마찬가지였다. 배가 고파 우는 아이 앞에서 아무것도 할 수 없었던 이시카와 씨는 결국 한밤중에 남편이 급히 사온 분유를 먹였다.

분유에 기댈 수 있게 됐어도 신생아 육아는 누구에게도 맡길 수 없었다. 업무로 바쁜 남편은 자정이 넘어서야 집에 돌아왔고 주말에 근무하는 날도 있었다. 낮에는 제대로 된 대화 한 번 나누지 못하고 아기와 둘이서만 시간을 보냈다. 한밤중에 아기가 깨어나 울면 아직 회복되지 않은 몸으로 아기를 달래야 했다. 잠이 부족해서 짜증을 내는 일도 잦아졌다. 육아를 분담하고 싶지만 주위에 도움을 구할 곳이 없었다.

남편이 할 수 있는 일도 한계가 있어요. 휴일에 오랜만에 아이와 있으면 어떻게 애를 봐야 할지 모르니까 곧바로 저한테 애를 떠넘겼죠. 부모님은 황혼 이혼을 하고 흩어져 살았기 때문에 도움을 구하기 어려웠어요. 오로지 저 혼자서 감당해야 하는 상황이다 보니 점점 우울해졌고, 집에 틀어박혀 지내게 됐죠.

이대로 혼자 육아를 떠안아야 한다는 생각에 이시카와 씨는 지자체에서 실시하는 생후 3개월 영유아 검진 기회를 이용해 자신의 상황을 상담해 보기로 마음먹었다. 기댈 사람 하나 없고 도망칠 곳도 없는 나날을 보내는 동안, 아이를 사랑스럽다고 느낀 적이 없었다.

출산 후 몇 달 동안, 마음이 점점 병들어 가는 것 같았어요. 아이에게 애정을 느낄 수 없었어요. 3개월 검진 때, 문진표에 '아이를 좋아하나요? 안을 수 있나요?'라는 항목이 있더군요. '사랑할 수 없다'라고 썼어요. 그렇게 쓰면 뭔가 연락을 주겠지 조금 기대했는데, 아무런 반응도 없더라고요. 검진에서 상담도 해봤지만 "너무 애쓰지 마세요" 하고는 끝이었어요. 애 키우는 집이 많은 동네였는데도 정말 수박 겉핥기식이었어요.

지연과 혈연으로 이루어진 공동체가 줄어들면서 아이를 키우는 부모들은 고립되기 쉬운 환경에 놓이게 되었다. 이 때문에 도움이 필요한 임산부를 조기에 발견하는 일은 현재 육아 지원 제도의 중요한 과제로 인식되고 있다. 하지만 당시 도움을 요청하는 신호를 행정기관이 제대로 포착하는 일은 드물었다. 이시카와 씨는 이 정도로는 도움을 받을 수 없는 건가 싶어 낙담했다. 이후 6개월 검진에서 딸이 이 시기의 발달 지표 중 하나인 뒤집기를 하지 못하자, 보건사로부터 좀 더 연습을 시키라는 조언을 들었다. 그러자 그때부터 자신의 몸과 마음보다도 딸의 발달 상태에 더 신경이 쓰이기 시작했다.

이시카와 씨는 홀로 육아를 떠맡은 상황을 바꿔 보려고 노력했다. 육아 중인 사람과 교류하면 마음이 편해질까 싶어 지역의 육아지원센터도 가봤지만, 이미 친한 엄마들끼리 그룹이 만들어져 있어 어울리기 힘들었다. 행정기관에 상담하러 갔을 때 육아 지원 시설이나 산후 케어 시설을 안내받기도 했지만 이시카와 씨가 이용하기는 쉽지 않은 곳들이었다.

이런 단체도 있다면서 소개해 준 시설이 집에서 한두 시간 거리더라고요. 생후 몇 개월밖에 안 된 아기를 데리고 다니기는 힘든 데였죠. 비용을 내면 맡아 주는 곳도 있었는데, 형편상 그런 건 할 수가 없었어요. 지자체에서 아이를 돌봐 주는 곳도

시간당 600엔이었는데 서너 시간 맡기면 그것도 제법 큰
금액이어서 경제적으로 부담스러웠어요.

2019년 모자보건법이 개정되면서 '산후 케어 사업'이 법률에 명
시된 이후 산모 지원 사업은 전국적으로 확대되었다. 그러나 2010년
대 초 이시카와 씨가 살던 지역은 인구도 많고 교통도 편리한 지역이
었지만, 현실적으로 이용할 수 있는 시설은 지금보다 제한적이었
다.[27]

아들을 낳아 줘

첫째인 딸을 보살피기도 힘에 부쳤던 이시카와 씨는 둘째를 낳을 생
각이 없었다. 하지만 시부모님은 '대를 이어야 한다'며 아들을 바랐
다. 그 소원을 들어줘야 한다고 생각한 남편은 부모님의 바람을 그대
로 전하며 아들을 낳아 달라고 했다.

집안에서 대대로 내려오는 산소를 관리할 아들이 있어야
한다는 거예요. 지금 상황에서 한 명 더 낳기는 어렵다니까
남편이 "이번에는 내가 많이 도울게" 하더라고요. 그래서
둘째를 가졌는데, 그 무렵부터 남편 일이 더 바빠지기 시작해서
결국에는 또 독박이었어요.
　　둘째 때는 솔직히, 정말 솔직히 말하면 아이를 지우고
싶었어요. 낳은 게 잘못이라고 생각한 적도 있어요. 첫째는 저도
원해서 낳은 거지만, 둘째는 낳지 말았어야 했어요.

둘째는 남자아이였다. 2010년대 중반에도 이시카와 씨가 아들을 낳아 달라는 요구를 받았던 것처럼, 지금도 엄마들은 아들을 낳아야 한다는 압박감을 느끼는 경우가 있으며 '장손'이 필요하다는 생각도 여전히 뿌리 깊게 남아 있다.[28] 메이지 시대에 제정되었다가 지금은 폐지된 '이에 제도'(家制度)는, 가족의 리더인 '호주'(戶主)에게 권력이 집중되는 구조로서 호주는 대부분 남성이었다.[29] 아들을 낳는 것이 당시에는 가문의 대를 잇는 중요한 사안으로 여겨져 아들을 낳지 못한 아내는 비난의 대상이 되기도 했다.

이시카와 씨는 아들을 낳아야 한다는 심리적 압박 때문에 자기 의사와 상관없이 주위에서 원하는 대로 아이를 가졌다. 하지만 임신 했을 때부터 자신이 두 아이를 키울 수 있을지 불안했다. 결국 출산 후에 육아 부담이 커지자 후회의 감정이 깊어지며 점차 자신을 질책 하게 되었다.

산후 우울증이 아닐까

둘째를 출산한 뒤 육아를 홀로 맡게 된 이시카와 씨의 마음 상태는 더 악화했다. 기분이 울적하고 감정 기복이 심해진 것 같았다. 아들이 태어나고 얼마 후 보건사와 조산사가 출산 가정을 찾아 상태를 관찰 하는 '신생아 방문'을 왔을 때였다. 담당자가 이시카와 씨의 충혈된 눈을 보고는 말했다. "잠을 잘 못 주무세요? 산후 우울증일 수도 있으 니 조심하세요."

그 말을 듣고 처음으로 '산후 우울증'일지도 모른다는 생각이

퍼뜩 들었어요. 가장 심했을 때는 둘째를 낳은 뒤였는데 애들을 두고 죽고 싶은 생각까지 들더라고요. 인터넷에서 ‘산후 우울증’ 체크 항목을 살펴봤더니 ‘잠을 못 잔다’ ‘슬프다’ 전부 딱 맞아떨어졌어요. 병원에서 진료를 받았다면 달랐을 수도 있겠다 싶지만, 당시에는 그런 생각을 못 했죠.

‘산후 우울증’은 출산한 여성 10명 가운데 1명이 겪는다고 알려져 있다. 이를 예방하기 위해 2014년부터 정부 시범 사업으로 산후 심신 케어가 시작되면서 사회적 관심이 높아졌고 ‘산후 우울증’이라는 이름 또한 미디어를 통해 알려지게 되었다. 하지만 이시카와 씨가 둘째를 출산한 2010년대 중반은 아직 정부 사업이 시작된 지 얼마 되지 않은 시기로, 지금처럼 널리 알려져 있지는 않았다.[30]

이시카와 씨처럼 심신에 문제가 생겨도 병원 진료를 받지 않는 엄마들이 적지 않다. 어느 민간 조사에 따르면, 약 80퍼센트의 여성이 출산 후 심신에 이상을 느꼈지만, 병원에서 진료를 받은 경우는 20퍼센트에 그쳤다.[31] 이시카와 씨도 자신이 산후 우울증일 수 있다는 생각은 들었지만, 의료적 조치가 필요하다고는 생각하지 못했다.

“아이를 죽일 것 같아요”

아들을 낳고 얼마 뒤 딸의 3세 영유아 검진에서 이시카와 씨는 다시금 자신의 상황을 털어놓았다. 극한의 상태에서 쏟아 낸 말이 마침내 행정기관의 지원망에 닿은 것이다.

점점 쌓여 가는 답답함을 어떻게 풀어내야 할지 몰라서 벼랑 끝에 내몰린 느낌이었어요. 첫째의 3세 영유아 검진에서 "이대로라면 이 아이를 죽일 것 같아요" 했더니 마침내 제대로 이야기를 들어 주더라고요. 담당자가 안색이 창백해지더니 다른 방으로 안내를 해줬어요. 심리 상담사가 나와서 그때 처음으로 차분히 이야기를 들어 줬어요. 이 무렵 아이한테 무심코 손이 나갔던 적이 있었어요. 그걸 털어놨더니 심리 상담사가 "정말로 아이를 학대하는 사람은 숨기려고 해요" 하더군요. "하지만 이시카와 씨는 어떻게 하면 좋을지 몰라서 괴로운 거죠" 이러는 거예요. 그 말을 듣고, 꽁꽁 묶였던 마음이 그제야 조금씩 풀어지며 홀가분해졌어요.

혼자서 끌어안고 있던 커다란 불안을 털어놓으니 누군가가 자신의 감정을 받아들여 주었다고 느낄 수 있었다. 그러나 상담으로 금세 구체적인 해결의 실마리가 나온 것은 아니었다.

면담에서 아이의 몸에 멍이 없는지 확인하고 '멍도 없고, 아이가 두려워하는 모습도 없으니까 괜찮다'는 말을 듣고 끝났어요. 심리 상담사는 "봐요, 아이가 걱정스럽게 보고 있잖아요. 이런 반응을 하는 건 엄마가 아이를 잘 돌보고 있다는 증거예요"라면서 전부 좋은 쪽으로 말해 주기는 하는데, 구체적으로 "이렇게 해보실래요?" 하는 건 없었어요. 아이를 사랑할 수 없다고도 했지만 "그런 마음이 드는 것도 한때"라고 했어요.

육아로 고민하는 부모 중에는 있는 그대로 인정받는 것만으로도 자신감을 되찾고 큰 힘을 얻는 사람도 있다. 하지만 당시에 이시카와 씨는 자신이 솔직하게 털어놓은 마음이 전부 긍정의 말로만 되돌아올 뿐, 정작 구체적인 해결책은 제시해 주지 못하는 것 같았다. 아이에게 무심코 손을 올릴 정도로 자신의 감정을 통제하기 힘들어 구체적인 조언을 듣고 싶었지만, 함께 해결책을 찾아 준다는 느낌은 받을 수 없었다.

담당자가 "관찰 필요로 분류해 줄게요" 하고 이후에 전화로 이야기를 나눴는데 "이렇게 하면 어때요?"라는 식의 제안이 없어서 솔직히 이야기를 들어 주는 것뿐이라면 아무나 할 수 있지 않나 하는 생각도 들었어요.

아이의 생명과 관련된 문제가 아니면 도와주지 않는 것 같았어요. 도움을 요청해도 결국 이런 거구나 싶었죠. 학대 사건을 뉴스에서 보면, 학대하는 부모의 마음도 알 것 같고 진짜로 궁지에 몰린 기분이었어요. 도움을 요청하는 신호는 보낸 것 같은데, 좀처럼 알아차리지 못하더라고요. 정말 허점투성이였어요.

다양한 수단을 통해 전달하고자 했던 신호를 행정기관이 제대로 읽어 내지 못한 결과, 이시카와 씨는 행정기관에 기대해 봤자 소용없다고 체념하게 되었다.

첫째를 출산하기 전 이시카와 씨는 출산휴가나 육아휴직을 고집하지 않아도 상황이 안정되면 다시 직장을 구할 수 있으리라 생각했다. 육아 중에도 언제나 일에 복귀하고 싶다고 생각했고, 근처에 노인 요양 시설이 생겼다는 소식을 들으면 곧바로 어떤 시설인지 알아봤다. 하지만 실제로 정규직 일자리를 찾자고 하니 현실은 생각보다 녹록하지 않았다.

> 파트타임은 급여가 연장 보육이나 어린이집 비용을 내면 사라질 정도여서 정규직으로 일하고 싶었어요. 새로운 시설을 제대로 자리 잡게 만드는 일이 재밌어서, 다시 그런 경험을 해보고 싶다고 생각하고 있었죠. 하지만 아이가 있다고 하면 꼭 "야근은 어떻게 하실 건가요?"라는 질문을 듣고 문전박대를 당했어요. 직장 어린이집이 있는 병원에서 간병인을 모집한 적도 있는데, 거기는 간호사들만 이용할 수 있다더라고요. 그러다가 얼마 후에 아이한테 정기적으로 통원 치료를 해야 하는 병이 발견됐어요. 남편도 바빠서 복직은 좀 더 시간을 두자고 하니 지금 상황에서는 어려울 것 같아요.

일을 하고 싶어도 육아와 병행할 수 있는 환경이 갖춰져 있지 않았다. 그럼에도 전업주부인 자신을 향한 세상의 차가운 시선에 주눅이 들었다. 직장인에게 부양받는 배우자가 보험료를 부담하지 않아도 기초연금을 받을 수 있는 '제3호 피보험자 제도'의 폐지를 논의 중이라는 뉴스도 들려왔다. 일하고 싶어도 일하기 어려운 자신과 같은 사람도 있다는 걸 모르는 걸까? 이시카와 씨는 납득할 수 없었다. 사회에서 불필요한 존재로 취급받는 것 같기도 하고, 당당하게 일하러 가는 여자들의 모습을 보면 가슴이 답답해져 왔다.

지금 상황에 대해 아무도 제대로 된 평가를 해주지 않는 것 같아요. 아침에 일하러 가는 여자들을 보면, 내 인생은 이대로 정말 괜찮은 걸까 싶어요. 아이와 내내 같이 있으면, 사회로부터 고립되어 가는 느낌이 들어요. 뒤돌아보지 않으려고 하지만 '그때'와 과거를 되돌아보게 되죠.

삶의 보람으로 여겼던 일을 포기한 대신 얻은 것은 남편의 아내, 아이들의 엄마로서 출구가 보이지 않는 고통과 고독한 생활이었다. 일할 수 있는 선택지가 사실상 없었던 이시카와 씨는 지금과 같은 상황을 피하려면 어떻게 해야 했을지 과거를 되짚어 보았다. 그녀에게 떠오른 건 엄마가 된 순간이었다. 과거의 자신과 지금을 비교해 보니 그때가 자신에게 되돌릴 수 없는 분기점이었다. 그러자 깊은 후회가 밀려왔다.

로봇 같은 마음

이시카와 씨는 이대로 가정을 유지하고 아이들을 키우는 데 한계에 이른 듯했다. 친정엄마한테도 이야기해 봤지만 "엄마니까 정신 똑바로 차려야지"라며 혼이 났다. 하지만 '도망치면 안 돼' '절대로 책임을 포기해선 안 돼'라고 생각할수록 궁지에 몰리는 기분이었다. 정말 방법이 없을까 고민하던 중, 아이를 원하는 사람에게 입양을 보내는 선택도 있지 않을까 하는 생각이 들었다.

첫째가 다섯 살 무렵, 인터넷에서 입양에 대해 찾아보기도 하고, 입양 기관 홈페이지에서 신청하는 방법도 알아봤어요. 아슬아슬했죠. 뭔가 일이 하나 터졌다면 선을 넘었을 수도 있어요. 하지만 거기서 한걸음 더 내디딜 용기는 없었어요.

힘을 보탤 거라 생각했던 남편은 아내가 살림을 전부 도맡는 것을 당연시했고, 고마움을 표시하거나 위로의 말을 건네는 일도 없었다. 육아 스트레스가 쌓일 대로 쌓여 남편에게 다 내팽개치고 싶은 마음을 전하자 돌아온 말은 "엄마 실격"이었다.

'엄마 실격'이란 말을 듣고 정말 아무것도 모르는구나, 이 사람에게 뭘 기대할 순 없겠구나 싶더라고요. 지금 남편과 이혼을 진지하게 고민하고 있어요. 친권도 넘기고 싶어요. 비정한 엄마라고 주위에서 비난이 쏟아지겠죠. 엄마라면 아이를 절대 포기할 리가 없다고. 하지만 이젠 남편이 전부 맡았으면 해요.

자신은 지금까지 홀로 육아를 맡아 왔기에, 이혼할 경우 경제적으로 안정된 남편에게 아이들을 맡기고 싶어 친권 포기에 관해서도 몇 번이나 인터넷을 찾아봤다.

아이가 엄마에게 안기고 싶어 다가오면, 몸이 닿는 것 자체가 고통스러워 견디기 힘들었다. 가족과 떨어질 방법을 계속 찾게 됐다.

밖에 나가면 아이는 "손잡아 줘" 하면서 천진난만하게 달라붙는데, 그게 솔직히 버거워요. 육아를 하면서 제 안의 뭔가가 망가진 느낌이에요. 마음이 갈라지고, 로봇이 되어 버린 것 같아요.

주위에선 "엄마의 부담을 덜어 줄 뭔가를 만드세요" 이런 소리들을 하는데, 도와주는 사람 하나 없고, 큰맘 먹고 누군가에게 말하면 '나쁜 엄마'라고 비난받잖아요. 저한테 아이는 족쇄로밖에 생각되지 않아요. 무거워서 자유롭게 날 수도 없어요. 날개를 빼앗긴 느낌이에요. 저처럼 미성숙한 사람은 육아와는 맞지 않는다는 걸 알았어요. 만약 그때로 돌아갈 수 있다면, 낳고 싶지 않네요.

취재 후 1년, 마음의 변화

2022년 가을에 이시카와 씨와 나눈 이야기는 그 후로 몇 명의 엄마들을 취재하면서도 머리에서 떠나지 않았다. 그해 12월 '엄마의 후회'를 다룬 프로그램이 방송된다는 소식을 전하고 프로그램에 대한 소감과 현재 상황을 메일로 주고받았지만 직접 이야기를 나눌 기회는 찾지 못한 채 1년 여가 흘렀다.

당시 괴로운 이야기를 하면서도 무표정한 얼굴로 담담하게 말하던 이시카와 씨는 여전히 자신을 로봇 같다고 느끼며 하루하루를 지내고 있을까? 이 책을 내기에 앞서 그녀의 이야기를 꼭 듣고 싶었다.

메일을 보내니 "지금도 방송된 영상을 핸드폰으로 보곤 해요"라는 답장이 돌아왔다. 그 후 몇 차례 인터뷰를 요청한 끝에 마침내 온라인 화상 인터뷰에 응해 주었다.

2024년 1월, 화면 너머로 인터뷰에 응해 주셔서 감사하다는 인사를 전하자 이시카와 씨는 "오랜만이네요"라며 싱긋 미소를 지었다. 인터뷰를 하는 동안 이시카와 씨는 근황을 이야기하거나 잡담을 나눌 때도 자주 웃는 얼굴을 보였다. 지난번 인터뷰 때와는 확연히 달라진 표정이었다. 지난 1년간 무슨 일이 있었는지 묻자 뜻밖의 이야기를 털어놓았다.

> 사실 처음 인터뷰를 했을 무렵에 유서를 쓰고 있었어요. 고립 상태였는데 다른 사람한테 힘든 마음을 털어놔도 돌아오는 건 차가운 반응뿐이었거든요. 어디 갈 데도 없고 그냥 죽고 싶었어요. 수면제를 대량으로 먹은 적도 있었는데, 죽지 못했어요. 죽을 방법을 인터넷에서 검색하다가 우연히 그 기사를 보고 독자 투고란에 글을 남기는 바람에 인터뷰를 하게 된 거죠. 인터뷰 이후에도 한동안 비슷한 상태였지만, 그 뒤로 제 안에서 심경 변화가 있었어요.

나는 당시 인터뷰를 하면서도 위기를 알아차리지 못하고 아무것도 하지 못한 게 부끄러웠다. 그러면서도 이시카와 씨가 이렇게 살아 있다는 사실이 너무 고마웠다. 무엇이 그녀의 마음을 바꿔 놓았을까? 그것은 프로그램에 출연한 한 엄마의 말이었다.

연락을 받고 방송을 보니 어떤 엄마가 '엄마를 그만두고 팬이 되겠다' 하더군요. 그 순간, 이렇게 생각할 수도 있구나 싶었고, 뭔가가 활짝 열리는 느낌이었어요. 부모가 되려고 하면 할수록, 잘해야 한다는 생각에 자신을 몰아붙이게 되죠. 그렇게 되지 않으려면 이런 관점이 저와 맞겠다 싶었어요.

주변에서 끊임없이 '엄마의 책임'을 추궁당했던 미호 씨(1장)가 방송에서 엄마로서의 의무감이 아니라 '팬심'으로 아이들을 대하면서 비로소 마음이 가벼워졌다고 말하는 장면이 이시카와 씨의 마음을 크게 움직인 것이다.

그 말에 힌트를 얻어서 '그렇다면 나는 뭘까?' 생각했어요. '팬'은 저랑 아이의 관계에서는 조금 안 맞는 것 같고, 저는 오히려 '아이돌 매니저'에 가까운 것 같았어요. 아이는 제멋대로에 인기 없는 언더그라운드 아이돌, 저는 그런 아이돌을 돌보는 매니저인 거죠. 남편은 기획사 사장이고, 학교는 방송국쯤 되려나? 그렇게 생각하니까 아이를 대할 때 놀라울 정도로 마음이 편해졌어요. 아이가 "엄마" 하고 뭔가 부탁하면 "그래~" 하면서 매니저가 일을 마무리한다는 마음으로 하게 됐죠. 언젠가 아이가 독립해서 사회라는 '무대'에 섰을 때, 잘 설 수 있게 도와주는 거라고요. 마치 아이돌을 프로듀싱하는 마음이랄까요.

방송에서 미호 씨의 말을 듣고 마음가짐이 크게 바뀌었다는 이시카와 씨의 이야기를 들었을 때, 취재 기자로서 무척 뿌듯했다. 다만 그렇게나 괴로워하면서 심리 상담사와 이야기를 나눠도 변하지 않던 상태가, 말 한마디에 극적으로 변할 수 있는 것인지 궁금했다. 이시카와 씨 본인의 마음가짐뿐만 아니라 같은 시기에 남편의 행동이 변화한 점도 상황이 좋은 방향으로 나아가는 커다란 요인이 된 듯했다.

인터뷰를 마친 뒤 이시카와 씨는 남편에게 이혼 이야기를 꺼냈다. 그제야 비로소 남편은 아내가 극한의 상태에 몰려 있음을 깨달았다. 남편과 동년배인 친구 중에 이혼한 사람이 있었다. 일에 몰두해 출세는 했지만, 가정이 망가졌다는 친구의 이야기를 듣고 자신도 남 일이 아니라는 위기감을 느낀 모양이었다. 직장에서도 육아 중인 동료가 "아이 운동회는 언제예요?"라고 물었을 때 대답하지 못하자 주위에서 질책이 쏟아졌다. 그제야 자신이 얼마나 육아를 아내에게 떠맡겼는지 알게 되었다.

정신없이 바빴던 남편의 일도 이 무렵부터 여유가 생겼다. 남편은 그때부터 학교 행사에도 참석하고 아이와 놀러 나가기도 하며 노력하기 시작했다. 다만 지금까지 함께 시간을 보내지 않았던 아빠와 아이들 사이에 신뢰가 곧바로 쌓이기는 힘들었다. 아이들이 "아빠랑은 싫어" 하며 거부하는 모습에 남편도 충격을 받았다. 이시카와 씨는 달라지려고 노력하는 남편을 돕기 위해 과자를 사오면 아이에게 "아빠한테도 좀 주지 않을래?" 하면서 어울릴 기회를 만들어 주었다. 아이도 자신과 가까워지려고 노력하는 아빠의 진심을 느꼈는지, 거리는 조금씩 좁혀졌다.

이시카와 씨는 집에서 아무리 애써도 고맙다는 말은커녕 인정조차 받지 못한다고 느꼈다. 하지만 점점 남편으로부터 감사와 배려의 마음이 조금씩 전해지기 시작했다. 집안일은 아내가 당연히 해야 한다고 생각하던 남편이 밥을 차려 주면 고맙다고 말하게 된 것이다. 여전히 집안일은 이시카와 씨의 몫이지만, 확연히 달라진 남편의 태도 덕분에 괴로움은 한결 줄었다.

최근에는 엄마의 역할을 '매니저'로서 받아들인 것처럼, 부부 관계를 '내각'에 빗대어 상상하기도 한다.

남편은 허술한 총리, 나는 그런 총리를 보좌하는 관방장관 같은 역할이 아닐까 하는 생각이 들어요. 남편한테 제가 그런 마음으로 임하고 있다고 말해 줬어요. 그랬더니 뭔가 부탁할 일이 있으면 "장관님 실례지만, 잠시 긴히 드릴 말씀이 있는데요" 이래요. 저는 "총리님, 무슨 일이세요?" 하면서 받아 주고요. 감당하기 힘든 일이면 관방장관 역할을 놔버려요. 그러면 총리가 그만큼 맡게 되죠. 남편이 집안일과 육아로 애쓰는 모습을 종종 보게 됐어요.

남편과 있었던 일을 생생하게 들려주는 이시카와 씨의 말에서 유머를 즐기는 마음이 느껴졌다. 지금도 부부 관계는 회복 과정에 있다. 남편과의 이혼을 상상하는 날이 있는가 하면, 두 사람의 관계를 긍정적으로 받아들이는 날도 있다고 한다.

이혼하고 싶은 마음은 아직 남아 있어요. 지금도 여전히 그

불씨는 꺼지지 않았지만, 남편이 바뀌려고 노력하는 걸 아니까
저도 더는 참지 않으려고요. 참아서 망가지느니 솔직하게
말하는 게 낫다고 생각해요. 이혼 서류는 아직 컴퓨터에
피디에프 파일로 저장돼 있어요. 한동안은 이대로 부적처럼
가지고 있으려고요.

지금은 아이 곁에 있는 것이 훨씬 편해졌다고 한다. 그러나 심리
상담사가 '한때'라고 했던, 아이에게 애정을 느낄 수 없는 마음은 지
금도 그대로다.

의무라고 생각하니 힘들어서 아이에게서 벗어나고 싶었는데,
지금은 함께 있는 게 괴롭진 않아요. 아이도 제 변화를
알아차렸는지 "엄마, 이제 가시가 사라졌네" 하더라고요.
　하지만 아이에게 애정을 느끼냐고 하면, 지금도 그렇진
않아요. 엄마가 친권을 포기하고 싶다고 하면 다들 마녀라고
하겠지만, 엄마가 신이 될 순 없잖아요.

1년 전, 내가 이시카와 씨의 마음을 알아차리지 못했던 것처럼 지
금도 인터뷰에서 그녀의 모든 것을 알게 되었다고는 할 수 없다. 아
직 누구에게도 말하지 못한 이야기가 남아 있을지 모른다. 남편이나
아이에 대한 마음이 흔들리는 순간도 있을 것이다. 다만, 앞이 보이
지 않아 괴로웠던 상황이, 어떤 계기를 통해 달라질 수도 있다는 것
을 이시카와 씨는 몸소 보여 주었다.
　앞으로 상황이 나아질 수도 있고, 반대로 괴로움이 깊어질 수도

있을 것이다. 그럴 때마다 과거의 기억은 긍정적인 것이 될 수도 있고, 부정적인 것이 될 수도 있다. 어떤 변화가 오든 그것이 이시카와 씨에게 조금이라도 더 나은 방향이기를 바란다.

7장
의회로 간 엄마

아이를 혼자 만드는 것도 아닌데, 남자는 책임지지 않고 도망칠 수 있는 사회잖아요. 아기를 유기하거나 학대하고 죽이는 사건이 제겐 남 일 같지 않았어요. 까딱 잘못했다가는 저도 그 길로 충분히 빠질 수 있었다고 항상 생각해요.

마쓰다 노리코, 인터뷰 중에서, 2023년 12월

'육아 페널티'가 존재하는 사회

2022년 5월, 우리는 도쿄 시모기타자와의 서점에서 개최된 도나스의 『엄마 됨을 후회함』 출간 기념 북토크 행사를 취재했다. 독자들이 모이는 자리를 취재해 왜 이 책이 이도록 큰 반향을 불러일으키고 있는지 그 실마리를 찾고 싶었기 때문이다.

행사장에 들어서자 가장 잘 보이는 위치에 놓인 도나스의 책이 눈에 들어왔다. 점원에게 이야기를 들어 보니 여성뿐만 아니라 육아 중인 듯한 남성들도 관심을 보여서 추가로 입고해도 금세 다 팔린다고 했다.

행사가 시작된 시간은 평일 저녁 8시. 서점으로 직접 찾아온 사람들과 온라인으로 참가한 사람까지 합해 약 120명이 모였다.

행사에는 책의 번역을 맡은 시카타 마사미 씨와 『엄마 됨을 후회함』을 읽고 감명을 받았다는 작가 유즈키 아사코, 만화가인 다부사 에이코 씨가 참여해 지금까지 엄마들이 얼마나 무거운 짐을 짊어져 왔는지 이야기를 주고받았다. 웃음이 오가는 열띤 분위기 속에서 토크 시간은 눈 깜짝할 사이에 끝나 버렸다.

이날 함께 참석한 두 여성에게 이야기를 들어 보니 두 사람 모두 자신은 아이를 갖지 않기로 결심했다고 말했다.

아이를 갖는 데 대한 메리트를 못 느끼겠어요. 육아와 집안일을 모두 떠맡고, 일도 하고 남편도 챙겨야 하는, 모든 면에서 완벽을 요구당하는 여자들을 보고 있으면 아이와 함께하는 게 즐거워 보이진 않더라고요. 지금 일본에서는 아이가 있든 없든 어느 쪽이든 비난받는 것 같아요. 일하는 엄마도, 전업주부도, 엄마가 아닌 여성들도요. 그렇다면 저는 아이를 안 낳는 쪽을 택하겠어요.

자녀가 없는 18~25세 미혼 남녀를 대상으로 실시한 의식 조사에 따르면, '장래에 아이를 원하지 않는다'라고 답한 비율은 45.7퍼센트에 달한다.[32] 행사에 참가한 독자가 지적한 것처럼, 아이를 키움으로써 사회적·경제적 불이익을 당하는 일을 '육아 페널티'라고도 한다.[33]

이런 '육아 페널티'를 오랫동안 느껴 온 당사자로서, 사회를 바꾸기 위해 고군분투 중인 여성이 이날 행사에 참석했다. 행사가 끝난 뒤 번역가인 시카타 씨에게 소감을 말하던 여성이 자신에게도 아이가 있다고 이야기하는 소리가 들려왔다. 가까이 다가가자 이렇게 말하는 것이 들렸다.

"저도… 엄마가 된 걸 후회해요."

마쓰다 노리코 씨(44세)와의 첫 만남이었다.

시카타 씨와 이야기를 마친 마쓰다 씨에게 말을 걸자 갑작스러운 인터뷰 요청에도 흔쾌히 응해 주었다. 방금 한 말이 어떤 의미인지 물어보니 잠시 생각에 잠긴 그녀는 이렇게 답했다.

애를 낳은 것 자체는 후회하지 않지만, 엄마라는 역할을 계속해야 한다는 게 괴로운 거죠. 하지만 그런 말은 하면 안 된다고들 하니 가슴에 묻어 두고 내가 이상한 거라고 생각하며 살았어요.

스물네 살 아들, 스물한 살 딸, 그리고 여섯 살 아들까지 세 자녀를 둔 마쓰다 씨는 이날 행사에 참여하기 위해 사이타마현에서 왔다고 했다.

행사장 한구석에서 이야기를 나누다 보니 어느새 손님들도 거의 다 빠지고 뒷정리가 시작되었다. 슬쩍 시계를 보니 행사가 시작된 시 2시간이 넘어 이미 밤 10시가 넘어 있었다.

가령 지금 이렇게 행사에 온 것도 남들한테 말하면 "애는 누가 보고 있어?" 하겠죠. 남자였다면 이런 말을 듣지 않을 텐데 말예요. 옷이나 머리 스타일에 대해서도 마찬가지예요. 귀걸이를 하거나 머리를 풀면 "애가 쥐어뜯지 않아?"라든지 "아이 손에 머리카락이 엉키니까 단정하게 묶어야지" 이런 말을 들어요. 근데 아빠는 그런 제한이 없잖아요. 일 끝나고 회식에 가도, 누구 하나 애 걱정은 안 하죠. 남자한테 육아는 어디까지나 '도와주는' 거니까요. 권고 사항 같은 거죠. 그런데

여자들은 무슨 벌칙이라도 있는 것처럼 조금만 벗어나도
처벌을 받는 것 같아요. 어째서 세상이 이런 식이 되어 버렸는지
줄곧 의문이었어요.

사차원 소녀의 꿈

마쓰다 씨는 1978년, 전업주부인 어머니와 회사원 아버지 사이에서
장녀로 태어났다. 장난기가 넘치고 풀밭을 뛰어다니며 곤충과 파충
류 잡는 것을 무척 좋아했다. 보통 여자아이들이 하는 소꿉놀이에는
아랑곳하지 않고, 도마뱀을 잡으며 기뻐하는 마쓰다 씨를 두고 사람
들은 '여자애답지 않다' '별나다' 수군거리곤 했다. 반면 한 살 어린 남
동생은 얌전하고 엄마가 만든 요리에 관심이 많아, 친척들은 이렇게
곧잘 농담을 던지곤 했다. "원래 노리코 네가 남자였는데, 고추를 엄
마 뱃속에 깜빡하고 나오는 바람에 동생이 대신 달고 나온 거야."
　중학생이 된 마쓰다 씨는 도마뱀보다 더 흥미로운 것을 발견했
다. 그것은 바로 나라 밖 세계였다. 영어 수업에서 들은 존 레넌의
〈이매진〉 가사와 감미로운 노랫소리에 매료된 그녀는 일본을 벗어나
세계를 좀 더 경험해 보고 싶었다. 그래서 고향인 사이타마가 아닌,
영어과가 있는 도쿄의 고등학교에 진학하기로 결심했다. 중학교 졸
업 문집에는 "수상한 나라에 가서 수상한 사람과 결혼하고, 수상한
가정을 꾸리고 싶다"라고 썼다. 독특한 감성을 지닌, 꿈을 향해 나아
가는 중학생 소녀가 그린 미래였다.
　하지만 현실은 생각지도 못한 미래로 이어졌다.
　영어과가 있는 고등학교에 진학한 마쓰다 씨는 동아리 활동을 할

여유도 없을 정도로 영어에 푹 빠져 살았다. 수업은 영어로 이루어졌고, 방과 후에도 영어과는 외국인 선생님과의 수업이 있었다. 한 시간이 걸려 집에 도착할 즈음엔 피곤이 몰려왔지만, 만족스러운 나날이었다. 얼마 뒤 영어로 이야기하는 것이 어렵지 않게 느껴졌고, 점점 자신감도 붙었다.

고등학교 2학년 때 단기 해외 연수를 가게 되어 각자 가고 싶은 나라를 선택했다. 친구들은 대부분 미국 등 영어권 국가를 선택했지만, 마쓰다 씨는 일부러 중국의 베이징을 선택했다. 부모님을 배려해 비교적 물가가 저렴한 곳을 선택한 것이었지만, 어린 시절 하네다 공항에서 본 중국계 항공사의 비행기에 쓰인 한자의 아름다움에 매료되어 언젠가 가보고 싶었던 곳이었다. 베이징에서 보낸 엿새는 마쓰다 씨의 첫 해외 경험이었다.

베이징대학에서 중국어를 배우는 프로그램에 참가한 마쓰다 씨는, 그곳에서 연달아 문화 충격을 받았다. 수프에 말 꼬리가 들어 있거나 화장실에 문이 없는 등 일본에서는 접해 본 적이 없는 것들뿐이었다. 그런데도 활기차고 여유로운 중국의 분위기에 매료되었다. 일본에 돌아온 뒤에도 그 여운이 가시지 않아 대학에서 좀 더 깊이 중국을 배우고 싶다는 마음이 생겼다.

모든 게 신선하고 재밌어서 에너지로 가득 찬 나라라고 느꼈고, 점점 더 빠져들었어요. 중국어를 할 수 있게 되면 12억 인구와 이야기를 할 수 있게 되는 거잖아요. 그렇게 생각하니 엄청난 가능성이 느껴져서 가슴이 두근거렸죠. 대학에서 중국어를 제대로 공부해 다시 중국에 가고 싶다고 생각하면서 돌아왔어요.

　지금은 비즈니스 목적으로 중국어를 배우는 사람이 많지만, 당시만 해도 제2외국어라고 하면 대부분이 프랑스어나 독일어를 떠올렸다. 그럼에도 마쓰다 씨는 자신의 직감을 믿고 영문과나 불문과에 진학하는 친구들과는 다른 길을 택했다.

　무사히 추천 전형으로 희망하던 대학의 중국어과에 합격한 마쓰다 씨는 중국어를 배워 세계에서 활약하고 싶다는 꿈에 부풀어 있었다. 대학교 3학년이 되면 유학 기회도 주어진다기에 그때까지 열심히 공부하자고 다짐했다.

　하지만 그 후 마쓰다 씨가 다시 중국에 가는 일은 없었다.

피임을 거부한 남자

대학에 입학한 마쓰다 씨는 본격적으로 중국어를 배우기 시작했다. 회화를 중시했던 고등학교 시절의 영어 공부와 달리, 대학 수업은 중국어 문법의 세세한 규칙까지 이론 위주로 가르쳤다. 외국어를 직접 듣고 말하는 게 좋았던 마쓰다 씨는 이론 중심의 강의에 고전했지만, 중국에 다시 가고 싶은 마음을 동력 삼아 성실하게 수업에 임했다.

　그 무렵 같은 반이었던 동기와 사귀기 시작했다. 그는 한 차례 대학을 다니다가 다시 입학해 마쓰다 씨보다 열 살이 많았지만, 신기하게도 성격이 잘 맞았다. 마쓰다 씨는 자신에게 없는 경험과 풍부한 지식을 지닌 그와 대화를 나누는 것이 즐거웠다.

　하지만 가치관의 차이 때문에 괴로운 일도 적지 않았다. 가장 힘들었던 건, 그가 피임에 협조적이지 않았던 점이었다. 피임을 요구하면 그는 "아이가 생기면 그때는 결혼하면 되잖아" 하면서 거절했다.

피임 없이 성관계를 강요하는 것은 현재 데이트 폭력으로 인식되고 있으나, 적어도 당시 마쓰다 씨 주변에선 그런 인식이 보편적이지 않았다.

마쓰다 씨는 이제 막 대학에 들어온 열아홉 살이었다. 어딘가 마음에 걸렸지만, 열 살 연상의 파트너가 몇 번이나 피임을 거부하니 '원래 그런 건가 보다' 하면서 강하게 요구하지 못했다.

그리고 1학년 겨울, 마쓰다 씨는 임신을 하게 됐다.

당시에는 '데이트 폭력'이라는 말 자체를 거의 몰랐던데다, 그런 건 때리고 발로 차는 신체적인 폭력만을 가리키는 줄 알았죠. 몇 년이 지나고 나서야 피임하지 않는 것도 데이트 폭력의 한 형태라는 걸 알게 됐어요. 그때 비로소 제가 데이트 폭력의 피해자였다는 걸 깨달았죠.

임신중지 동의를 거부당하다

마쓰다 씨는 임신 사실을 알게 되자 곧바로 그에게 알렸다. 하지만 '임신하면 결혼하면 된다'며 피임을 거부했던 사람이 막상 임신했다고 하니 "지금 결혼은 아니지 않을까" 하며 주춤거렸다. 무책임한 태도에 실망한 마쓰다 씨는 임신중지 수술을 알아보다가 수술을 하려면 상대 남성의 동의가 필요하다는 걸 알게 되었다. 그 사람을 바로 불러내 동의서를 내밀고 서명하라고 요구했지만, 그는 서명을 거부한 채 자리를 떠나 버렸다.

이후 어떻게든 동의서에 서명을 받기 위해 끈질기게 만남을 시도했지만 계속 연락이 닿지 않았고, 급기야 학교에도 나오지 않기 시작했다. 나중에 알게 된 사실이지만, 당시 그는 이미 휴학 상태였다. 임신 사실을 알고 바로 휴학 신청서를 제출했던 것이다.

그러나 아무것도 알지 못했던 마쓰다 씨가 연락이 끊긴 그의 행방을 필사적으로 찾는 동안 시간은 흘러갔다.

그리고 결국 동의서에 서명을 받지 못한 채, 임신중지가 가능한 시한인 21주 6일을 넘기고 말았다.

> 전화도 안 받고, 학교도 휴학하고 안 나왔어요. 저를 만나고
> 싶지 않았던 거겠죠.
>
> 동의서에 서명하지 않은 건, 죄의식 때문이 아니었을까요?
> 그 사람이 믿던 종교에서는 아이를 포기하는 일은 좋지 않다고
> 얘기하니까요. 그 사람은 서명하지 않음으로써 면죄부를
> 받았다고 생각했을지 모르지만, 저는 속수무책이었어요.
> 갑자기 연락이 끊겨 우왕좌왕하는 사이에 타이밍을 놓치면서
> 임신중지라는 선택지가 사라졌어요.

일본에서는 임신중지를 위해선, 원칙적으로 배우자의 동의가 필요하다. 모체보호법(母体保護法)에서 "본인 및 배우자의 동의를 얻어" 임신중지를 할 수 있다고 명시되어 있기 때문이다.[1] 다만 "배우자가 이를 인지하지 못한 경우 혹은 의사 표시가 불가능한 경우 또는 임신 후에 배우자가 사망한 경우에는 본인의 동의만으로 충분하다"라는

단서 조항이 있다. 2021년에는 "혼인 관계가 실질적으로 파탄되었고, 임신중절에 관해 배우자의 동의를 얻기 어려울 경우… 본인의 동의만으로 충분하다"라고 후생노동성이 일본의사회에 회답한 통지도 있다.[34] 그럼에도 불구하고 실제 의료 현장에서는 미혼인 경우에도 상대 남성의 동의를 요구하는 사례가 여전히 적지 않다.[35] 2020년에는 법적으로 없어도 되는 상대방의 동의를 여러 의료 기관에서 요구해 수술을 거부당한 여성이 아이를 낳은 뒤 신생아를 유기하는 사건도 있었다.[36]

　임신중지에 관해 배우자의 동의를 법적으로 규정하고 있는 곳은 일본을 포함해 대만, 사우디아라비아, 시리아 등 11개 국가와 지역에 불과하다.[37] 2016년 UN여성차별철폐위원회는 일본에 임신중지 시 배우자의 동의를 필요로 하는 요건을 삭제하는 모체보호법 개정을 권고했다.

━

┃ 일본의 경우, '배우자 동의' 조건이 여성의 자기결정권을 침해하는 요소로 작용하고 있긴 하지만, 임신중지의 조건으로 '경제적 사유'를 포함하고 있어 합법적 임신중지가 대체로 자유로운 편이다. 한국의 경우, 낙태죄가 폐지되기 전까지는 임신중지의 조건이 이보다 제한적이었다. 한국에서 2019년 형법상 낙태죄 폐지 이후 모자보건법 14조(인공임신중절 수술의 허용 한계)는 법적 효력을 상실했지만, 2026년 현재까지도 법 개정이 완료되지 않아 법적 공백 상태에 있다. 이 책에서는 법적 용어와 일상어를 구분하지 않고 '임신중절' 대신 '임신중지'를 사용했다.

임신중지가 가능한 시기를 넘긴 마쓰다 씨에게 출산 외에는 다른 선택지가 없었다. 더는 혼자 감당할 수 없어 가족에게 임신 사실을 털어놓았더니 '가문의 수치'라며 질책이 쏟아졌다. 딸의 대학 진학을 기뻐했던 가족들은 마쓰다 씨가 미혼모가 된다는 사실을 받아들이기 힘들어했다.

1998년, 마쓰다 씨는 주변에 의지할 사람도 없이 남자아이를 낳았다. 대학에는 출산 후 복학을 염두에 두고 휴학 신청서를 제출했지만, 아이를 낳은 후에도 여전히 분노를 가라앉히지 못한 가족에게서 학비 지원을 기대하기는 어려웠다. 결국 혼자 힘으로 학비를 감당하기는 어렵다고 판단한 마쓰다 씨는, 임신하지 않았다면 꿈에 그리던 중국 유학을 떠났을 그 시기에 자퇴를 했다.

아이의 생부와는 그 후에도 연락이 닿지 않아 아이가 태어났다는 사실조차 알릴 수 없었다. 결국 출생신고서는 아버지란을 비워 둔 채로 접수됐다. 당연히 아이의 생부로부터 양육비를 받은 적도 없다.

피임을 요구했던 마쓰다 씨는 꿈꾸던 유학도, 즐거운 대학 생활도, 그려 왔던 미래의 커리어도 모두 잃고, 아빠 없이 아이를 홀로 키우게 되었다. 한편 피임을 거부했던 아이의 생부는 휴학한 뒤 호주로 유학을 떠났고, 나중에는 학교로 돌아와 졸업까지 했다고 한다.

일본에서는 여성이 출산하면 그 순간 자동으로 아이의 어머니로서 법적인 친자 관계가 성립하지만, 남성은 자동으로 아버지가 되지 않는다.[38] 출산한 여성과 혼인 관계가 아닌 경우, 태어난 아이를 자신의 자녀로 인정하는 절차를 거치지 않는 한 법적으로 아버지로 인정되지 않기 때문이다.

여자만 임신한 그 순간부터 도망칠 수 없는 거죠. 낳아서
키우든, 그렇지 않든 모든 책임은 여자 몫이죠. 하지만 남자는
도망치면 그걸로 끝이에요. 모르는 척 연락도 끊어 버리면 없던
일처럼 되잖아요? 하지만 여자는 절대로 그럴 수가 없죠.
남자와 여자가 이렇게나 다르다는 걸 뼈저리게 느꼈어요.

약한 소리를 하면 안 돼

출산 후 마쓰다 씨는 부모님에게 감추고 싶은 자식으로 여겨졌고, 이
웃과 친척들의 시선을 느끼며 아이를 키워야 했다. 아이가 좀처럼 잠
을 자지 않아 늘 수면 부족 상태로 지냈고, 자신을 돌볼 여유는 없었다.
　한편 친구들은 유학을 가기도 하고, 늦은 밤까지 술을 마시며 청
춘을 즐기고 있어 오랜만에 만나도 서로 나눌 얘기가 없었다. 친구들
과도 점차 만남이 뜸해지면서 고독이 깊어지던 어느 날, 마쓰다 씨는
당시 거주하던 지자체의 아동복지과를 찾았다. 지금까지의 경위를
설명하고 앞으로 어떤 육아 지원을 받을 수 있는지 상담했는데, 돌아
온 건 생각지도 못한 답변이었다.

창구 남자 직원이 "이렇게 된 건 본인 책임이죠" 이러더라고요.
이제 막 스무 살이 된 저는 큰 충격을 받고 아무 말도 못 했어요.
그때 들은 말이 계속 머릿속을 맴돌았어요. 내가 잘못한 건가.
왜 도움을 구하러 간 관공서에서 상처를 받아야 하나. 그런
생각이 들면서 누구에게도 도움을 구할 수 없었어요. 직업도
없고, 학교도 그만뒀고, 배우자도 없는데, 아이만 있었죠.

사회가 깔아 놓은 레일에서 완전히 이탈한 것 같았어요. 그래서 이런 취급을 받는구나, 싶었죠. 정치인들은 저출산 사회라면서 아이를 낳으라고 말하지만, 그들이 말하는 건 '제대로 된 상태'에서 낳으라는 거겠죠. 그게 불가능했던 저에게는 미래가 전혀 보이지 않았어요.

만약 엄마가 되지 않았다면 꿈꾸던 유학도 다녀오고, 지금쯤이면 배운 중국어를 살려 일에서도 활약하며 반짝반짝 빛나는 삶을 살고 있었을지 모른다. 마쓰다 씨는 울음을 그치지 않는 아이를 끌어안은 채, 엄마가 되지 않았다면 자신의 인생이 어땠을지 그려 보곤 했다. 어느 날, 어머니와 빨래를 개다가 "아이를 낳지 않았다면 어땠을까?" 라고 가볍게 속마음을 내비쳤다. 그러자 어머니는 갑자기 표정이 굳어지더니 "그런 말은 하는 게 아니야!"라며 꾸짖었다.

마쓰다 씨는 엄마가 되지 않은 미래를 상상하며 어머니에게 잠시 투덜거리고 싶을 뿐이었다. 하지만 어머니의 반응은 마치 해서는 안 될 말을 입에 올린 듯했다. 엄마가 되지 않은 삶을 상상하면서 조금이라도 후회의 감정을 비치면, 아이의 존재 자체를 부정하는 비도덕적인 엄마로 보일 수 있다는 걸 절감했다. 마쓰다 씨는 이를 계기로 엄마가 된 걸 후회하는 감정은 결코 입 밖에 내선 안 되는 '금기'라고 여기게 되었다.

'아이가 없어지면 좋겠다'가 아니라 '아이를 낳지 않는 삶도 있었을까'라고 가정해 보고 싶었을 뿐이에요. 그런 생각을 입 밖에 냈다고 해서 아이가 사라지는 것도 아닌데, 그런 말조차 용납되지 않더라고요. 엄마가 된다는 건 자기 부모에게도 결코 약한 소리를 할 수 없는 존재가 되는 거구나, 깨달았죠.

아동 학대 사건에서 아빠는 어디에?

상대 남성이 책임을 회피하고 도망친 탓에 미혼모가 된 마쓰다 씨는, 잠투정이나 이유식 같은 고민을 함께 나눌 사람도 없이 홀로 육아를 해야 하는 어려움에 직면했다. 공원에서 아빠와 엄마가 함께 있는 가족을 볼 때면, 아이의 성장을 함께 기뻐하는 파트너가 없는 자신의 현실이 비교돼 견디기 힘들 때도 많았다. 또한 양육비도 청구할 수 없는 상황에서 대학을 중퇴하고 취직도 못 한 자신이 과연 혼자 힘으로 아이를 키울 수 있을지, 경제적 불안이 늘 뒤따랐다. 도움을 기대하고 찾아간 관공서에서는 외면당하고, 부모에게도 힘든 마음을 털어놓지 못한 채, 도망칠 곳 없는 엄마라는 역할을 견디는 날들이 이어졌다.

그러던 중 신생아를 유기하거나 학대하는 사건이 뉴스에 나올 때마다 아기에 대한 책임을 엄마에게만 묻는 듯한 사회 분위기에 깊은 의문이 들었다.

아이를 혼자 낳는 것도 아닌데, 엄마에게만 비난이 쏟아지고 아빠에 관해서는 언급하지 않는 경우가 많아요. 이것만 봐도 남자는 책임지지 않고 도망칠 수 있는 사회구나, 하는 생각이 들어요.

아기를 유기하거나 학대하고 죽이는 사건이 제겐 남 일

같지 않았어요. 까딱 잘못했다가는 저도 그 길로 충분히 빠질 수 있었다고 늘 생각해요. 혼자서 아이를 키우는 건, 역시 힘드니까요. 저는 어쩌다 보니 그럭저럭 넘겼지만, 정말로 도와줄 사람이 하나도 없고 훨씬 더 궁지에 내몰렸다면, 어떻게 됐을지 모르죠. 그렇게 생각하면 정말 무서워요.

아이를 키우기 위해 돈을 벌어야 했던 마쓰다 씨는 시간 활용이 비교적 자유로운 보험 영업일을 시작했다. 그곳에서 만난 남성과 결혼해 둘째를 가졌지만, 첫째를 낳았을 때 느꼈던 절망감은 누구에게도 말하지 못한 채 마음속 깊이 묻어 두었다.

둘째를 출산할 때는 예전과는 전혀 다른 분위기 속에서 주위의 축복을 받았다. 육아도, 마음의 부담도 비교할 수 없을 만큼 가벼워졌다.

‘이제야 보통 사람이 되었구나.’ 이제껏 남들과는 다른 감성을 지니고, 틀에 박히지 않은 길을 택하는 소녀였던 마쓰다 씨에게 문득 떠오른 생각이었다. 여성이 ‘평범’하지 않은 길로 들어서면, 삶이 얼마나 버거워질 수 있는지 온몸으로 느낀 것이다.

시의원이 되다

마쓰다 씨를 다시 만난 곳은 도쿄 나카노역 개찰구 앞이었다. 한 번 더 천천히 이야기를 듣고 싶다고 인터뷰를 요청하자, 나카노에서 일정이 있으니 그때 만나자는 답변을 받았다.

약속 시간에 맞춰 급히 걸어 도착한 마쓰다 씨는 회색 정장 차림에 단정한 분위기를 풍겼다. 시모기타자와의 서점에서 만났을 때는 편한 옷차림이었기에 순간 그녀를 알아보지 못했다. 그 얘기를 꺼내자 "인터뷰 끝나고 일이 있어서요"라며 서점에서 만났을 때처럼 온화한 미소를 지었다.

사실 마쓰다 씨는 취재 당시 사이타마현 고시가야시 시의원이었다. 이날은 인터뷰가 끝나고 학교급식에서 사용하는 식재료를 공부하는 모임에 참석하기 위해 정장을 입고 온 것이었다.

그녀가 처음 시의원이 된 것은 2015년이었다. 둘째를 낳은 뒤 한동안 전업주부로서 육아와 살림을 하던 마쓰다 씨는 둘째가 세 살이 됐을 무렵, 시청 급식센터에서 조리 스태프로 일하게 되었는데, 그곳에서 뜻하지 않게 노동조합 간부를 맡게 되었다. 그녀는 노동조합 활동을 통해 직장 내 성별 격차를 줄이기 위해 상부와의 교섭에 힘을 쏟았다. 지금까지 자신이 느껴 온 남성 우위 사회를, 먼저 모범이 되어야 할 관공서부터 바꿔 나가고 싶었기 때문이다.

남성 직원이 육아휴직을 사용하기 힘든 문제나 여성 직원에게만 유니폼을 착용하게 하는 규정 등 지금까지 간과해 왔던 문제들을 하나씩 지적하고 개선을 요구하며 점차 존재감을 키워 갔다. 그러던 어느 날, 열심히 활동하는 마쓰다 씨를 지켜본 조합원들이 이번에는 시의원이 되어 보지 않겠냐고 제안했다.

설마 제가 시의원이 된다니 상상도 안 해본 일이었어요. 하지만 고민하고 있을 때, 여성 지도자를 육성하는 공부 모임에서 이런 말을 들었어요. '세상을 바꾸려면 법률과 조례를 바꾸는 의원이 되는 것이 가장 빠른 방법'이라고요. 그 말을 듣고 용기를 냈죠.

물론 시의원이 국가 법률을 바꿀 순 없지만, 작은 곳에서부터 사회를 바꿔 나갈 수 있지 않을까 생각했어요. 여성이 살기 힘든 사회를 조금이라도 바꿀 수 있다면 좋겠다는 생각에 출마를 결심했어요.

의회에 엄마의 자리는 있는가

마쓰다 씨는 시내를 돌아다니며 선거운동을 하는 동안 엄마로서 살아가는 데 여전히 많은 벽이 있다는 것을 실감했다. 연설 중에 아이가 있다고 말하면, 청중들로부터 '선거운동 하면서 애는 안 봐도 되느냐' '엄마가 선거 때문에 바쁠 텐데 애가 딱하다' 같은 야유가 심심찮게 들려왔다. 아이를 키우는 여성이 정치에 참여하는 것에 여전히 거부감을 느끼는 이들이 적지 않은 현실을 피부로 느꼈다.

당선된 뒤 시작된 의원 생활도 순탄치 않았다. 바로 그해 셋째를 임신했기 때문이다. 2016년 3월이 예정일이었지만, 자신에게 투표해준 사람들의 기대에 보답하고자 출산 직전까지 만삭의 몸으로 일했다.

통상적으로 여성 노동자는 노동기준법에 근거해 산전 6주, 산후 8주간 출산휴가가 규정되어 있지만, 의회 의원에게는 이 법률이 적용되지 않는다. 결석 사유에 관해서도 당시 고시가야시 의회의 회의 규칙에는 출산휴가에 관한 조항이 없어 모두 '사고'(事故)로 인한 결석으로 처리되었다. 마쓰다 씨가 임신한 2015년에 이르러서야 마침내 '출산'도 결석 사유로서 인정받게 되었다.

하지만 전례나 기간에 대한 기준이 없었기 때문에 '출산'을 명목으로 장기간 쉬는 것이 마쓰다 씨는 부담스러웠다. 결국 항공편으로 이동해야 하는 2월의 행정 조사와 출산이 예정된 3월의 의회만 결석하고, 그 외의 의정 활동에는 참석하기로 했다.

마쓰다 씨의 휴가는 고시가야시 의회에서 '출산'을 결석 사유로 인정한 첫 사례가 되었다.

출산 후 한 달도 되지 않아 마쓰다 씨는 지역 내 졸업식과 입학식 참석을 시작으로 의원 활동에 복귀했다. 체력적으로나 정신적으로나 힘들었지만 '역시 여자는 이래서 안 돼' 같은 말을 듣고 싶지 않아서였다. 4월 임시회 때는 생후 6주 미만인 아기를 맡길 수 있는 곳을 끝내 찾지 못해, 아기를 데리고 출석했다. 다행히도 아기는 잠을 잘 자는 편이어서 회의가 진행되는 동안에도 칭얼거림 없이 무사히 마칠 수 있었다. 그러나 안도의 시간도 잠시, 다음 날 다른 의원에게 주의를 들었다.

"신성한 의회에 아기를 데려오다니, 무슨 생각인 건지… 내가 다른 분들한테 대신 사과드렸어요."

비슷한 일은 다른 지자체에서도 일어났다. 마쓰다 씨가 주의를 들은 지 1년 7개월 뒤, 구마모토시 의회의 한 여성 의원이 7개월 된 아기와 의회에 출석해 큰 화제가 되었다. 구마모토시 의회는 장시간 협의 끝에 아이를 동반한 출석은 인정할 수 없다는 결론을 내렸고, 의원은 친구에게 아기를 맡기고 출석했다. 그때 인터넷에서는 의원의 행동을 문제 제기로서 긍정적으로 평가하는 목소리도 있었지만, '상식적이지 않다' '신성한 의회가 아이 때문에 중단되는 것은 용납할 수 없다' '육아가 힘들면 선거에 입후보하지 마라' 등 비판하는 목소리도 있었다.

해외에서는 아이를 안고 국회에 출석하는 총리나 의원이 종종 보이지만, 일본에서는 아직 그런 모습이 일반적이라고 말하기는 힘들다.

마쓰다 씨는 문제를 제기할 의도로 아이를 데려간 것은 아니었지만, 일본 사회에서 엄마가 의원 활동을 하는 것이 쉽지 않다는 현실을 새삼 실감했다.

> 사회를 바꾸려 하는 의회조차 엄마가 의원이 되는 상황을 전제하고 있지 않은 거죠. 세상에는 나이 성별 장애 여부까지 포함해 다양한 사람들이 있고, 행정기관은 이들을 위한 일을 해야죠. 하지만 정치 현장에 진입할 수 있는 사람은 경제적으로나 시간적으로나 여유가 있는 사람이 아니면 불가능한 게 현실이에요. 이대로는 엄마들이 살기 힘든 사회가 영영 바뀌지 않을 거예요. 어깨가 무거웠지만 내가 할 수 있는 일이 있을 거라고, 가까스로 마음을 다잡았죠.

의원 활동은 며칠간 숙박을 동반한 장거리 출장을 가거나 야간 공부 모임에 나가는 등 육아 중인 사람이 감당하기에는 지금도 어려운 점이 많다. 의원이 된 지 6년이 지나고 셋째가 초등학생이 되니 어린이집에 다닐 때보다 오히려 집에 오는 시간이 빨라져 혼자 대응하기 힘든 일도 많아졌다. 그래도 남편뿐만 아니라 근처에 사는 스물네 살이 된 첫째가 아이의 등하교를 도와준 덕분에 어떻게든 일과 육아를 병행할 수 있었다.

처음 아이를 낳았을 때는 파트너도 없고, 주위의 시선도 차가운 것 같고, 혼자서 키우려니 정말 막막했어요. 하지만 지금은 남편과 아이들이 보호자가 돼서 막내를 함께 키우고 있어서 훨씬 편해졌어요. '엄마'만이 아니라, 가족, 이웃, 행정 서비스 등 다양한 주체가 '보호자'로서 아이를 키우는 사회가 된다면 벼랑 끝에 몰리는 엄마들도 줄지 않을까요?

여성 의원이 할 수 있는 일

출산 후 마쓰다 씨는 지금까지의 관행을 바로잡기 위해 힘썼다. 예를 들어 애를 키우는 사람들이 이용하는 보건소의 게시판이나 홍보물에는 지금까지 '어머니께 알려 드립니다'와 같은 제목으로 안내하는 일이 많았다. 이는 행정기관이 '엄마'에게만 육아의 책임을 묻는 것으로 받아들여질 수 있다는 생각에서, 마쓰다 씨는 보건소와 협의해 '어머니'를 '보호자'로 바꾸도록 했다.

그 밖에도 어린이집에서 사용한 기저귀를 보호자가 집으로 가져가게 하던 관행도 바로잡았다. 사용한 기저귀를 집에 가지고 가는 일이 보호자뿐만 아니라 보육 교사에게도 부담이 되고, 위생상 문제가 있다는 점을 의회에서 지적해 대책 마련을 요구했다. 그 결과, 사용한 기저귀를 집으로 가져가는 관행이 폐지되었다. 게다가 아픈 영유아를 맡길 수 있는 '아픈 아이 돌봄센터'가 이용이 어려운 실태를 지적하거나 대피소에 육아 관련 비품을 확충하도록 제안하는 등 아이를 키우는 사람들을 지원하는 활동을 이어 갔다.

2022년 말 기준, 전국 지방의회의 여성 의원 비율은 15.9퍼센트로, 여전히 20퍼센트를 밑돌고 있다. 중앙정부는 이런 현실을 바꾸기 위해 2021년, 모든 지방의회가 출산을 결석 사유로 명문화하도록 요청했다. 그에 따라 도도부현 의회, 시정촌 의회 의장회에서는 의회 규칙을 개정해 노동기준법과 동일한 수준의 출산휴가를 보장하도록 했다.[39]

또한 일부 지자체에서는 의원의 출산휴가뿐만 아니라, 아이를 키우는 가정이 정치에 참여하기 쉬운 환경을 조성하려는 움직임도 나타나고 있다. 아이를 동반한 의회 출석을 인정하거나 탁아 서비스를 이용할 수 있도록 하는 등 여러 대책을 마련하는 지자체도 늘고 있다.[40] 고시가야시는 2021년에 완공된 신청사에 영유아 자녀와 함께 별실에서 의회를 방청할 수 있는 '부모 자녀 방청석'을 설치했다. 육아 중인 사람도 정치에 참여하기 쉬운 환경이 조금씩 갖춰져 가고 있는 것이다.

이 책의 집필을 위해 이야기를 듣고자 2023년 12월에 다시 만난 마쓰다 씨는 8년간의 의원 생활을 마친 뒤였다. 계속 활동해 주기를 바라는 목소리도 있었지만, 처음 의원이 됐을 때부터 재선까지만 할 생각이었다. 엄마에게만 부담이 쏠리는 사회를 바꿔 보겠다며 정치의 세계에서 분투해 온 마쓰다 씨는 밝은 얼굴로 이렇게 말했다.

제 기력이나 체력으로 이후의 인생까지 생각했을 때 마음껏
활동할 수 있는 건 재선까지가 한계였어요. 그만큼 최선을
다했으니 이 타이밍에 의원을 그만두는 데 후회는 없어요.
　　지난 8년 동안 정말 실질적인 문제들만 생각했어요. 다리를
짓거나 건물을 세우는 등 큰돈이 들어가는 사업을 해야 성과로
보이기 때문에 어떤 사람들은 너무 사소한 일만 하는 것

아니냐고 하기도 했어요. 하지만 저는 오히려 우리 생활 속에서 일어나는 문제들이 그동안 방치되었다고 생각해요. 의회가 60대 이상 남성 의원들로만 채워져 있으니, 아무래도 놓치는 게 있어요. 그래서 저는 내부에서 조금씩 변화하는 게 중요하다고 생각했고 제 주위의 작은 문제들부터 바꾸려고 필사적으로 노력했어요. 물론 모든 걸 해결하진 못했지만 8년 동안 조금은 바꿀 수 있었다고 생각해요.

앞으로는 더욱 다양한 사람들이 정치에 참여하는 시대가 분명 올 거예요. 그렇게 되면 사회도 더 나은 방향으로 바뀌어 갈 거라고 믿습니다.

8장

그림에도 후회하지 않습니다

저는 지금까지 후회는 하면 안 되는 거라고 생각했어요. 내가
선택했으니까 혼자서 책임져야 한다고 스스로를 타일렀죠.

다나카 유메, 인터뷰 중에서, 2022년 11월

엄마의 셀프 다큐

취재 과정에서 엄마가 되어 힘든 점도 있었지만 후회는 하지 않는다
고 말하는 여성들도 만났다.

계기는 쉬는 날에 찾아간 독립영화제 상영회였다. 후보작에 올라
온 지인의 작품을 보러 갔는데 현장에서 받은 카탈로그에서 〈액트〉
라는 제목의 영화가 눈에 띄었다. 영화를 소개하는 장면에는 아이에
게 밥을 먹이는 여성의 모습과 함께 "나는 어떻게 살아야 할까? 처절
한 셀프 다큐멘터리"라고 적혀 있었다. 감독인 다나카 유메 씨가 아
이를 키우며 살아가는 자신의 일상을 기록한 다큐멘터리였다.

다큐는 소극장 무대에서 배우로 활동해 온 서른다섯 살의 다나카
씨가, 두 살배기 아들을 키우는 엄마이자 배우, 그리고 대학에서 영
상 제작을 공부하는 학생이라는 세 가지 역할을 오가며 고군분투하
는 모습을 그리고 있었다. 촬영 기간은 2018년 6월부터 2020년 3월
까지 약 2년. 주로 소형 카메라로 자신을 찍거나 카메라를 고정해 놓
고 찍은 영상에는 아침에 일어나서부터 밤에 잠들기까지 다나카 씨
의 일상이 고스란히 담겨 있었다.

다나카 유메 씨가 만든 자전적 다큐멘터리 〈액트〉의 한 장면.

남편은 일 때문에 밤늦게 들어오는 날이 많았다. 육아를 대부분 전담하던 다나카 씨는 아들을 어린이집에 맡기고 무대 연습도 하고 대학도 다녔다. 일상은 하루하루가 아슬아슬한 줄타기 같았다.

예를 들면 어느 날 아이가 어린이집에 가기 싫다며 떼를 쓴다. 다나카 씨는 어쩔 수 없이 어린이집은 하루 쉬기로 하고, 대학 수업에 아이를 데려간다. 하지만 수업 도중 아이가 지루해하자 강의실을 나와 복도에서 수업을 들여다볼 수밖에 없다. 물론 강의 내용은 거의 들을 수 없다. 연기할 때도 대사를 외울 시간이나 연습 시간이 충분하지 못해 연출가에게 주의를 듣다 보니 어느새 대사가 적은 역할만 주어졌다. 그렇게 여유가 없는 날들을 보내는 가운데, 애써 차린 밥을 아이가 좀처럼 먹지 않고 그릇을 두들기며 장난을 치기 시작하자 무심코 언성이 높아진다. 어질러진 방 안에서 다나카 씨는 아이를 안은 채 멍하니 앉아 있다.

아이가 어린이집에 가지 않겠다고 떼를 쓰던 날, 어린이집에 쉬겠다는 연락을 한 뒤 그녀는 "더는 못 하겠어..." 하며 울음을 터뜨린다. 영화 속 다나카 씨의 얼굴에는 그늘이 짙게 드리워져 있다. 그녀는 '엄마가 되어도 나답게 살고 싶다' '오랜 꿈을 이루고 싶다'라는 마음 하나로 이를 악물고 하루하루를 보낸다. 특별한 사건은 일어나지 않지만, 체력과 기력을 갉아먹는 일상은 끝이 보이지 않는다. 엄마로 살면서 자기다움을 잃지 않고 산다는 게 얼마나 어려운 일인지, 평범한 일상이지만 지금까지 누구도 주목하지 않았던 '엄마'의 진짜 현실이 영화에 고스란히 담겨 있었다.

그녀가 도나스의 『엄마 됨을 후회함』을 읽는다면 무슨 이야기를 할까 궁금해져 인터뷰를 요청했다. 나는 당시 영화 내용을 토대로, 엄마가 되어 후회하는 여성의 이야기를 들을 수 있으리라 기대했다.

하지만 영화제 사무실에서 진행된 인터뷰에서 다나카 씨는 내 예상과는 전혀 다른 이야기를 들려 주었다.

전부터 그 책에 관심이 있어서 읽어 보고 싶었는데, 무서워서 계속 못 읽고 있었어요. 책을 읽고 나면, 나도 엄마가 된 걸 후회하게 되지 않을까, 그러면 아이를 전부 부정해 버리는 기분이 들 것 같아서요.

책을 읽으면서 후회한다고 단언할 수 있었던 여성들의

용기에 놀랐어요. '아, 나도 이 감정 알 것 같아' 하는 순간이
많아서 공감이 갔죠. 하지만 제가 엄마가 된 것을 후회하는지
생각해 보니, 한 번도 그랬던 적은 없는 것 같아요.

이번 기회에 '후회'에 대해 새삼 생각해 봤는데, 저는
지금까지 인생에서 어떤 일이든 후회해선 안 된다고 여기며
살아온 건 아닐까 싶어요.

나의 불행은 나의 탓

1983년생인 다나카 씨는 치바현 보소에서 부모님과 여동생, 남동생
을 둔 다섯 식구의 장녀로 자랐다. 어린 시절에는 밖에서 뛰노는 걸
좋아하는 활발한 성격이었지만, 아버지가 빚을 지면서 집안에는 말
다툼이 잦아졌다. 그 무렵부터 장녀로서 책임감이 싹트기 시작했고
내가 이 집을 지켜야 한다는 마음에 문단속이나 가스 밸브를 확인하
지 않으면 잠들지 못할 정도였다.

중학교 3학년 때 다나카 씨에게 전환점이 찾아왔다. 아버지가 호
주 유학을 제안한 것이다. 형편은 넉넉하지 않았지만 아버지는 남들
과 다른 일에 도전해 큰 성공을 거두기를 바라는 마음이 있었던 듯하
다. 다나카 씨도 금전적인 부분이 걱정이었지만 '지금이 아니면 할 수
없는 일을 해보고 싶다'는 생각에 일본에서 고등학교에 진학하지 않
고 유학을 결심했다. 그러나 아버지의 빚은 계속 불어났다. 다나카
씨는 호주의 현지인 가정에 살면서 아이를 돌보기도 하고, 레스토랑
에서 아르바이트를 하며 어렵게 생활을 이어 갔다.

호주에서 궁핍한 생활 속에서도 밝게 지내기 위해 그녀가 스스로

마음에 새긴 원칙은 과거를 돌아보지 않는 것이었다.

바닥까지 내려간 상황에서 뒤를 돌아보면, 점점 기운이 빠져서 몸 상태도 안 좋아지고 상황도 더 안 좋아져요. 다음을 생각하며 앞으로 나아갈 수밖에 없죠. 그러니까 뭔가 상황을 좋아지게 하려면 뒤를 돌아보지 않고 후회하지 않는 게 중요하다고 생각하고 살았어요.

집안 형편이 더 어려워지면서 다나카 씨는 아버지가 당시 중학생이던 남동생과 여동생에게 고등학교 진학을 포기하고 일을 하라고 권유한 사실을 친척으로부터 전해 들었다. 그녀는 동생들을 고등학교에 보내야 한다며 강하게 반대했지만 아버지가 이야기를 들어줄 것 같지 않았다.

그러다 이렇게 돈이 없는 건, 자신이 유학하느라 돈을 많이 써버린 탓이라고 자책하게 되었다. 당시 고등학교 2학년이었던 다나카 씨는 남동생과 여동생을 고등학교에 보내기 위해 자신이 학교를 그만두는 길을 택했다. 사실 대학이나 전문학교에 진학하고 싶었지만, 스스로 선택한 일이라며 자신을 다독였다.

그때는 제가 해외 유학을 가는 바람에 다른 가족들을 불행에 빠트렸다고 생각했어요. 물론 아버지가 착실히 일해서 계획적으로 돈을 썼다면 그런 일은 없었을 거란 것도 알고 있었고, 엄마한테도 빨리 이혼하라고 했어요. 하지만 부모를 탓해도 바뀌는 건 없잖아요. 그래서 포기할 수밖에 없었죠.

후회하면 원인을 따지게 되고 누군가를 탓하고 싶어지잖아요? 그러면 누군가와 부딪히고 결국엔 내가 상처를 입게 돼요. 상처받지 않기 위해서는 그냥 제 탓으로 하고 제 선에서 끝내는 게 나은 거죠. 되도록이면 탓하지 말자, 남 탓하지 말자, 타인과 얽히는 일은 만들지 말자, 내 안에서 매듭을 짓자. 무슨 일이든 그렇게 하면 편해요. 내 탓으로 해두는 게. 지금 생각하면 일종의 자기방어였던 것 같아요. 내가 불행하고 고등학교를 중퇴해 꿈꾸던 인생을 살지 못하는 건, 다 내 탓이라고 생각했어요.

'여자다움'이라는 틀에 갇혀

가족의 곁을 떠난 다나카 씨는 동생들을 뒷바라지하기 위해 이자카야 아르바이트나 경비원 등을 해서 번 돈을 집으로 부치는 생활을 이어 갔다. 하지만 그 돈이 아버지의 담뱃값이나 술값으로 사라졌다는 사실을 나중에야 알게 됐다. 다나카 씨는 여동생과 남동생을 데려오려 했지만, 아버지는 친권을 내세우며 동생들을 놓아 주지 않았다. 결국 말다툼 끝에 다나카 씨는 더 이상 돈을 부치지 않기로 했다.

생활비로 부치던 돈을 자신을 위해 쓰자고 생각했을 때, 우연히 연극 워크숍이 열린다는 소식을 듣게 됐다. 다나카 씨는 워크숍에서 연기를 배우면서 자신이 아닌 사람을 연기하는 일에 큰 매력을 느꼈다. 무대 위에선 좀처럼 마음대로 되지 않는 현실과는 다른 삶을 살 수 있다는 게 무척 즐거웠다. 그렇게 열아홉 살에 극단에 들어가 연극배우의 길을 걷기 시작했다.

배우가 되었으니 다양한 개성을 지닌 배역을 연기하고 싶었다. 하지만 꿈꾸던 대로 되진 않았다. 주어지는 배역은 늘 '젊고 청순한 여성'이었다. 맡은 역할에 나름대로 해석을 가하며 연기에 임했는데, 점차 무대 위에서뿐만 아니라 사생활에서도 말투와 머리 스타일까지 청순하고 여성스럽게 행동하라는 요구를 받기 시작했다.

아르바이트를 하는 곳에서도 "왜 핑크색 옷은 안 입어?" "좀 더 귀엽게 하고 다니면 좋을 텐데" 하는 식으로 동료나 선배들이 '여자답게' 행동하기를 기대하는 일이 있었다. 주위에서 요구하는 이상적인 젊은 여성의 모습과 진짜 자기 모습 사이에서 다나카 씨는 어딘가 불편함을 느꼈다.

하지만 한편으로는 젊은 여성이기에 배역을 얻을 수 있었고, 사람들이 친절하게 대해 주는 것도 그 덕분이라고 스스로를 설득하기도 했다. 그래서 여성스러움을 강요당해도 단호하게 거부하지는 못했다.

원래 제 성격은 자유분방한 편이에요. 시끌벅적하게 떠드는 것도 좋아하고, 앞에 나서는 것도 좋아해요. 하지만 연극에서 맡은 배역에서든 사적인 자리에서든 청순한 이미지를 유지하라는 말을 들었어요. 처음에는 그 말을 따랐지만, 점점 제 본모습으로는 인정받지 못하는 것처럼, 어떤 젊은 여자의 모습을 한 인형처럼 느껴졌어요. 남자들이 다가온 적도 있지만, 결국 외모나 나이 같은 조건으로만 평가받는다는 걸 느꼈어요. 사회에서 여성을 바라보는 방식이 그 사람의 의사나 개성, 성품과는 무관하다는 게 어딘가 불편했어요.

그러면서도 동시에 내가 여성이고 이런 외모니까 사람들이 잘해 주고 배역도 얻을 수 있는 거라고 생각하면서, 저 역시 그런 조건에서만 제 가치를 찾으려 했던 것 같아요.

어린이집이 필요해

서른 살에 다나카 씨는 당시 사귀던 남성과 결혼했다. 그리고 이를 계기로 고등학교 검정고시를 통과한 뒤 릿쿄대학 영상신체학과에 입학했다. 대학에서는 지금까지 느껴 온 위화감을 표현하고 싶어 영상 제작을 배우기 시작했는데, 2학년 때 아이가 생겼다. 출산을 위해 잠시 휴학을 해야 했지만, 휴학하는 아쉬움보다 임신한 기쁨이 더 컸다.

정말 좋아하는 사람과 결혼해서 들떠 있었고, 바로 아이를 갖고 싶었어요. 그래서 임신했을 때는 육아서를 읽으면서 아이가 태어나면 정말 행복하겠구나, 생각했죠. 힘든 점도 적혀 있기는 했어요. 잠을 못 잔다든가, 이유식은 어떻게 해야 한다든가. 하지만 구체적으로 어떻게 힘든지는 전혀 상상이 안 됐어요. '결혼하고 아이가 생기면 해피엔딩'이라고 생각했나 봐요. 사실은 그게 이야기의 시작이었다는 걸 왜 몰랐을까요. 이제야 깨달은 거지만, 결혼하고 아이를 낳고 키우는 것이 행복이라는 이상을, 저도 모르게 스스로 만들어 내고 있었던 거예요.

2016년 4월, 다나카 씨는 아이를 낳았다. 대학에는 이듬해 4월 자신이 사는 도쿄의 어린이집에 아이를 보내고 복학할 생각이었다. 하지만 어린이집 입소에 실패하면서 복학은 뜻대로 이루어지지 않았다.

"어린이집 떨어졌다. 일본 망해라!!!"라는 글을 남긴 익명의 블로거가 화제가 된 적이 있는데, 다나카 씨가 아이를 낳은 것도 마침 그해였다. 당시 전국의 어린이집 입소 대기 아동 수는 2만3000명이 넘었다.[41] 부모가 둘 다 풀타임으로 일하고 있어도 어린이집에 맡기지 못하는 경우가 많아서 커리어를 포기할 수밖에 없는 여성들도 있었다.

이런 와중에 학생 신분이었던 다나카 씨는 회사원보다 더 불리한 상황에 있었다. 국가가 정한 '보육이 필요한 사유'에는 학업도 포함되기 때문에 다나카 씨도 어린이집에 아이를 맡길 수 있어야 했다. 그러나 당시 거주하던 지역의 어린이집 입소 심사 기준은 학생이 회사원보다 점수가 낮게 설정돼 있었다. 결국 신청했던 어린이집에 모두 떨어졌고, 인가 외 어린이집을 비롯해 다양한 보육 기관을 알아봤지만 마땅한 곳을 찾지 못했다. 결국 다나카 씨는 휴학을 연장해야 했다.

이대로 아이를 어린이집에 맡기지 못하면, 대학에 복귀하지 못해 퇴학 처리가 될 수도 있었다. 육아의 고충에 더해 미래에 대한 불안까지 겹치면서 점차 식욕과 기력을 잃을 만큼 그녀는 큰 압박감에 시달렸다.

다나카 씨는 자신이 가족과의 관계에서 힘들었던 만큼 아이에게는 다정한 엄마이고 싶었지만, 마음의 여유가 사라지니 아이에게 무심코 화를 내기도 했다. 꿈꾸던 이상과 점점 멀어져 가는 모습이 무엇보다도 괴로웠다.

제가 잘 몰랐던 걸 수도 있지만, 정말로 충격이었어요.

어린이집에 떨어질 거라고는 전혀 생각하지 못했거든요.
'엄마가 되기로 해놓고, 어린이집에 아이를 맡기면서까지
공부를 해야겠어?' 지자체에서 이렇게 말하는 것 같았어요.
사회가 저를 필요로 하지 않는다는 걸 그때 뼈저리게 느꼈죠.
　제 뜻대로 되는 게 없으니, 하다못해 다정하고 너그러운
엄마는 되고 싶었는데 사소한 일에도 화를 냈어요. 예전에
아이와 함께하고 싶었던 일도 아무것도 못 했죠. 그 무렵은
정말로 괴로웠어요.

엄마 대학생이 되다

어렵사리 어린이집을 찾아 복학할 수 있었던 건, 아이가 태어난 지 2년
이 지난 뒤였다. 그동안 쉬면서 잃어버린 시간을 되찾고 싶은 마음에
의욕이 넘쳤지만, 통학에만 두 시간이 걸리는데다 배우 일까지 병행
하며 육아를 해내는 건 상상 이상으로 고단했다.

애를 업고 수업을 들을 수 있지 않을까 생각한 적도 있는데,
현실은 그렇게 간단한 게 아니었어요. 우는 아이를 달래 가면서
수업을 들을 순 없잖아요. 수유도 해야 하고 기저귀도 갈아야
하는데 그런 곳이 어디 있겠어요. 게다가 전부터 해왔던
연극배우 일도 어떻게든 하고 싶었어요. 둘 다 할 수 있을 거라
생각했는데 전혀 불가능했던 거죠. '이렇게나 안 되는구나' 하는
좌절감, 실망감이 있었어요. 전 정말 아무것도 몰랐어요.
하지만 아무도 가르쳐 주지 않았잖아요. 물론 무지했던 제

잘못이라고 할 수도 있지만, 아이를 낳고서야 겨우 알았어요.

그래도 모처럼 대학에 들어갔으니 뭐라도 만들어 보고 싶었던 다나카 씨는 영화 제작비를 지원해 주는 장학금을 신청했다. 주제를 바꿔, (입학 당시 구상했던 '이상적인 젊은 여성상'이라는 고정관념에 대한 갈등이 아닌) 지금 자신이 가장 고민하는 육아에 관한 다큐멘터리를 만들기로 했다. 아이를 낳고 나니 예전처럼 '이상적인 젊은 여성상'에 얽매일 일은 없어지고, '이상적인 엄마상'과 현실 속 자신 사이에서 괴로워하고 있었다. 다나카 씨는 그 감정을 영화로 표현하고 싶었다.

처음에는 연극 관계자들 가운데 아이를 키우는 이들을 인터뷰해서 어떻게 생활하고 있는지 이야기를 듣고, 거기서 개선의 실마리를 찾아볼 생각이었다. 하지만 자신의 현실을 전달하기 위해 직접 일상을 촬영하는 동안, 괴로워하는 자신의 모습을 영화의 중심에 놓기로 했다. '육아와 내가 원하는 일을 어떻게 병행할 수 있을까'는 쉽게 결론 낼 수 있는 문제가 아니었다. 그보다는 지금의 자신을 있는 그대로 드러내고 무엇이 문제인지, 왜 이렇게 힘든지 그 괴로움을 깊이 파고드는 것이 중요했다.

다행히 장학금 심사에 통과해 촬영을 시작한 영상에는 미소 짓는 이상적인 엄마가 아닌, 현실에서 지칠 대로 지친 자신의 모습이 담겨 있었다.

영화를 편집하면서 보니까 제가 꿈꾸던 이상적인 엄마 모습 같은 건 전혀 없고, 그 이상을 열심히 따라가려다 실패하는 모습만 보이더라고요. 그래도 저는 '이게 현실이랍니다. 지금

일어나고 있는 일이에요' 하면서 보여 주고 싶었어요.

두 살짜리 아이를 키운다는 게 어떤 일인지 과연 몇 명이나 알고 있을까요. 아는 사람은 알겠지만, 모르는 사람은 전혀 모르겠죠. "나 정말 대단하죠"라든지 "제가 이렇게나 불쌍해요"라고 말하려는 게 아니라, 이런 삶을 살아가는 사람이 적어도 한 명은 있고, 이런 문제를 안고 있다고 말하고, 이걸 보고 어떻게 생각하는지 묻고 싶었어요.

처음에는 그냥 가벼운 마음으로 촬영을 시작했어요. 하지만 점점 좁은 방에서 아이와 마주하며 느낀 저의 괴로움은, 제 개인의 문제가 아닌, 사실 여러 곳에서 벌어지는 일일 수도 있다는 생각이 들더라고요. 그렇다면 이건 우리 사회의 문제가 아닐까 싶었죠.

남편의 잘못?

영화에는 육아에 고군분투하는 사이 사회와 점점 멀어지는 괴로움을 담은 장면이 있다. 다나카 씨가 늦은 밤 귀가한 남편과 오늘 무슨 일이 있었는지 이야기하는 장면이다. 남편이 업무 미팅이 있었다고 말하자 다나카 씨는 "사람들하고 그렇게 이야기를 많이 나누면 머리가 좋아지겠네… 나는 점점 바보가 되어 가는 기분인데. 얘기하고 싶은데 얘기할 사람도 없고"라며 중얼거린다. 그 말에는 고독을 느끼는 엄마의 초조함과 절망이 담겨 있었다.

사실 남편한테 빈정거리려는 의도로 한 말이었어요. 아무리 일이라고는 하지만, 남편은 성인과 일에 대해 대화라는 걸 할 수 있다는 게 너무 부럽더라고요. 저도 학교에서 수업은 듣고 있으니까 사람들과 함께 있긴 하죠. 그런데 거기서는 제 마음이나 감정을 드러낼 수 있는 여유도 없고, 친구랑 이야기 나눌 시간도 없어요. 수업이 끝나면 곧바로 어린이집에 가서 아이를 데려와야 하니까요. 아이와 내내 함께 있는데도 참 외롭더라고요. 마음껏 일할 수 있고 사람들하고 이야기도 나누는 남편이 부러워서 그렇게 말했던 거죠.

'남편은 왜 집에 안 들어올까?' '왜 여자만 이렇게 많은 걸 감당해야 하지?' 이런 생각들로 마음이 갑갑한 시기였어요.

그러나 편집을 할 때마다 분노의 화살이 과연 남편에게 향하는 게 맞는 것인지 의문이 들었다.

대학 강사로 일하는 남편은 눈코 뜰 새 없이 바빴다. 기의 매일 밤 자정이 지나 집에 돌아온 뒤에도 새벽 2시까지 일하고 새벽 6시에 다시 나가는 생활을 하고 있었다. 예산과 인력 부족으로 온갖 업무를 혼자서 떠맡고 있었기 때문에 주말에도 쉬는 날이 거의 없었다. 가족들과 말 한마디 나눌 새도 없이 하루가 끝나 버린 날도 적지 않았다. 그러다 보니 두 사람이 육아에 참여하는 시간은 크게 차이가 날 수밖에 없었고, 육아 스킬도 벌어지면서 결국엔 다나카 씨의 부담이 더 커지는 악순환이 이어졌다.

그녀 역시 이건 남편의 의욕이나 마음가짐으로 해결할 수 있는 문제가 아니라는 생각이 들었다.

남편한테 한 달만이라도 휴가가 주어진다면 저만큼은 할 수 있을 거예요. 기저귀를 갈아 주거나 분유 먹이는 방법 같은 것들을 익히면 되니까요. 하지만 애초에 그게 불가능한 환경에 우리가 있었던 것 같아요. 남편이랑 저랑 누가 더 나쁘다고 단정할 수 없고, 이 사회의 구조 자체가 우리를 이렇게 만든 것 같아요. 이런 문제일수록 안에서는 어떻게 돌아가는지 안 보여서 "도대체 왜 몰라주는 거야" 하고 불평하게 되죠. 하지만 영화를 만들면서 우리를 객관적으로 바라보니 남편이나 저나 그런 역할밖에 할 수 없도록 강요당하고 있다는 걸 깨닫게 됐죠.

정부는 2015년에 발표한 제4차 남녀공동참획기본계획▮에서 6세 미만 자녀를 둔 남성의 가사·육아 시간을, 2011년 기준 하루 평균 67분에서 150분으로 늘리겠다는 목표를 세웠다. 하지만 이 목표를 달성하기에는 근무시간이 너무 길었다. 국립연구기관 조사에 따르면, 목표를 이루려면 하루 업무 관련 시간을 9.5시간 이하로 줄여야 한다. 하지만 현실에서는 남성의 69퍼센트가 하루 10시간 이상을 업무 시간으로 보내고 있고, 그중 36퍼센트는 12시간 이상인 것으로 나타났다.[42]

4장에 등장하는 우치다 구미 씨 사례처럼, 여성의 경우 출산 후 본인 의사와 관계없이 업무 부담이 적다고 간주되는 부서로 전보 조치되기도 한다. 반면 남성은 아이가 태어난 후에도 동일한 업무량을

▮ 남녀가 사회의 여러 분야에 동등하게 참여하고 역할을 분담하는 사회를 목표로 일본 정부가 5년 단위로 수립하는 정책 계획.

요구받는 경우가 많다.

　내가 괴로운 원인은 내 탓이나 남편 탓이 아니라, 장시간 노동이 일상화된 사회구조에 있는 게 아닐까. 다나카 씨는 개인의 문제라고만 여겼던 일이, 실은 사회의 문제였음을 깨달았고, 그 깨달음을 소중히 여기며 영화를 완성했다.

아무리 착한 아이라도

얼마 후 프로그램 촬영을 위해 다나카 씨의 집을 방문했다. 아이는 어린이집에 가있었고, 다나카 씨는 아무도 없는 거실로 우리를 안내해 주었다. 거실에는 아이가 그린 그림과 만들기 작품들이 진열돼 있었고, 책장에는 그림책이 빼곡이 꽂혀 있었다. 영화에서 본 집은 빨래와 장난감이 어질러져 있었지만, 지금은 깔끔하게 정돈된 모습이었다. 아이가 자라면서 예전보다는 방을 어지르지 않게 되었다고 했다.

　인터뷰 촬영을 마치고, 어린이집에 아이를 데리러 가는 다나카 씨를 따라갔다. 한 남자아이가 "안녕하세요" 하면서 씩씩하게 인사를 건넸다. 순간 다나카 씨의 아이라는 걸 알아차리지 못해 인사에 답하는 게 조금 늦었다. 영화 속에서는 아직 말과 걸음걸이도 서툰 '유아'였는데, 촬영 후 4년이 흐른 지금은 어린이집에서 친구와 어떻게 놀았는지, 무슨 이야기를 나눴는지 조잘대는 '어린이'가 되어 있었다.

　집에 돌아온 뒤, 아이는 엄마의 지시 없이도 스스로 손을 씻고, 부엌에서 저녁 준비를 돕기 시작했다. 영화에서 그릇을 두들기다가 혼나던 모습을 봤던 터라, 발판에 올라가 엄마 옆에서 샐러드 만드는 것을 거드는 아이의 성장한 모습에 깜짝 놀랐다. 다나카 씨는 예전에는 아이가 왜 우는지 알지 못해 답답함을 느낄 때가 많았는데, 이제야 아이도 나름대로 스트레스를 받고 있었다는 걸 알게 되었다고 했다.

사실 뭐든 스스로 하고 싶었던 거였어요. 그래서 울었던 거죠. 두 살 무렵에는 해주길 바라면서도 스스로 하고 싶어 하는 마음이 늘 함께 있었던 것 같아요. 그러다가 점점 스스로 할 수 있게 되고, 자연스럽게 자신감으로 이어졌겠죠. 그래서 지금은 예전과는 완전히 달라졌어요. 아이가 크면서 저도 조금은 편해졌어요.

저녁 식사 중에도 아이는 가리는 반찬도 없이 젓가락과 포크를 능숙하게 다루며 밥을 먹었다. 또 더 먹고 싶을 때도 스스로 가서 밥을 퍼왔다. 함께 촬영을 온 육아 중인 촬영 감독이 "이렇게 야무진 여섯 살은 처음 보네…"라고 중얼거릴 정도로 아이는 의젓했다. 다나카 씨도 그런 아이를 보며, 손이 거의 가지 않는 '착한 아이'로 자랐다고 느끼고 있었다.

하지만 아이가 어떻게 자라든, 엄마로서의 무게는 계속 느끼게 될 거라고 그녀는 말한다.

아이가 착한지 아닌지는 문제가 아니에요. 제가 살아 있는 동안 아이를 지켜야 한다는 책임은 계속되는 거죠. 아이가 성장하면서 제 시간도 조금씩 늘어나긴 하겠지만, 책임이 없어지는 건 아니잖아요. 지금도 잠깐 한눈파는 사이에 위험한 일을 당하지 않을까 걱정돼서 역시 마음을 놓을 수가 없어요.
저희 엄마만 봐도 그래요. 제가 이렇게 컸어도 여전히
걱정하거든요. 그걸 보면 엄마도 정말 힘들겠다는 생각이
들어요. 저도 가끔은 엄마한테 도와 달라고 하고 싶을 때가
있으니까요. 나중에 할머니가 돼서도 계속 자식 걱정하면서 살
수밖에 없지 않을까요. 죽을 때까지 그런 무거운 짐을 져야
한다고 생각하면, 정말 아득해져요.

비로소 보이는 풍경

다나카 씨는 엄마가 되면서 짊어지게 된 책임은 평생 이어질 거라고
생각했고, 그 괴로움을 영화에도 담았다. 그래서인지 '엄마가 된 것을
후회한다'라고 말하는 여성들의 이야기에 공감하는 부분도 있었다.
그렇지만 그녀는 아이를 낳은 것을 후회하진 않는다고 단언했다.
왜냐하면 엄마가 되어서 비로소 보이는 풍경이 있었기 때문이다.
절망해 보지 않았다면, 아이를 낳고 키우는 일이 이 정도로 힘들다는
걸 깨닫지 못했을 것이다.

아이를 낳아서 이루지 못한 것도 있지만, 얻은 것도 있어요.
그건 아이를 낳았기 때문에 가능했던 거죠. 아이를 키우면서
느꼈던 절망감은, 아이가 없었다면 몰랐을 거예요. 말로만
들었던 세계를 만날 수 있었고, 그 경험이 있었기에 지금의 제가
있어요. 그걸 생각하면 애 낳은 게 후회되진 않아요.

한편 여러 차례에 걸친 인터뷰를 통해 그간의 삶에서 '후회'의 감정을 갖지 않으려 해왔던 이유가 무엇이었는지 다시금 생각해 보게 되었다고 한다.

> 저는 여태까지 후회는 하면 안 되는 거라 생각하고 살았어요. 제가 선택한 일이니 스스로 책임져야 한다고 제 자신을 타일렀죠. 괴롭거나 슬픈 건 내 책임이고, 내가 그걸 선택한 탓이라고 자신을 질책하면서 혼자서 끌어안고 살았어요.
> 근데 이렇게 이야기를 하면서 지금껏 제가 사회로부터 후회하면 안 된다는 생각을 강요당했을 수도 있다는 걸 깨달았어요.

형편이 어려워 고등학교를 그만둬야 했을 때도, 주위에서 강요한 '여자다움'을 거부하지 못했을 때도, 아이를 어린이집에 맡길 수 없어 휴학했을 때도, 아무리 괴로운 일이 있어도 그녀는 그건 '자기 책임'이라며 자신을 타이르고 견뎌 왔다. 하지만 그 모든 일이, 다나카 씨 혼자서 짊어져야 하는 것이었을까?

자기 책임이라는 이데올로기

독자 투고란에 올라온 396건의 글 중에는 괴롭지만 아이를 낳기로 선택한 자신의 책임이라고 느낀다거나, 육아에 대해 부정적으로 말하면 질책이 돌아온다는 내용이 적지 않았다.

'아이는 보물이다!' 다들 이렇게 말하지만, 충분한 지원을 받고 있다는 느낌은 들지 않는다. 육아는 너무나 힘들지만, 그런 생각을 내비치면 생각 없이 무턱대고 낳은 것 아니냐는 식으로 비난을 받기 때문에 도움을 구하지 않는다.

(30대 여성)

원래 혼자 있는 시간을 좋아하는 편이었는데, 아이가 태어난 뒤로는 제 뜻대로 보내는 시간이 거의 없어서 점점 짜증이 늘어요. 남편한테 힘들다고 슬쩍 이야기하니 "당신이 원한 거였잖아?" 이러면서 힘든 마음을 받아 주지 않네요. 엄마는 힘들어할 권리조차 없는 건가 싶어서 속상해요.

(30대 여성)

저는 10대 때 아이를 낳아서 주위 친구들이 학교에 다니거니 일하며 자기 길을 가는 동안 아이들을 키웠어요. 괴로운 일도 많았지만, 이건 내가 선택한 길이고, 지금 나는 행복하다고 달래며 스스로를 일으켜 세웠어요. 하지만 알맹이 없는, 텅 빈 하루하루를 살고 있어요.

(30대 여성)

30년 전, 부모님을 모시고 사는 게 당연하고 남존여비 사상이 남아 있는 시골 동네로 시집을 가서 첫째 아들을 낳고 우울증이 왔어요. 50대인 지금도 아이의 은둔 생활 문제나, 대학 생활비 같은 걱정이 끊이질 않아요. 그 시절에 일을 관두지 않았다면

219

직장에서도 책임 있는 위치에서 일할 수 있었을 텐데. 결혼하지 않았더라면 자유롭게 내 인생을 살 수 있었을 거란 생각이 든 적도 있죠. 하지만 이것도 내 책임이니 어쩔 수 없다고 지금까지 자신을 달래 왔어요.

(50대 여성)

이런 경향은 조사 결과에도 나와 있다. 우리가 온라인으로 실시한 설문 조사에서 "엄마가 되지 말았어야 했다고 생각한 적이 있습니까?"라고 아이가 있는 여성에게 물어본 결과, 응답자 6528명 중 32퍼센트가 '한 번 이상 있다'라고 답했다. 또한 그중에서 "그 마음을 누군가에게 털어놓은 적이 있습니까?"라는 질문에 56퍼센트에 달하는 절반 이상이 '아니요'라고 답했다. 그 이유가 무엇인지 복수 응답으로 물었더니 '말하면 안 된다고 생각해서'라는 이유가 가장 많았고, 다음으로는 '엄마가 되기로 결정한 것은 나니까'였다.

또한 "엄마가 된 것을 후회하지 않도록 하려면 누가 달라져야 하고, 무엇을 바꿔야 한다고 생각합니까?"라는 질문에 가장 많았던 답은 파트너나 사회가 아닌, 자기 자신이었다.

이 결과에서도 알 수 있듯이, 엄마가 되기로 선택한 것은 자신이라며 책임감을 느끼고 후회를 입 밖으로 꺼내지 못하는 사람, 바뀌어야 하는 것은 자신이라며 괴로움을 홀로 끌어안은 사람들이 적지 않았다.

육아와 관련해서 지금까지 '자기 책임'이라는 말은 여러 차례 논란이 되어 왔다. 아이를 낳은 것은 본인의 선택이니, 엄마가 되어 일을 관두거나 육아와 일을 병행하느라 고군분투하거나 시간이 없는

엄마가 되지 말았어야 했다는 마음을
누구에게도 말하지 않았던(않고 있는) 이유는 무엇입니까? (복수응답)

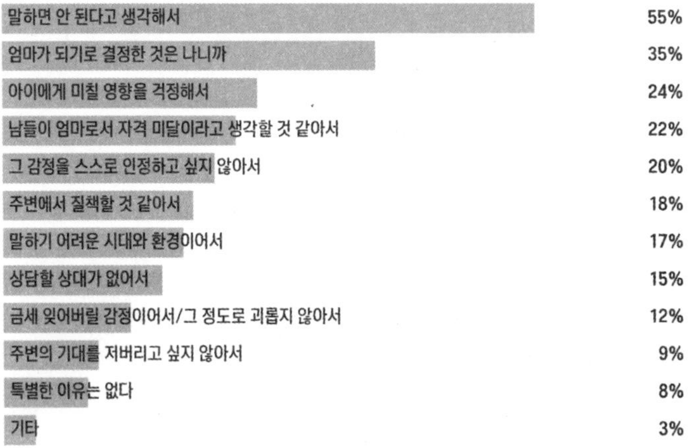

말하면 안 된다고 생각해서	55%
엄마가 되기로 결정한 것은 나니까	35%
아이에게 미칠 영향을 걱정해서	24%
남들이 엄마로서 자격 미달이라고 생각할 것 같아서	22%
그 감정을 스스로 인정하고 싶지 않아서	20%
주변에서 질책할 것 같아서	18%
말하기 어려운 시대와 환경이어서	17%
상담할 상대가 없어서	15%
금세 잊어버릴 감정이어서/그 정도로 괴롭지 않아서	12%
주변의 기대를 저버리고 싶지 않아서	9%
특별한 이유는 없다	8%
기타	3%

후회를 말한 적이 없다고 응답한 641명의 답변

여성이 엄마가 된 것을 후회하지 않도록 하려면
누가 달라져야 하고, 무엇이 바뀌어야 한다고 생각하십니까? (복수응답)

자기 자신	61%
아이의 아버지/파트너	56%
사회의 가치관과 의식	46%
국가와 지자체의 제도	41%
기업	24%
친척	8%
특별히 없다/모르겠다	8%
기타	2%

조사 대상: 엄마가 되지 말았어야 했다고 생각한 적이 있는 2092명
전국의 10~70대 유자녀 여성 1169명의 응답
(NHK 인터넷 조사 2022년 11월 실시)

것까지 모든 어려움은 본인의 책임이라고 보는 사람도 있다. 아이를 키우는 부모들에게는 대체로 엄격한 잣대가 적용된다. 이에 대해 조금이라도 답답한 마음을 털어놓으면 곧바로 비난이 쏟아진다. 이런 현실에서는 목소리를 내는 것조차 어려워져 결국 전부 자기 탓이라고 체념하는 사람도 있다. 출산과 육아에 따른 과제를 단순히 개인의 문제로 돌리는 흐름을 '낳고 키우는 일의 자기 책임화'라고 부르기도 한다. 겉으로는 개인에게 충분한 선택지가 주어진 것처럼 보이는 현재 사회에서 이런 경향이 더 짙어지고 있다는 지적도 나온다.[43]

힘든 일이 있어도 아무도 탓하지 않고 자기 책임으로 여기며 체념해 버리면, 사회는 해결을 위한 노력도 비용도 들일 필요가 없어진다. 그렇게 지금까지 정부와 기업은, 아이를 낳고 키우면서 생겨나는 수많은 문제를 엄마들에게 아무런 대가 없이 떠넘겨 온 것인지도 모른다.

하지만 문제의 본질적인 원인을 제대로 찾지 않고 지나친다면, 또다시 같은 고통을 낳게 될 것이다. 따라서 육아 부담을 '자기 책임'으로 몰며 엄마에게만 떠넘길 게 아니라, 사회에서 어려움의 원인을 찾아내는 것이 중요하다.

어질러진 방에서 홀로 아이를 안고 멍하니 있던 다나카 씨의 모습이 그 점을 말해 주고 있었다.

9장

아이는 어떻게 생각할까?

아이는 어떻게 생각할까?

아이에게 엄마의 후회란

지금까지 소개한 엄마들은 후회를 말하면 안 되는 것으로 여기는 사회
보다는 후회를 말할 수 있는 사회가 더 살기 편할 것이라고 생각했다.

한편 아이들은 어떻게 생각할까? 엄마의 후회에 관해 많은 사람
이 가장 먼저 우려한 것이 아이의 존재였다. 독자 투고란에도 '후회한
다 해도 아이에게는 말하지 않았으면 좋겠다' '아이의 마음은 생각하
지 않는 건가' 같은 의견이 달렸다. 아이 입장에서 혹은 자신의 어머
니가 후회한다고 생각하면 견디기 힘들 것 같다는 사람들도 있었다.

기사를 읽는 것만으로도 가슴이 철렁했어요. 저는 화도 많고
예민한 성격이어서 그게 신체적으로도 영향을 주더라고요.
또래로부터 따돌림 당하고 집에 틀어박혔던 시절에는 감정
조절이 안 돼 난동을 부리기도 하고, 참 지독하게 구는
아이였죠. 그런데도 부모님은 저를 사랑으로 키워 주셨고,
덕분에 사회인이 되어 독립할 수 있었어요. 그런데 속으로는
부모님, 특히 엄마가 저를 낳은 걸 후회하는 건 아닐까
걱정돼요. 엄마가 저를 낳은 걸 후회하고 있다면, 저는 엄마
앞에서 사라져 버릴 거예요.

익명, 독자 투고란

엄마들이 후회를 말해선 안 된다고 생각하는 것은 혹시라도 아이에게 그 마음이 전해졌을 때 이런 반응을 보이지 않을까 하는 우려 때문일 것이다. 지금까지 취재에 응한 엄마들은 후회는 엄마가 된 데 있을 뿐, 눈앞에 있는 자녀가 이 세상에 태어나지 말았어야 했다고 생각하는 게 아니라고 했다. 하지만 엄마들의 생각과는 별개로, 아이가 그 사실을 알게 되면 스스로를 탓하지 않을까 하는 것이 엄마들을 비롯한 많은 이들이 우려하는 부분이었다. 또한 SNS에는 '엄마가 된 걸 후회하는 것이지 아이의 존재 자체를 부정하는 것은 아니다'라는 주장 자체를 이해할 수 없다는 사람도 있었다. 이들 중에는 후회한다는 엄마들의 발언을 용서할 수 없다며 기사에 대해 격한 분노를 드러내는 사람도 있었다.

엄마의 후회가 아이에게 미치는 영향을 우려하며 비판하는 목소리에 대해 도나스는 인터뷰에서 "세 살짜리 아이에게 후회를 말해야 한다는 이야기가 아니다"[44]라며 반박했다. 엄마의 후회를 조명하려는 사람들은, 이 논의의 목적이 '아이에게 후회의 감정을 전달하는 것'이라고 생각하지 않는다. 취재한 엄마들의 사례에서도 알 수 있듯이, 이들은 후회하는 마음을 밝힌 이유로 '지금의 자신을 받아들이기 위해' '누군가와 공감하기 위해' '사회에 의견을 표명하기 위해서'라고 말했다. 한편 자녀에게는 이런 감정을 굳이 전할 필요가 없다고 생각하는 사람이 많았다. 그런 의미에서 아이에게 엄마의 감정을 직접 전하거나 그런 감정이 전해지는 것은, 애초의 목적이 아니라 부수적인 결과에 가깝다. 다만 아이에게 후회를 전할 목적이 아니라고 해도 텔레비전이나 인터넷을 통해 아이가 직접 이를 보았거나 알게 됐을 경우 아이에게 미칠 부정적인 영향이 엄마가 후회를 털어놓음으로써 얻게 될 긍정적인 영향보다도 크다면, 역시 말해선 안 된다고 생각하는 사람이 있을 것이다.

지금까지 엄마들이 후회를 말하지 못했던 것은, 이 문제가 '엄마의 행복'과 '아이의 행복'을 저울질하며 둘 중 하나를 선택하는 문제처럼 여겨졌고, 늘 아이의 행복이 더 무겁고 중요한 것으로 여겨졌기 때문일 것이다. 달리 보면 이것은 아이의 마음을 앞세워 엄마들이 침묵을 강요당해 온 것이라 할 수 있다.

아이에게 후회의 감정이 전해지는 상황은 저마다 다를 수 있다. 엄마가 일방적으로 감정을 쏟아 낼지 혹은 침착한 상태에서 이야기할지, 또 아이의 나이와 시점에 따라서도 그 영향은 크게 달라질 것이다. 취재한 엄마들 가운데 지금까지 분노의 화살을 아이에게 돌리고 "낳지 말았어야 했어"라고 직접 말한 사람은 없었고, 대부분 아이에게 후회의 감정이 전달되지 않도록 신중을 기했다. 지금까지 아이에게 후회를 말해 본 적이 없는 엄마들에게, 향후 아이가 이해할 수 있는 나이가 되면 침착하게 후회를 털어놓을 수 있을지 물어보자 답변은 두 갈래로 나뉘었다.

> 제가 이런 마음을 갖는 것은, 아이들과는 무관한 일이어서 굳이 말할 필요는 없다고 생각해요.
>
> 무라타 사야(2장)

딸은 이미 대학생이지만, 말하지는 않을 것 같아요. 여전히 엄마한테서 독립하지 못한 부분도 있고, 감수성이 예민해서 저와는 아주 다르거든요. 저와 친정엄마는 생각이 비슷해서 후회에 관해 서로 이야기한 적은 있어요.

두 딸의 엄마(50대)

'말하지 않을 것'이라고 한 사람들 가운데는, 굳이 말할 필요가 없다고 생각하는 사람도 있었고, 출산을 경험하고 가치관이 비슷한 친정엄마에게는 털어놓을 수 있어도 성격이 다른 자신의 아이에게는 말하지 않겠다는 사람도 있었다.

반대로 '말하겠다'고 답한 엄마도 있었다.

아이들에게 나중에 제가 일과 육아를 하면서 깨달은 것들을 가르쳐 주고 싶어요. 결혼이나 아이를 갖는 것에 관해 어떻게 생각하는지 물어본다면, 그것만이 전부는 아니라고 말해 주고 싶어요. 그러고 나서 자기 인생을 선택하면 좋겠어요.

우치다 구미(4장)

자신이 젊었을 때는 결혼과 출산밖에는 길이 보이지 않았다는 반성에서, 후회를 포함한 자신의 경험을 들려줌으로써 아이들이 더 넓은 시야를 가지고 인생을 살았으면 하는 바람이었다. 적어도 취재에 응한 엄마들은 후회를 말하든, 말하지 않든 간에 아이에게 유익한 방향으로 신중하게 판단하고 있었다.

그렇다면 실제로 엄마에게서 직접 후회한다는 말을 듣는 일은 아이들에게 어떤 경험이 될 수 있을까? 다음과 같이 각기 다른 상황에서 엄마의 후회를 알게 된 자녀들의 사례를 통해 아이에게 엄마의 후회가 어떻게 비쳤는지 살펴보고자 한다.

엄마에게 "내 인생 돌려줘"라는 말을 들은 아이

'후회하는 마음과 아이는 별개'라고 해도, 실제로 후회의 원인과 아이의 존재를 분리해서 생각할 수 있는 엄마들만 있는 것은 아니다. 현실에서는 엄마의 분노가 자신을 향했던 경험을 가진 아이도 있다. 독자 투고란에는 과거에 엄마가 격한 감정을 쏟아 낸 적이 있다는 사연이 올라와 있었다.

유년 시절부터 엄마는 저를 향해 "너 같은 건 낳지 말았어야 했다" "네가 태어나는 바람에 난 모든 걸 희생했어. 내 인생 돌려줘!" 이러면서 자주 소리를 질렀어요. 그런 제가 올해 아이를 낳고 엄마가 됐어요. 지금은 엄마가 된 것을 후회한다는 마음도 알 것 같고, 그런 마음을 받아들이지 않고 모성을 지나치게 신성시하는 사회 분위기도 문제가 있다고 봐요. 궁지에 내몰린 여성들이 솔직하게 마음을 털어놓을 수 있는 자리가 필요하다는 것도 공감하고요.

저는 지금 행복하고 후회하지 않지만, 언젠가 그런 마음이 들지도 모르죠. 그렇다 해도 저는 그 마음을 결코 아이에게 쏟아 내고 싶지는 않아요. 엄마도 힘드니까 아이에게 "너 같은 건 낳지 말았어야 했다"고 말하는 것도 어쩔 수 없다고, 정당화되어야 한다고, 사회 전체가 그렇게 생각하게 된다면, 지금 당장 엄마에게서 '낳지 말았어야 했다'는 분노의 말을 들은 아이, 그리고 과거에 그런 말을 들었던 아이는 도저히 벗어날 수 없는 절망감에 빠지지 않을까요?

엄마에게 '낳지 말았어야 했다'는 말을 들었을 때 느꼈던 슬픔을 지금도 잊지 못해요. 엄마의 마음에 사회가 귀 기울이는 것도 필요하지만 '낳지 말았어야 했다'는 말을 들은 아이의 슬픔도 부디 외면하지 않으면 좋겠어요. 그런 토대에서 가정과 육아를 둘러싼 문제가 더 나은 방향으로 나아갔으면 합니다.

익명, 독자 투고란

태어나는 것을 스스로 선택할 수 없는 아이에게 감정을 그대로 드러내며 '네 탓이다'라고 질책하는 것은 이치에 맞지도 않고, 정당화될 수 없다. 그런 부당한 경험이 아이에게 미칠 부정적인 영향은 헤아릴 수 없을 만큼 클 것이다.

무심코 듣게 된 아이

엄마에게 직접 들은 적은 없지만, 의도하지 않은 상황에서 엄마의 후회가 전해져 깊은 상처를 입었다는 사람도 있었다. 독자 투고란에 의견을 보내 준 50대 다카노 유 씨(가명)는 어머니가 한밤중에 머리맡에서 '낳지 말았어야 했다'고 혼잣말하는 것을 듣고 말았다. 그 결과, 어른이 되어서도 자존감을 갖지 못한 채 살아왔다고 한다.

어머니는 여러 지병을 안고 태어난 저를 키우는 게 너무 힘들어서 "낳지 말았어야 했다" 말씀하신 거예요. 돌이켜 보면 키우기 힘든 아이를 끝까지 키워 주신 것에 감사하고 존경하는 마음이 커요. 하지만 저는 당시 열 살도 안 된 아이였고, 가뜩이나 기댈 곳 없던 제게 유일하게 의지할 수 있는 존재인

엄마한테 버림받은 것 같아서, 그 말을 들은 이후로 오랫동안
괴로웠어요. 자존감에 상처를 입은 거죠. 엄마도 사람이에요.
괴로운 일도 있고, 후회하는 일도 당연히 있겠죠. 그래도
아이에게는 후회의 마음을 그대로 전하지 않았으면 해요.
여성에게 모든 육아 책임을 떠넘겨서 끝내 후회하게 만드는
냉정한 사회는 아니어야겠죠. 엄마 말고도 아이를 지켜 주는
존재가 있고, 엄마가 직접 키울 수 없어도 안심하고 지낼 수
있는 시스템을 만들면 좋겠어요. 그리고 아이를 낳은 이상, 후회
같은 건 절대 하지 않도록 하겠다고 남성들도 각오하면
좋겠습니다.

다카노 유, 독자 투고란

우연히 엄마의 속마음을 알아 버린 아이는 어떤 인생을 살아왔을
까? 2022년 가을, 다카노 씨에게 인터뷰를 요청해 만나러 갔다.

그 시절 잊을 수 없는 그 한마디

다카노 씨는 두 딸 중 막내로 지방 소도시에서 태어났다. 그녀가 태
어났을 때, 대를 이을 아들을 기대했던 가족들은 "또 딸이네" 하는 반
응이었다. 만성질환을 안고 태어나 병원을 자주 다녔지만, 어린 시절
에는 어머니의 사랑을 받으며 천진난만한 성격으로 자랐다.

세 살 무렵까지는 엄마가 무척 예뻐해 줬어요. 늘 저를
'순둥이'라고 불러서 한동안 제 이름이 '순둥이'인 줄 알았대요.

그런데 점점 자아가 생기기 시작하니 고집도 세지고 쉽게
달래지지 않는 아이다 보니 엄마는 저와 잘 안 맞는다고 생각한
것 같아요. 늘 언니를 더 예뻐했고, 저에 대한 애정과는 차이가
있었어요.

아버지는 다정하고 점잖은 사람이었지만 일 때문에 집을 비우는
일이 많았다. 주변의 가정들과 마찬가지로 어머니는 만성질환이 있
는 아이의 돌봄과 집안일을 모두 떠맡았다. 다카노 씨는 유치원에서
초등학교로 올라간 후에도 만성질환 때문에 일상적인 행동과 식사,
생활의 모든 부분에서 어머니의 세심한 관리가 필요했다. 어린 다카
노 씨에게는 늘 어머니 곁에서 지내는 것 외에 다른 선택지가 없었고,
어머니를 통해 배우는 세계가 전부였다.

초등학교 시절, 어느 날 장기간 입원을 한 적이 있었다. 입원하고
바로 검사를 받은 날 의사는 안정을 위해 자는 동안 몸을 뒤척여선 안
된다고 했다. 그날 밤, 어머니는 잠든 다카노 씨 옆에서 밤을 새우며
딸이 몸을 움직이려고 할 때마다 붙잡아 주었다.

깊은 밤, 다카노 씨는 침대에 누운 지 얼마 되지 않아 눈을 뜨고
있었는데, 깜깜한 병실에서 어머니가 홀로 중얼거리는 소리가 들렸
다. "이 애를 낳지 말았어야 했어."

존재를 부정당했다는 충격이 너무 컸어요. 그동안 어리광을
부리고 있었다는 사실을 깨달았고 온몸에 힘이 탁 풀리면서 그
자리에서 꼼짝도 못 하겠더라고요. 그런 일을 누군가에게
털어놓거나 힘들다고 말하는 성격도 아니어서 혼자 끙끙

않았어요. 말할 상대도 없었고요. 앞으로는 멋대로 굴어서는 안 되겠구나, 생각했죠.

다카노 씨는 어머니의 말을 듣고 자기 존재를 부정당했다고 느꼈다. 날이 밝은 뒤 집으로 돌아간 어머니는 그날 이후 딸이 퇴원할 때까지 몇 달 동안 단 한 번도 병실에 모습을 보이지 않았다.

동생을 지키려 했던 언니

다카노 씨는 엄마의 말에 충격을 받았지만, 엄마가 병원에 오지 않아도 딱히 이상하게 여기지는 않았다. 입원 중인 다른 아이들과 놀기도 하고 간호사의 보살핌도 받으며 '입원 생활이 원래 그런 것이겠거니' 하며 외롭다고 느끼지 않았다. 게다가 병실에 찾아온 깜짝 손님도 기분 전환이 되어 주었다.

엄마가 오지 않는 대신 언니가 부지런히 병문안을 와줬어요. 초등학생이 혼자 버스를 타고 병원까지 온 거죠. 언니는 병원에서 나오는 제 저녁밥에 집에서 가져온 소금을 뿌려서 볼이 미어지게 먹고는 집에 갔어요. 병원 밥은 맛이 없어서 저는 도저히 못 먹겠더라고요. 언니는 학교가 끝나고 출출할 시간이었고, 저는 밥을 안 먹으면 혼나니까 서로에게 좋았던 거죠. 엄마가 오지 않았던 기억은 아주 희미하고, 언니가 자주 찾아와 준 기억은 선명해요.

언니가 병원에 온 것은 단순한 우연이 아니었다. 언니 역시 그 무렵 어머니가 '동생을 낳지 말았어야 했다'라고 말하는 걸 들은 것이다. 다카노 씨가 그 사실을 알게 된 건 오랜 시간이 흐른 뒤였다. 수십 년이 지나서야 언니는 성인이 된 다카노 씨에게 털어놓았다. "너는 엄마에게 버림받았으니 내가 지켜야겠다고 생각했어."

입원 후 딸과 떨어져 있었던 몇 달이 어머니에게는 휴식이 된 듯했다. 퇴원할 즈음 어머니의 마음은 회복되어 딸의 주변 환경을 재정비하고, 운동과 식사 등 관리가 필요한 부분을 세심하게 살폈다. 다카노 씨 역시 그날부터 당장 어머니가 바라는 '착한 아이'가 되진 못해도 어리광은 부리지 말아야겠다고 마음먹었다. 모녀는 아무 일도 없었던 것처럼 다시 예전의 생활로 돌아갔다.

자기부정에서 회복까지

하지만 입원 당시의 경험을 계기로 다카노 씨가 보는 세상은 크게 달라졌다. 사춘기를 지나 성인이 되고 사회인이 된 후에도 엄마의 말에서 벗어나기 힘들었다. 학교와 직장에서는 뭔가에 사로잡힌 듯 열심히 노력해 좋은 성과를 냈지만, 끝없이 노력할 수 있었던 이유는 낮은 자존감 때문이었다.

뭔가를 선택할 때마다 주변에서 저한테 뭘 기대하는지를 먼저 생각하고 거기에 맞춰 선택하곤 했어요. 엄마의 말을 듣지 않았다면 원래 제 성격대로 아마 좀 더 자유롭게 살았을 것 같아요. 내 자신을 잃어버려서, 내 의지로 무언가를 선택할 수 없게 된 것에 대한 원망 같은 감정이 있었어요. 젊은 시절에는 늘 부정당하는 기분이 들었고, 그 밑바닥에는 언제 뛰어내릴지 모를 만큼 죽고 싶은 마음도 있었고요.

전 제가 엄마의 일부라고 생각했어요. 엄마 곁에 붙어 있을 수밖에 없었고, 엄마가 원하는 제가 되어야만 했어요. 그 마음은 결혼하면서 조금씩 줄어들었지만, 그래도 계속 엄마가 실망할 일은 할 수 없었어요. 엄마는 엄마대로 자식을 독립된 인격체로 여기지 않았던 것 같아요. 제가 엄마 뜻대로 하지 않으면 불같이 화를 내셨거든요.

다카노 씨가 어린 시절에 받은 마음의 상처를 회복하는 데는 오랜 세월이 걸렸다. 변화가 시작된 것은 결혼하고 30대, 40대가 되면서 다양한 경험을 하고 난 이후였다.

병이 호전되고 결혼 무렵부터 이대로는 제가 힘들겠다는 걸 깨닫고 마음가짐을 바꿔 보려고 노력했어요. 책을 읽기도 하고, 친구와 이야기를 나누면서 여러 가지 생각이 떠올랐고, 사람의 감정은 한 가지만 있는 게 아니라는 것도 깨달았어요. 엄마가 당시에는 그렇게 생각했을지라도 계속 같은 마음은 아니었을 거라고 믿게 됐어요. 엄마에게는 '건강하게 낳아 주지 못했다'는 죄책감도 있었을 것 같아요. 그런 것들을 깨닫기 시작하니 제 마음도 편해졌어요. 40대가 돼서야 엄마와 저는 부모 자식 관계여도 엄연히 다른 인격체라는 것을 받아들이게 되었어요.

어른이 되어 어린 시절의 상처를 마주하는 과정에서 그때 자신이 느꼈던 감정을 어머니에게 전하고 싶은 마음도 생겨났다. 그중 하나가 바로 '칭찬받고 싶은' 마음이었다.

엄마는 저를 좀처럼 칭찬해 주지 않았어요. 성적이 좋아도 칭찬받은 적이 없었고, 뭔가 잘하면 "어쩌다 잘한 거니까 우쭐거리면 안 돼" 이러셨어요. 너는 남들보다 사는 게 힘들 테니 그저 세상 한구석에서 숨만 쉬고 얌전히 살라는 게 엄마의 생각이었어요. 결혼도 못 할 테니까 기술을 배우라고도 했죠.

30대였나, 40대였나. 어느 날 '지금이야'라고 마음을 먹고, 어렸을 때 칭찬받고 싶었다고 말했어요. 언젠가 하고 싶었던 말이었죠. 그랬더니 이제 와서 그런 말을 들어 봤자 뭐하느냐고 입술을 삐죽이며 화를 내셨어요. '네, 그건 그렇죠' 하고 넘겼죠. 그때 엄마의 반응을 보면서 어쩌면 엄마 역시 과거의 자신을 지키기 위해 생각하고 싶지 않은 부분이 있을지도 모르겠다 싶었어요.

전쟁 중에 태어나 1950~60년대에 아이를 낳은 어머니가 다카노 씨에게 했던 말에서 나는, 당시 사회에서 지병이나 장애가 있는 아이를 키우는 일이 얼마나 어려운 일이었을지 짐작해 볼 수 있었다. 딸을 훈계하는 모습에서는 '딸이 남들에게 폐를 끼쳐서는 안 된다'라는 절박한 심정도 전해진다. 또 몸이 아픈 딸을 운명 공동체로 여기며 끝까지 책임지려는 마음도 있었을 것이다. 딸을 아프게 한 어머니의 신랄한 말들은, 딸을 곧 자신의 일부로 여긴 어머니 자신을 향하고 있었는지도 모른다.

다카노 씨는 칭찬받고 싶었다는 마음은 전했지만 '낳지 말았어야 했다'는 말을 들은 기억은 앞으로도 어머니에게 말하지 않겠다고 했다. 왜 그런 말을 했는지는 어머니에게 묻지 않는 한 알 수 없지만, 그것이 자신의 마음을 지키기 위한 최선이라고 믿고 있다.

그 말이 제게 엄청난 영향을 주었다는 걸, 엄마한테는 도저히 말 못하겠어요. 너무 민감한 이야기라서. 그 얘기를 했다가 엄마한테 당시에는 그렇게 생각했었다는 말을 들어도 그것대로 충격일 것 같고, 또 "힘들어서 어쩔 수 없었다"라고 해도 그걸로 끝이니까요. 말한다고 뭔가 달라질 일은 없을 것 같아요.

상처로 남지 않은 후회

엄마에게서 분노를 쏟아 내는 말을 듣거나 의도치 않게 후회의 감정이 전해져 깊이 상처받고 이후의 삶에도 영향을 미쳤다는 자녀들의 말은 무겁게 다가온다. 한편, 부모와 자녀가 후회에 관해 나눈 이야기가 서로 간의 관계나 성격, 대화가 이루어진 상황에 따라서 상처를 주지 않은 사례도 있었다.

1장에서 소개한 미호 씨는 인터뷰를 하기 전부터 세 아이에게 자신의 후회에 관해 이야기해 왔다. 처음 이야기를 꺼낸 시점이나 상황은 정확하지 않지만, 앞서 소개한 사례들처럼 감정을 억누르다 터진 게 아니라, 일상적인 대화에서 자연스럽게 이야기하게 됐다고 한다. 미호 씨는 도나스의 책과 기사에 관한 자신의 의견을 SNS에 올렸고,

아이들도 그것을 읽었다.

취재 당시 어머니인 미호 씨뿐만 아니라, 고등학교 2학년인 장녀 유나와 중학교 2학년인 차남 시게오와도 인터뷰를 진행했다. 어머니가 후회의 감정을 공공연히 밝히는 것을 어떻게 생각하는지 묻는 모습도 방송에 나갔다. 그러자 아이에게 이런 이야기를 꺼낸 것을 비난하는 반응도 있었다. 당시 엄마에게서 후회를 들은 일은 아이들에게 어떤 경험이 되었을까?

그 질문에 앞서, 우선 아이들이 본 엄마 미호 씨는 어떤 사람인지 물었다.

저는 솔직히 별로 남의 눈을 신경 쓰지 않는 성격인데, 엄마는 항상 자기보다 상대방의 입장을 먼저 생각하고, 누가 상처받지 않을까 고민하는 편이라서 우리한테도 늘 그렇게 대하는 것 같아요. 자기가 아무리 괴로워도 다른 사람의 마음을 생각하죠. 주어가 '나'가 아니라 타인이라는 게 대단해 보이기도 하지만, 피곤할 것 같기도 해요. 겉으로는 털털해 보이지만, 속은 다정하고 진지한 것 같아요.

엄마는 저희가 어릴 때부터 자유롭게 내버려 두었고, 무슨 일이든 괜찮다는 느낌이었어요. 친구한테 듣기로는 휴대폰으로 뭘 하는지 일일이 확인하는 부모님도 있다는데, 우리는 전혀 안 그랬어요. 시험을 망쳤을 때도 혼난 적이 없어요.

유나

타인을 기준으로 생각한다는 건 쉽지 않죠. 저한테 그렇게 할 수

있느냐고 하면 못 할 거예요. 다른 가족이 어떤지 본 적도 없고,
다른 집 엄마랑 비교해서 어떤지 생각해 본 적도 딱히 없어요.
그래도 엄마는 저희를 자유롭게 해주면서도 잘 챙겨 주는 것
같아요. 가장 가까운 사람이니까 당연할 수도 있지만, 엄마의
여러 행동이나 말에서 저를 잘 지켜보고 있고, 잘 이해해 준다고
느낄 때가 많아요.

시게오

아이들이 본 엄마 미호 씨는, 때로는 지나칠 정도로 타인의 아픔
이나 감정에 민감하면서도 동시에 과도한 간섭을 하지 않는 담백한
사람이었다. 아이들은 엄마에게 존중받고 있다고 느꼈고, 엄마 미호
씨 역시 인터뷰 당시 "아이들이 엄마를 한 개인으로 봐주고 있는 것
같다"고 말했다. 그들에게는 서로를 하나의 인격체로 인정하고 존중
하는 자세와 심리적으로 안전하다고 느끼는 신뢰가 바탕에 있었다.
또한 아이들은 어린 시절부터 사회문제나 학교생활에서 느끼는 위화
감에 대해 가족과 함께 자주 이야기를 나눠 왔다. 그래서인지 두 아
이는 상대의 의도를 짐작해 자신의 의견을 전하거나 감정을 표현하
는 데 능숙했다.

후회를 말하기로 한 것은 이처럼 자녀와의 관계나 아이들의 나
이, 성격을 고려해 상처가 되지 않을 거라고 판단한 미호 씨의 신중
한 선택이었다.

그렇다면 아이들은 엄마의 후회를 듣고 어떻게 느꼈을까?

불쾌하다거나 '왜?'라는 식의 감정은 솔직히 없어요. 그냥 '아, 그렇구나' 하는 거죠. 엄마 이야기를 들어 보면, 우리를 낳은 걸 후회한다기보다 엄마라는 역할을 맡게 되면서 후회하는 부분이 있는 것 같았거든요. 우리를 부정하는 느낌은 들지 않았어요. 주위를 봐도 이 학교에 들어온 걸 후회했다거나 방과 후 활동을 하지 말았어야 했다고 말하는 친구들이 가끔 있어요. 그런 후회는 해도 괜찮은데, 엄마가 된 후회는 어째서 받아들여지지 않는 걸까 싶더라고요.

유나

저도 누나와 대체로 같은 생각이에요. 하지만 자신을 부정당한다고 받아들이는 사람이 있다는 것도 이해는 돼요. 말은 곡해되기 쉬우니까요.

저는 엄마와 제가 다른 사람이라고 느끼기 때문에 '엄마와 내가 연결돼 있다'는 생각은 안 해요. 그렇지만 엄마와 나를 동일시하고 서로 연결돼 있다고 생각하는 사람이라면 자신을 부정당했다고 느낄 수도 있을 것 같아요.

시게오

두 아이의 대답은 이성적이었다. 유나는 엄마의 후회를 주위에서 흔히 볼 수 있는 다른 후회에 빗대어 보며 엄마가 그런 감정을 느끼게 된 상황이 무엇인지 생각했다. 동생 시게오는 자신이 엄마가 되어 본 적은 없지만, 엄마가 말한 취지를 논리적으로 이해해 후회의 감정을 받아들일 수 있다고 말했다.

> 엄마는 '엄마답게 산다'라는 말을 좋아하지 않는다고 할까, 그런 것에 부정적인 의견이 있는 것 같은데, 저는 반대로 그 'OO다움'이 이 사회를 굴러가게 만드는 측면도 있는 것 같아요. 예를 들면 저는 중학생이니까 중학생답게 수업을 듣고, 선생님은 선생님답게 가르치니까 학교가 유지되는 거겠죠.
>
> 저는 엄마가 되어 본 적이 없어 모르겠지만, 주위에서 엄마답게 살라고 요구하는 일이 꽤 많겠죠. 'OO다움'을 강요하면 'OO답지 않은' 사람은 점점 밀려나겠죠. 그게 좋은 건지 나쁜 건지는 둘째 치고, 사회와 가정에서는 적잖이 그런 방식이 작동하는 것 같아요.
>
> 시게오

두 사람이 도나스의 책과 기사를 자세히 읽은 것은 아니었지만, 인터뷰에서 이야기한 내용을 보면 후회의 감정을 말하는 여성들의 의도를 정확히 이해하고 있었다. 아이들의 이런 반응은 우리가 취재에서 만난 일부 남편들의 반응과는 사뭇 달랐다. 아내의 후회를 알게 된 남편들 중에는 그 사실을 받아들이지 못해 상처를 입거나 이유를 모르겠다며 혼란스러워하는 사람도 있었고, '만일 아내가 이런 생각을 한다면 이혼하겠다'라고 말한 사람도 있었다. 어른이어도 그 감정을 이해하지 못하거나 아예 알기를 거부하는 사람이 있는가 하면, 부모가 되어 본 경험이 없는 중학생 시게오와 고등학생 유나가 엄마들의 처지와 감정을 상상해 보는 모습이 대조적이라 흥미로웠다.

아이에게 굳이 말할 필요는 없다고 생각하는 사람이 있듯이, 대부분의 경우 엄마에게든 아이에게든 후회에 관한 이야기를 꼭 해야 하는 상황은 별로 없을 것이다. 하지만 적어도 미호 씨와 자녀들 사이에서는 이 주제가 금기시되지 않았고, 아이가 깊은 상처를 받는 일도 없었다.

딸이 느낀 거부감

두 아이가 엄마들이 털어놓은 마음을 정확하게 짐작할 수 있었던 데는, 엄마가 육아로 고생하는 모습을 가까이서 보며 자란 경험도 작용했을 것이다.

현재 외국 대학에서 물리학을 공부하고 있는 장남 고타로는 발달장애 때문에 받아쓰기를 할 수 없었다. 일본의 대학 입시에서는 발달장애인에 대한 배려를 기대하기 어렵다고 판단한 미호 씨와 고타로는, 고등학생이 되자마자 외국 대학을 목표로 본격적인 준비에 들어갔다. 외국에는 이미 입학시험이나 입학 후 강의에서도 장애 학생을 위한 지원 제도가 마련돼 있어 발달장애인도 다닐 수 있는 대학이 있었기 때문이다. 그러나 아들이 다니던 입시 학원의 강사는 그 목표가 현실적이지 않다고 생각했다. 엄마 미호 씨는 학원에 불려 가 이런 말을 들었다. "아드님은 어머님이 생각하시는 만큼 우수하지 않아요. 물리로 성공하는 사람은 극소수고 영어 실력도 보통이니, 그런 길은 어머님이 포기하게 하셔야 해요." 미호 씨는 아들이 왜 외국 대학을 목표로 하게 되었는지, 지금까지 어떤 노력을 했는지 제대로 알지 못한 채 아들의 꿈을 부정하는 듯한 강사의 말에 큰 충격을 받고 집에 돌아왔다.

유나는 평소 자신들 앞에선 좀처럼 흔들리는 모습을 보이지 않던 엄마가 그날 처음으로 눈물을 흘리는 걸 봤다고 회상했다.

제가 중학생 때였는데, 엄마가 상처받은 모습은 오랫동안 마음에 남았어요. 일방적으로 상처 주는 말을 그냥 받아들여야 한다니, 엄마가 매번 그런 말을 들어야 했다면 정말 힘들었겠다 싶었어요. 우리 집은 자녀가 셋이나 있고, 오빠는 장애가 있어서 엄마가 오빠를 키우면서 고생했던 기억이 많아요. 오빠에 대해 이런저런 말을 하는 사람들도 있었는데, 본인에게 말하기보다는 엄마를 불러 말할 때가 많았어요. 아빠도 부모인데 왜 그런 얘기는 엄마한테만 하는지 이상했어요. 엄마는 무슨 말이든 해도 되는 대상이라고 여겨지는 게 아닐까 싶었죠.

유나

생각 끝에 미호 씨는 학원에 "그건 본인이 결정할 일이니 본인에게 직접 얘기하세요"라고 답했다. 아들을 데리고 가니 강사는 신랄한 어조를 누그러뜨리고 신중한 태도를 보였다. 아들은 자신이 아닌, 동석한 엄마에게 말하는 강사에게 이렇게 말했다. "성공할지 실패할지는 선생님이 단정 짓지 마세요. 저는 실패하더라도 제가 하고 싶은 걸 할 뿐인데, 그걸 엄마한테 말해서 뭐하겠어요?"

유나는 평소에도 엄마 곁에서 이런 일들을 지켜보며 사회가 엄마에게 기대하는 역할에 이상한 점이 있음을 느꼈다. 학교 수업에서도 교재에 등장한 엄마 이야기에 의문이 들었던 적이 있었다. 생명을 주제로 한 수업이었는데, 아동보호시설에 맡겨진 아이, 엄마가 누구인지 모르는 아이들의 이야기가 나왔다. 교재에는 이런 아이들을 격려하는 말과 함께 '아이를 낳은 것을 후회하는 엄마는 없다'는 글귀가 적혀 있었다. 이를 본 유나는 아이를 시설에 맡긴 엄마가 '절대 후회하지 않는다'고 단정해도 되는 걸까 의문이 들었다.

> 아이를 시설에 맡기게 된 데는 경제적인 어려움을 비롯해 여러 이유가 있겠지만, 깊이 생각하지 않고 맡기는 사람도 있을 수 있잖아요. 그런 사정을 우리가 다 알 수 없는데, 너무도 당연하다는 듯이 모든 어머니는 이렇다고 말하는 건 어딘가 이상하다고 생각했어요. '엄마는 후회 안 해' '어딘가에서 너를 생각하고 있을 거야'라는 말을 들은 아이가 기대를 안고 만나러 갔는데, 만약에 아니면 어떡해요? 오히려 '엄마는 신경 쓰지 말고 살아도 괜찮아. 엄마가 없다고 해서 너의 존재 가치가 떨어지는 건 아니야'라고 말해 주는 편이 낫지 않나 싶었죠.
>
> 유나

그 후 수업은 '멋진 사랑을 하자' '생명을 이어 가자'라는 결론으로 마무리됐다고 한다. 유나는 그 수업이 마치 출산 장려 캠페인처럼 느껴졌다.

유나의 경험처럼, 교육 현장에서 아이들은 획일적인 '이상적 엄마상'을 접하기도 한다. 드라마와 같은 엔터테인먼트는 물론이고, 뉴스에서도 아이를 향한 엄마의 마음은 다른 무엇과도 바꿀 수 없는 특별한 것으로 그려진다. 모자 관계를 다루거나 유나가 들은 수업처럼 '생명의 소중함'을 전할 때는 아이에게 애정과 안정감을 주고, 긍정적인 말을 전하는 것이 우선시된다. 이런 이야기에 등장하는 엄마들의 고통은 미담으로 포장되고, 엄마에게 '감사해야 한다'는 결론에 이르지만, 그 과정에서 엄마들이 느꼈을 감정은 생략되고 마는 것이다.

아이들이 상상하는 미래

인터뷰 당시 고등학교 2학년이었던 유나와 중학교 2학년이었던 시게오는 2024년 봄, 각각 대학생과 고등학생이 되었다. 첫 취재로부터 2년이 지난 뒤, 자신의 장래를 어떻게 그리고 있는지 물었다.

> 고등학교 때 수업에서 아이를 낳고 싶은지 토론을 한 적이
> 있었는데, 솔직히 저는 애 키우는 게 너무 힘들 것 같아서
> 결혼하고 싶다거나 아이를 갖고 싶은 생각은 없어요. 친구네 집
> 이야기를 들어 봐도, 결혼하면 번거로울 것 같아서 딱히 그러고
> 싶지 않더라고요.
>
> 유나

사회에서 엄마들이 처한 현실을 이해할 수 있게 된 유나가, 부모가 되는 일에 매력을 느끼지 못하는 것도 결코 이상한 반응은 아닐 것이다. 2023년에 한 민간 기업이 실시한 조사에 따르면 18~29세 미혼 남녀 중 '현재 아이를 원하지 않고, 앞으로도 원할 것 같지 않다'라고

응답한 비율이 절반을 넘었다.[45] 유나처럼 1990년대 후반부터 2010년대 사이에 태어난 'Z세대'로 불리는 청년들 사이에서 아이를 원하지 않는 경향은 다른 조사에서도 지적된 바 있다.[46]

청년 세대에게 육아의 즐거움이나 기쁨을 더 알려야 한다고 생각하는 사람도 있을 것이고, 부모가 된 사람들이 맞닥뜨리는 어려움들을 청년들에게 무턱대고 알려서 육아에 부정적인 인상을 심어 줘선 안 된다고 말하는 사람도 있을 것이다. 하지만 '아이가 있는 것은 행복'이라는 긍정적인 이야기만 전하고, 현실에 존재하는 부정적인 정보를 충분히 전하지 않은 채 아이를 가지라고 말하는 것은 과연 공정한 일일까? 특히 아이를 낳은 뒤에 벌어지는 일은 부모가 되기로 선택한 자신의 책임이라는 말을 듣는 사회라면, 더더욱 그렇다. 기성세대가 가르쳐 주지 않아도, 청년 세대는 이미 주변과 사회의 현실을 체감하며 냉철한 판단을 내리고 있다.

한편, 남동생인 시게오는 누나와 생각이 달랐다.

> 엄마의 고충을 저는 많이 못 봐서 그런지도 모르겠지만, 엄마가 힘들었다고 해서 제가 가족을 갖고 싶지 않은 건 아니에요. 오히려 저는 아이는 갖고 싶어졌어요. 제가 어른이 되고 언젠가 죽을 때, 나만 생각하면서 살다가 죽을 만큼, 강한 사람은 아닐 것 같거든요. 삶의 마지막 순간에 쓸쓸함을 느끼지 않으면 좋겠어요.
>
> 인터뷰 후에 엄마와 이 이야기를 나눈 무렵부터 자식이나 가족이란 뭘까 생각하게 됐어요. 미래의 선택에 직접적인 영향을 미칠지 단언할 수는 없지만, 저는 가족을 갖고 싶고,

아이를 낳고 싶다고 생각하게 된 계기가 된 것 같아요.

시게오

시게오는 엄마와의 대화가 자신의 미래에 대해 생각하는 계기가 되었다고 말했다. 인터뷰를 하면서 엄마 미호 씨가 어릴 적에 '얼굴의 반점은 뱃속에 있을 때 엄마가 나쁜 생각을 해서 생긴 것'이라는 말을 들었다는 에피소드(1장)를 아이들도 듣게 됐다. 이를 들은 시게오는 "그 발상이 너무 엄청나서 오히려 혁신적이라고 생각했어요"라고 말해 모두가 폭소를 터뜨렸다. 엄마들이 짊어지고 살아온 부조리를 10대 청소년인 시게오가 거침없이 웃음으로 받아치는 모습을 보며 마음이 한결 가벼워지는 것 같았다.

엄마의 후회와 아이

엄마의 후회를 알게 되는 경험은, 아이에게 잊기 힘든 마음의 상처가 되는가 하면, 그렇지 않은 경우도 있었다. 후회의 감정을 아이 낯으로 돌리며 감정을 쏟아 낼 때와 아이는 잘못이 없다는 전제를 바탕으로 침착하게 이야기를 전할 때 그 영향은 달랐다. 또한 엄마의 말에 대해 '자신을 부정당했다'고 받아들이는 사람이 있는가 하면, 부정적으로 받아들이지 않는 사람도 있었다. 이는 아이의 성장 단계나 가치관, 사고방식에 따라 달라졌다.

어떤 상황이든 엄마가 아이에게 자신의 후회를 전할 때는 신중할 필요가 있다. 이번에 취재한 엄마들 가운데 자녀에게 후회를 전하는 일이 '아이에게 반드시 도움이 된다'라고 확신할 만큼 좋다고 생각하는 사람은 없었다.

그렇다면 부모와 자녀 사이가 아닌, 사회 전체에서 엄마의 후회에 관해 생각하거나 토론하는 일은 아이에게 좋은 일일까, 나쁜 일일까? 방송이나 책 같은 공개적인 장에서 이 주제를 다루는 것에 대해 우려하는 목소리는 독자 투고란에도 있었다. 우려는 크게 두 가지로 나뉘었다. 하나는 이런 논의를 접한 아이가 '혹시 우리 엄마도 나를 낳은 걸 후회하고 있을까' 상상하며 불안해하지 않을까 하는 점, 다른 하나는 사회가 후회를 말하는 것을 용인함으로써 엄마가 아이에게 '너를 낳지 말았어야 했다'며 쉽게 분노를 쏟아 내지 않을까 하는 점이었다. 두 경우 모두 결국은 아이가 '나는 이 세상에 존재하지 말았어야 했다'라고 생각하고 상처받을 수 있다는 우려로 이어진다. 그렇기에 이런 우려가 구체적으로 어떤 상황을 상정하는지 구체적으로 살펴볼 필요가 있다.

첫 번째 우려의 경우, 아이에게 불안감을 줄 수 있다 하더라도, 그 불안의 정도에 따라 이 이야기를 다루는 방식도 달라져야 할 것이다. 예를 들어 엄마와의 관계를 안전하다고 느끼는 아이는 '이런 사람도 있구나. 우리 엄마는 어떨까?'라고 막연한 불안감을 가지겠지만, 엄마와의 관계가 불안정한 아이는 '딱 우리 엄마잖아'라고 속단하면서 구체적인 불안을 느낄 수 있다.

불안을 느꼈을 때 그것을 해소할 수 있는지, 아니면 해소하지 못하고 마음에 남는지에 따라서도 영향의 정도는 달라진다. 불안을 해소하는 방법은 다양하지만, 가령 아이가 스스로 "엄마는 후회하고 있어?"라고 물을 수 있다면, 어른이 아이의 눈높이에 맞춰 말해 줄 수 있을 것이다. 실제로 방송을 본 자녀에게서 엄마가 되지 말았어야 했다고 생각한 적이 있느냐는 질문을 받았다는 사연을 접했다. 아이는 엄마로부터 "그런 생각이 든 적은 있지만, 엄마가 되어서 다행이라고 생각할 때가 더 많아"라는 말을 듣고 엄마에 대한 신뢰가 깊어졌다고 한다.[47]

한편, 이 주제가 아이에게 쉽게 해소하기 힘든 불안을 안겨 줄 가능성도 있다. 예를 들어 부모와 자녀의 관계가 불안정하고 아이가 걱정을 혼자 끌어안는 성격이라면, 다른 엄마가 털어놓은 후회에 관한 이야기를 듣고 불안이 커지거나 마음에 상처를 입는 상황도 가능하다. 이런 상황을 우려해 처음부터 공적인 자리에서 후회에 관한 이야기를 꺼내지 않는 게 낫다고 생각하는 사람도 있을 것이다.

엄마들의 후회에 관한 논의가 아이를 포함해 누군가에게 상처를 줄 수 있는지 묻는다면, 그 답은 '있다'일 것이다. 그럼에도 불구하고 이런 이야기를 해야 한다고 생각하는 사람과, 하지 말아야 한다고 생각하는 사람이 있다. 하지만 이때, 아이에게 상처를 줘선 안 된다고 말하는 사람들의 목적을 위해 누가 희생을 강요당하게 되는지 잊어선 안 된다. 엄마들이 후회하는 요인에는 가정과 직장, 사회 환경 등 다양한 배경이 있다. 후회의 감정을 털어놓지 못하게 되면, 그 부담은 결국 엄마가 홀로 짊어질 수밖에 없다. 상처받는 사람이 있으니 이야기하지 말아야 한다는 주장이 이야기하지 못해서 상처받는 사람을 만들고 있는 것은 아닐까.

두 번째는, 사회가 후회를 이야기하는 것을 용인하면 엄마들이 아이를 불만의 배출구로 삼게 되지 않을까 하는 우려다. 하지만 엄마들의 후회에 사회가 공감하는 일과, 엄마가 아이에게 직접 분노를 쏟아 내는 일을 정당화하는 것 사이에는 큰 비약이 있다. 엄마가 자신의 후회를 솔직하게 이야기할 수 있는 사회를 만들어야 한다는 말이, 부모의 사정에 따라 아이에게 감정을 그대로 쏟아 내도 된다는 뜻은 아니다.

이렇게 우려하는 사람들은, 아이가 엄마로부터 부당한 감정을 떠안는 일 없이 상처받지 않고 살아갈 수 있는 사회를 바라고 있을 것이다. 현실에서는 지금도 아이들이 엄마에게서 "너를 낳지 말았어야 했다"라는 말을 듣는 일이 벌어지고 있다. 이런 일이 일어나지 않으려면 어떻게 하면 좋을지 생각해 봐야 한다. 다만, 엄마가 후회를 입에 담지 못하게 철저히 막는다고 과연 상황이 개선될지는 의문이다. 독자 투고란에서도 언급됐듯이, 아이에게 직접 불만을 표출했다는 엄마가 만약 그전에 다른 누군가에게 후회를 말할 수 있었다면 어땠을까? 다카노 씨 어머니의 사례에서도 보았듯이, 딸을 홀로 돌보는 와중에도 힘든 속마음을 터놓을 곳이 하나라도 있었다면, 딸 앞에서 그런 혼잣말을 할 만큼 스트레스가 쌓일 일도, 딸이 잊을 수 없는 상처를 받는 일도 없었을지 모른다.

엄마의 행복과 아이의 행복은 양자택일의 문제가 아니다. 엄마가 후회를 말할 수 있는 사회는 결과적으로 후회를 아이 탓으로 돌리지 않게 하는 장점이 있고, 아이에게도 '살기 좋은 사회'가 될 수 있다. 상처를 입은 다카노 씨가 독자 투고란에 "엄마 말고도 아이를 지켜 주는 존재가 필요하다"라고 쓴 것처럼, 아이가 엄마의 분노와 직접 부딪히는 상황을 만들지 않으려면, 엄마의 입을 막기 전에 엄마와 아이를 함께 돕는 방법을 늘려 가야 할 것이다.

엄마의 후회가 의미하는 것

1장부터 7장까지는 엄마가 되지 말았어야 했다는 후회를 품고 있는 사람들이, 그에 이르기까지 어떤 인생을 살았고 무슨 생각을 했는지 들어 보았다.

후회한다고 말하는 엄마들을 향해 '이기적이고 냉정한 사람'이라고 비난하는 사람들의 목소리도 있었다. 그러나 취재를 통해 새롭게 알게 된 사실은 그들이 아이와 주위를 배려하고 타인을 존중하는 따뜻한 사람이라는 것이었다. 감수성이 풍부하고, 자신이 맡은 바를 해내고자 하는 성실함과 책임감이 투철한 사람들이었다. 자신을 객관적으로 평가하는 이성적인 사람들이기도 했다.

그들 중에는 육아를 하면서 자살 충동을 느낀 경험을 이야기한 사람들이 여럿 있었다(1장, 2장, 3장, 6장). 이는 엄마들이 '후회'를 터놓기까지 직면해 온 상황이 얼마나 심각했는지 말해 준다. 자신의 인생을 되돌아보며 '용케 버텨 낸 것 같다'고 말하는 사람도 있었다. 육아 지원 기관이나 상담소를 찾아가기도 하고, 주변 사람들의 격려로 어떻게든 견뎌 냈다고 말하는 사람도 있었다. 그리고 남편들 중에는 아내가 자살을 생각할 만큼 위기에 처해 있었음을 알아차리지 못한 경우도 있었다. 자살 충동을 느낀 엄마들은 공통적으로 육아를 홀로 떠맡은 '독박 육아' 상태였다. 엄마는 혼자서 아이와 장시간을 함께 있었던 반면, 아버지는 아이와 보내는 시간이 극히 짧았다. 취재 당시 유아기에 '아이와 떨어질 수 있는 건 미용실에 갈 때뿐이었다'라고 회고했던 엄마들이 여럿이었다. 누구의 손도 빌리지 않고 아이를 혼자서 키우는 일은, 엄마들에게 생명이 위태로워질 정도의 고통을 주었다. 또한 아이의 생명도 위험에 노출될 수 있었다. 엄마들이 아이와 둘이서만 시간을 보내는 동안 점점 궁지에 몰리는 모습을 담은 인터뷰에서는, 부모가 고립된 채 폐쇄적인 공간에서 육아를 지속하는 일이 부모와 자녀 양쪽에 얼마나 위험한 상황을 만드는지 엿볼 수 있었다.

갖가지 어려움에 직면한 엄마의 인생은 후회의 감정을 느낀 뒤에도 계속된다. 지금의 자신을 긍정하고 매듭을 짓는 사람도 있는가 하면, 극복하려고 발버둥치는 사람도 있다. 자신의 생각과 행동을 바꾸고 실행에 옮기는 사람도 있다.

이 장에서는 인터뷰를 통해 보이기 시작한 엄마들, 그들이 각자 후회한 원인을 정리해 보고, 엄마가 말하는 후회를 조명하는 일이 어떤 의미가 있는지 생각해 보려 한다.

후회의 이유

엄마들은 왜 후회할까? 각 장의 인터뷰를 통해 후회의 원인으로 유추되는 몇 가지 어려움이 보였다.

① 책임, 역할, 업무량

세 아이의 엄마가 된 미호 씨(1장)는 아이들과 관련된 모든 일을 혼자 떠맡았고 책임도 홀로 짊어졌다. 학생 시절에 임신한 마쓰다 씨

(7장)는 원치 않는 임신의 결과를 혼자 떠안고 미혼모가 되어 인생 계획을 크게 바꿔야만 했다.

② 고정화된 엄마 이미지

육아에서 기쁨을 느낄 수 없었던 무라타 씨(2장)는 주변에서 요구하는 '좋은 엄마'와 자신의 성격 사이에 괴리가 있었다. '이상적인 엄마상'은 주위 사람들뿐만 아니라 그녀 자신에게도 내재해 있었다. 호스티스로 일하는 요시카와 씨(5장)는 자신의 직업이 '엄마답지 않다'고 여겨 죄의식을 느꼈다.

③ 정체성의 상실

잡지 편집자로 일하며 취미 생활에도 열심이었던 오타 씨(3장)는 아이 중심으로 생활이 바뀌자 자기 인생을 살지 못하게 되었다고 느끼며 자신이 누구인지조차 혼란스러워졌다.

④ 커리어에 미치는 부정적인 영향

회사원인 우치다 구미 씨(4장)는 살림과 육아, 직장 생활을 병행히며 지쳐 갔고, 최선을 다해도 성과를 냈다는 느낌이 들지 않아 자신감을 잃었다. 술집을 운영하던 요시카와 씨(5장)는 임신 후 가게를 정리했고, 요양보호사 일에 보람을 느꼈던 이시카와 씨(6장) 역시 일을 그만둬야 했다.

⑤ 육아하기 힘든 사회 환경

우치다 구미 씨(4장)는 아이를 데리고 외출할 때마다 공공장소에서 차가운 시선을 느꼈고, 집 말고는 안심할 수 있는 장소가 없었다.[48]

⑥ 아빠와의 불균형

인터뷰에 응한 엄마들은 앞에서 언급한 여러 어려움 속에서, 같은 부모임에도 아빠가 받는 영향이나 부담은 자신들과 차이가 있다고 느꼈다.

　실제로 엄마들에게 '후회하는 이유가 무엇인가요?'라고 물었을 때, 명확히 하나만 집어서 대답한 사람은 거의 없었고 대부분 몇 가지 이유를 들었다. 엄마가 되면서 생긴 문제로 인해 또 다른 문제가 생겨나고 선택지가 점점 줄어든 사람도 있었다. 잡지 편집자였던 오타 씨(3장)는 결혼을 계기로 일을 관뒀다. 출산 후 다시 취업에 도전했지만, 지원한 기업에서는 면접을 보기 전에 어린이집을 확보해야 한다고 했다. 하지만 막상 어린이집에 아이를 맡기려고 하니 이번에는 취업한 상태여야 한다며 거절당했다. 엄마가 되기 전까지 열려 있던 커리어의 다양한 선택지는 어느새 사라지고, 아이와 매일 공원 놀이터를 오가며 혼자 육아를 떠맡아야 했다.

　엄마들이 '일을 관둬서 후회한다'라고 말하지 않고 '엄마가 되어서 후회한다'라고 말하는 이유는, 엄마가 된 이후 이런 수많은 어려움이 서로 뒤섞이면서 괴로움과 갑갑함을 느꼈기 때문일 것이다. 계속되는 어려움 속에서 어느새 자신이 원하지 않던 방향으로 이끌려 왔다고 느끼는 사람도 있었다. 마침내 도착한 지점에서 '내가 왜 여기에 와버렸을까?' 하고 원인을 생각했을 때 떠오른 것은 '엄마가 되었다'는 사실이었다.

누구와 비교하고 있나

후회의 감정은 비교를 통해 더욱 선명해진다. 인터뷰한 사람들은 지금 이 순간 엄마로 살아가는 자신과 다른 누군가를 비교하고 있었다.

엄마들이 머릿속에서 비교하는 대상은 주로 세 가지로 나뉘었다.

첫 번째는 과거의 자신과의 비교였다. 과거와 현재라는 시간 축에서 엄마가 되기 전과 엄마가 된 후를 비교했을 때 생겨난 큰 차이가 후회의 감정으로 이어졌다. 한 동료는 엄마가 된 이후 자신의 상황을 평가하면서 이렇게 표현했다. "내가 주인공이던 인생은 끝나고, 아이를 위한 조연으로서의 인생이 시작되었다." 취재한 엄마들 역시 일과 공부, 취미와 휴식 등 자신만을 위해 쓰는 시간이 거의 사라졌고, 모처럼 시간이 생겨도 머릿속에서는 항상 아이가 잘 있는지 신경을 쓰게 되는 등 극적인 변화를 느꼈다.

두 번째는 아빠인 남편과의 비교였다. 엄마인 자신은 출산 후 일상이 확연히 달라지고 큰 희생을 치르고 있는데, 같은 부모인 남편의 삶에는 그 정도의 변화가 보이지 않는 것에 불만을 느꼈다. 함께 사는 남편은 늘 곁에 있다. 비교 대상과 결정적인 차이를 계속 느끼다 보니 일상적으로 부정적인 감정을 갖게 되었다.

세 번째는 부모가 아닌 사람과의 비교였다. 엄마들 중에는 동창이나 회사 동료 등 가까이에서 부모 역할을 담당하고 있지 않은 사람과 자신을 비교하는 사람도 있었다. 자녀가 없는 친구가 시간적으로나 금전적으로 여유가 있는 인생을 즐기는 것처럼 보이는 데 비해, 자신의 인생은 이대로 괜찮을까 하는 조바심을 안고 있었다. 조금만 달리 선택했다면 자신도 친구의 삶을 살았을지 모른다는 생각을 갖게 되면서 후회라는 감정이 서서히 엄마들의 마음에 스며들었다.

엄마들은 후회의 감정을 외면하기 위해 스스로 '되도록 남들과 비교하지 말자'라고 생각했다. 하지만 머리로는 알고 있어도 실천에 옮기기는 쉽지 않은 법이다.

여성의 삶에서 선택지가 다양해지면서, 특히 타인과 자신을 비교하는 상황이 늘고 있다. 출산을 당연시하던 시대나 사회에서는 '엄마가 되지 않았으면 좋았을 텐데' 하는 감정이 생기기 어려웠을지도 모른다. 후회가 더 깊이 사무치는 것은, 자신과 다른 삶을 사는 사람이 가까이 존재하는 사회에 살고 있다는 사실과도 무관하지 않을 것이다.

선택의 여지가 있으면, 무엇을 선택하든 누구나 한 번쯤은 후회를 하게 된다. 일과 가정의 양립 사이에서 고심했던 우치다 구미 씨(4장)도 인터뷰에서 엄마가 되는 삶과 그렇지 않은 삶에 대해 "두 명의 내가 있고 어느 쪽을 선택하든지 똑같이 후회하는 점과 긍정적인 면이 있었을 것 같아요"라고 말한다. 우치다 씨뿐만 아니라 누가 어느 쪽의 길을 선택하더라도 많든 적든 후회의 감정을 느낄 수 있다. 무엇을 선택하든 다른 사람과 자신을 비교하지 않기란 거의 불가능하다. 어느 한쪽만 장밋빛인 선택은 없다.

다만 엄마들의 이야기를 통해 보이기 시작한 것은, 지금 이 사회에서 엄마가 되는 길에는 수많은 어려움이 도사리고 있으며, 그 여정이 아주 험난하다는 점이다. 도나스의 책 출간을 계기로 '엄마가 되어 후회한다'라는 말에 공감하는 사람들이 모여든 것은, 다양한 사람들 가운데 엄마가 된 사람들에게 유독 어려움이 집중되고 있다는 방증이 아닐까? 이 책에서 취재한 엄마들처럼, 죽고 싶을 만큼의 고통이 일부에게만 쏠리는 현실은 흔히 '무엇을 선택해도 후회는 따른다' '고생은 양식이 된다' 같은 상식의 범위를 넘어선다. 엄마가 되는 길이 지나치게 어둡고 험난하지 않으려면, 그 부담을 엄마에게만 떠넘기지 말고 함께 길을 만들어 가야 할 것이다.

엄마들이 후회하는 원인을 다른 측면에서 생각해 보니 그 배경에는 사회적 요인과 개인적 요인 두 가지가 있었다.

먼저 환경적·사회적 요인에서 비롯된 후회가 있다. 엄마가 혼자 육아를 도맡은 상황, 그 엄마의 노동을 당연시하는 사회 분위기, 임신을 계기로 일을 관두게 된 경험 등이 그 예다. 엄마들이 언급한 후회의 원인 중에는 아빠인 남편과 가족, 친척의 말과 가치관이 달라지거나 지역, 보육 시설, 학교, 회사, 지자체, 정부와 같은 제도가 바뀌면 어느 정도 해결 가능한 것들도 있었다. 엄마들이 느끼는 후회에는 이런 사회적·환경적 요인이 적지 않다.

한편, 만약 이런 요인들이 완전히 해소되어 육아를 하는 사람에게 이상적인 환경이 조성된다고 해도, 후회는 여전히 남을 수 있다. 이는 엄마 또는 부모로 살아가는 일에서 의미나 가치를 발견하지 못하는, 엄마 개인의 가치관에 기반한 것이다. 일과 취미로 하던 글쓰기에서 삶의 의미를 느꼈던 무라타 씨(2장)는 "아무리 육아하기 좋은 환경이 갖춰졌다고 해도 육아에서 보람을 느끼지는 않았을 것이다. 엄마가 되지 않았다면, 더 의미가 있다고 느끼는 일에 시간을 쓸 수 있었을 것"이라고 생각했다.

무라타 씨의 이야기에서 알 수 있듯이, 어떤 사람은 엄마가 되는 일에 만족감을 느끼지만 그렇지 않은 사람도 있다. 이렇게 써놓고 보면 당연한 이야기 같지만, 무라타 씨를 포함해 몇몇 엄마들은 '엄마가 되지 않는 것이 행복이다'라고 말하는 사람들을 보면서도, 자신이 엄마가 아닌 삶을 살 수도 있었을 거라는 상상을 해본 적은 없었다고 말했다. 이들 가운데 일부는 자신에게 어떤 삶이 맞을지 성급하게 결론

짓지 말고 더 신중하게 고민했어야 했다고 털어놓았다. 또 다른 이들은 '엄마가 되길 잘했다'는 여성들의 이야기는 많이 들었지만, '엄마가 되지 않아서 다행이다'라는 이야기는 거의 들어 본 적이 없다고 했다.

선택지는 있었나

후회를 이야기하는 엄마들 중에는 지금의 삶은 스스로가 선택한 결과로 자신에게 책임이 있다고 생각하는 사람이 많았다. 자신이 다른 길을 선택할 수도 있었다는 마음 때문에 후회의 감정이 생긴 것이다.

한편, 무라타 씨와 같은 엄마들의 이야기를 들으면 이들에게 출산이 과연 선택이었는지 의문이 든다. 물론 출산은 현대 사회에서 개인의 선택으로 여겨지는 경우가 많다. 엄마들 또한 '낳지 않는 선택'도 있다는 것을 머리로는 알고 있다. 하지만 무라타 씨가 출산 전에 엄마가 되지 않는 길을 상상할 수 없었듯이, 책상 위에서는 가능해 보이는 선택지가 실제로는 존재하지 않는 것처럼 느껴지는 현실이 엄마들의 경험에서 엿보였다.

결혼하니 아이를 낳는 것을 당연하다는 듯이 요구했다거나(2장) 엄마가 건강한데 왜 둘째를 안 낳느냐며 부담을 줬다는 이야기는(1장), 결혼하면 다음으로 출산이 언제인지 기대하고, 첫째를 낳으면 둘째를 기다리는 수순으로 자연스럽게 주변의 기대가 이어지는 것을 알 수 있다.

또한 가정 수업에서 아기 장난감을 만들었던 일(3장), 구직 활동 중에 인사 담당자가 여자라는 이유로 채용을 꺼리던 일(4장) 등 여성들은 엄마가 되기 훨씬 전부터 미래에 아이를 낳을 존재로 여겨졌고 그런 분위기를 느끼고 있었다. 이렇게 축적된 경험에 따라 주위의 요구뿐만 아니라 자신도 '언젠가는 아이를 낳겠지' 하는 생각이 싹트기 시작했다고 말하기도 했다. 다양한 상황에서 엄마가 되기를 재촉당하는 현실에 대해, 세 아이의 엄마인 미호 씨는 "여자로 태어났을 때부터 언젠가는 엄마가 되기로 정해진 것 같았다"라고 회고했다.

또한 본인의 의사로 엄마가 되는 길을 선택했지만, 아이를 낳은 뒤 일과 생활의 여러 갈림길에서 엄마라는 역할이 족쇄가 되어 앞길이 막히기도 했다. 임신을 계기로 요양보호사 일을 그만두어야 했던 이시카와 씨(6장)는 직장에서 출산휴가나 육아휴직을 사용한 전례가 없었다. 휴가가 허용되는 분위기가 아니었던 탓에 사실상 복직이라는 선택지는 존재하지 않았다. 그래서 '일을 관두고 싶지 않다' 생각한 적은 있어도 '일을 관두지 말았어야 했다'는 후회는 할 수 없었다. 지금의 현실을 회피하기 위해 타임머신을 타고 과거로 돌아간다고 가정했을 때, 통제 가능했던 삶의 순간이라면, 아이를 낳기로 결심한 시점이었을 것이다. 만일 이시카와 씨에게 출산 후에도 일을 계속할 수 있는 현실적인 선택지가 있었다면, 후회의 시점은 엄마가 된 순간이 아니라, 일을 그만둔 선택의 순간이었을 수도 있다. 엄마들이 인생의 갈림길에서 충분한 선택지와 문제를 해결하기 위한 수단을 갖지 못했기 때문에, 후회의 시작이 결국 엄마가 된 시점까지 거슬러 올라가게 된 것이다.

후회의 효용

대부분은 과거를 돌아보지 않으며 후회라는 감정을 떠올리지 않은 채 살아가는 편이 낫다고 생각할 수도 있다. 그러나 실제로 엄마들에게 후회에 대한 자각이 반드시 부정적인 영향을 미친 것은 아니었다.

도나스의 책을 읽고 비로소 자기 마음속에 있던 이름 모를 감정에 '후회'라는 이름이 생기며 도움이 되었다고 말한 엄마가 있었다. 혼자만 고통을 느꼈던 것이 아니라는 사실도 알게 되었다. '생각하면 안 된다'고 애써 외면해 온 후회의 감정이 받아들여진 것처럼 느낀 사람도 있었다.

이런 사람들은 자신의 후회에 대한 인정이 다음 단계로 나아가는 발판이 되었다고 생각했다.

후회를 인정하니 달라지는 점이 있었어요. 모순이나 부정적인 감정을 인정하지 않았다면 앞으로 나아갈 수 없었을 거예요.

우치다 구미(4장)

후회와 마주한 엄마들은 저마다 방법을 찾으며 상황을 개선하기 위해 고민과 노력을 거듭했다.

또한 '내 삶을 되찾고 싶다'며 새로운 목표와 꿈에 도전하기도 했다. 대학에 다니기로 한 오타 씨(3장)나 MBA 과정에 도전한 우치다 씨(4장), 몰두할 수 있는 취미를 발견한 무라타 씨(2장)처럼 학업을 다시 시작하거나 삶의 보람을 찾아서 엄마가 된 후로 잃어버린 것을 되찾으려 했다.

한편 '이미 충분히 애썼다'며 최선을 다하며 살아온 자신을 긍정한 사람도 있었다. '엄마를 관두고 팬이 되겠다' 생각한 미호 씨(1장)는 육아에 대한 관점을 바꾸며 마음을 내려놓았다. 그녀는 '이제 꿈을 꾸지 않아도, 빛나지 않아도 괜찮다'고 생각하게 되었다. 육아가 끝났으니 이제 자신을 위해 노력해야 한다는 강박에서 벗어나게 된 것이다.

엄마들이 후회에 이르게 된 배경에는 여러 가지 사회적 문제들이 있었고, 이는 본인의 힘만으로 해결할 수 있는 게 아니었다. 그러나 엄마 개개인에게 자신의 후회에 어떻게 대처할지는 눈앞에 닥친 중요한 문제이고, 할 수 있는 일부터 해나가며 상황을 개선해야 했다. 당면한 문제를 해결하기 위해서는 주위(사회)를 바꾸든, 자신을 바꿔야 했다. 남편과 직장, 제도가 변하기까지는 오랜 시간이 걸리고 그걸 기대하기도 힘든 상황에서 엄마들이 할 수 있었던 방법은 대부분 '자신을 바꾸는' 것이었다.

분노와 비난

엄마의 후회를 다루는 것에 대한 비판도 있었다. 가장 많았던 비판은 '아이에게 상처를 준다'는 의견이었다(9장). 그 밖에도 다양한 비판이 쏟아졌다. '스스로 결정해 놓고 이기적이다' '사전에 알고 있지 않았나'라며 후회를 말하는 엄마들을 비판하거나 '저출산을 조장한다' '기자의 소양이 의심된다'라며 이 주제를 다룬 방송국과 취재진을 비판하는 경우도 있었다.

티브이 보도 프로그램에서 처음 이 주제를 특집으로 다루기로 했을 때, 엄마들의 이야기에 시청자가 어떤 반응을 보일지 솔직히 말하면 나 역시 불안했다. 모든 연령층이 시청하는 뉴스 프로그램이니만큼, 다양한 반응이 있을 것이라 예상했다. 엄마들의 목소리가 왜곡되지 않고 전달될 수 있도록, 어떤 인터뷰 장면을 내보낼지를 두고 취재팀에서는 여러 사람의 검토를 거쳤다. 그럼에도 불구하고 방송에서 무라타 씨(2장)가 "아이가 없는 인생이었다면, 내가 좀 더 빛났을 거라고 생각한다"라고 말하자, SNS에서는 '이기적이다' '착각이다'라며 비판하는 댓글이 쏟아졌다.

이런 비판들 속에서 눈에 띄었던 것은, 분노의 감정을 노골적으로 드러내는 사람들의 목소리였다. 감정적인 댓글들을 보면서, 취재에 협조해 준 무라타 씨에게 정신적 부담을 주고 말았다는 생각이 들었다. 분노를 느끼는 사람들은 엄마가 '아이가 최우선'이라는 태도를 보이지 않고, 자신을 중심으로 생각하는 데 거부감을 느끼는 듯했다.

나 또한 비판하는 사람들의 심정을 전혀 이해하지 못하는 것은 아니었다. 후회를 토로하는 엄마들을 취재했지만, 솔직한 그들의 이야기에 '들어서는 안 되는 말을 듣고 있는 듯한' 느낌을 받은 적도 있다. 나 또한 스스로 '엄마가 해도 되는 말'에 선을 긋고 무의식중에 제한하고 있었다. 머리로는 알고 있어도 지금까지 들어 본 적 없는 말이 엄마의 입에서 흘러나오면 '이런 말을 들어도 되나' 하는 불안이 반사적으로 들었다.

엄마의 후회를 조명한 이후 공감하는 의견뿐만 아니라 분노하며 거세게 비난하는 의견들이 적지 않았던 것은, '엄마'라는 존재에 대해 사람들이 얼마나 높은 기대와 엄격한 잣대를 들이대는지를 보여 주는 것이기도 했다. 이 책에서 취재한 엄마들은 주위에서 기대하는 '엄마로서 갖춰야 할 모습'에 불편함을 느낀 경험을 이야기했다. 세상에는 온갖 사람이 있고 감정 또한 제각각이지만, 엄마가 되고 나면 그런 말은 통하지 않는다. '엄마가 해도 되는 말'에는 여전히 많은 제약이 따른다.

엄마들의 인터뷰를 읽다 보면, 많은 이들이 '아빠는 뭘 하고 있었을까'라는 생각이 들 것이다. 각 장에서 소개한 엄마들 가운데, 아빠인 남편이 다르게 행동했더라면 후회를 피할 수 있었을 거라 생각하는 사람도 있었다.

취재 과정에서 직접 이야기를 들려 준 아빠는 많지 않았지만, 독자 투고란에는 몇몇 아빠들이 의견을 보내오기도 했다. 그중에는 아내가 '엄마가 된 것을 후회한다'라고 말했다는 남편부터, 엄마뿐만 아니라 아빠가 지는 부담에 대해서도 알려야 한다는 의견도 있었다.

제 생각에는 엄마도 부담을 지지만 동시에 아빠가 지는 부담도 있어요. 근본적인 문제는 서로가 그 무게 때문에 괴로워하는 현실이 일본 사회에 여전히 만연해 있다는 점 같아요. 어느 쪽이든 한쪽에서만 이야기한다면 전혀 해결되지 않을 겁니다. 이 문제는 세트로 논의가 돼야 해요. 사회는 남자들을 지나치게 일하게 하는데, 이에 대해 이야기하는 것 역시 금기시되는 것 같아요.

회사원 아빠(37세)

다른 아빠로부터는 아빠도 같은 심정이니 '엄마가 된 후회'가 아니라 '부모가 된 후회'를 생각해야 하는 것 아니냐는 의견도 있었다.

만약 아내가 아이를 낳지 않고 계속 일을 했더라면 어떤 삶이 되었을지 궁금해요. 엄마가 되면서 내려놓은 것도 있을 거예요.

아내도 저도 아이들을 사랑하고 무척 아끼지만, 다른 삶을 사는 아내의 모습도 보면 좋았을 텐데, 하는 아쉬움이 조금은 들어요.

다만 한 가지 드는 생각은 '엄마가 되지 않았다면'이 아니라, 지금 시대에는 '부모가 되지 않았다면'이라고 해야 하지 않을까요. 흔히 '머릿속 절반은 아이 생각'이라는 말이 있는데, 아빠 역시 그렇습니다. 남녀 상관없이 아이를 갖고 후회하지 않는 사회가 되기를 간절히 바랍니다.

두 아들을 둔 아빠

각 장에 등장한 여성들의 이야기를 통해 '부모가 된 괴로움'만으로는 온전히 파악할 수 없는, 엄마에게만 부과된 괴로움이 지금 사회에는 존재한다는 것을 알게 되었다. 한편 이런 아빠들의 의견대로, 아빠에게만 부과된 부담이나 부모가 함께 느끼는 어려움을 동시에 알려 가는 것도 필요할 것이다. 그것은 엄마들이 놓인 상황을 제대로 이해하는 일이기도 하다. 이 책에서 인터뷰한 엄마들의 사례를 봐도, 그들과 가장 가까이에 있는 남편이 어째서 아내와 평등하게 육아 부담을 나눌 수 없었는지, 좀 더 세심하게 살펴봐야 할 것이다.

후회 너머에

엄마들 중에는 남편이나 주위로부터 '엄마 실격'이라고 비난받은 사람도 있었다. 아이를 혼자 계속 돌보다가 지쳐 이제 그만하고 싶다고 말하면, 돌아오는 것은 고통을 서로 나누자는 제안이 아니라, 엄마 자격이 없다는 질타와 더 노력하라는 격려 아닌 격려였다.

10장 엄마의 후회가 의미하는 것

후회를 말하는 엄마들은 이미 지나칠 정도로 노력해 왔다. 엄마들의 이야기는 아이 하나를 무사히 키워 낸다는 게 얼마나 엄청난 일인지 새삼 깨닫게 한다. 엄마들이 아무도 보지 않는 곳에서 분투해 온 이야기를 듣다 보면, 우연히 눈에 들어온 일 하나로 '실격'이라든지 '노력 부족'이라며 일방적으로 재단하는 것이 더 어리석게 느껴진다. 노력하고 있는 엄마가 스스로에게 그런 평가를 내릴 필요도 없다.

엄마들은 일상 속에서 사회적·환경적 요인 때문에 생겨난 다양한 어려움에 맞닥뜨려도 결국 스스로 해결의 실마리를 찾아야 했다. 그런 엄마의 노력에 대해 지금도 우리는 '역시 본인의 마음가짐이 중요하다'면서 아무렇지 않은 얼굴로 의지하고 있다.

아빠와 불평등한 역할 분담, 엄마가 일하기 어려운 환경, 육아 중인 사람과 그렇지 않은 사람 사이의 갈등, 엄마들을 추궁하는 듯한 공공 기관의 태도, 그 배경에 존재하는 제도와 문화가 엄마를 궁지로 내몰고 있다. 그리고 이는 엄마뿐만 아니라 아빠에게도, 부모가 아닌 사람에게도 괴로움을 준다.

"엄마들만 다른 세상에 사는 사람 같아요." 한 엄마가 남긴 이 말이 기억에 남는다. 어느 엄마들의 커뮤니티를 취재했을 당시, 코로나로 인해 아이들의 학교가 폐쇄되어 재택근무를 하며 아이를 돌봤다는 엄마가 있었다. 아이가 없는 동료들은 집에서 어려움 없이 업무를 처리했지만 자신은 제대로 일할 수 없었던 경험을 돌이키며 "엄마인 저와 그렇지 않은 사람은 이렇게나 다르구나 싶어 깜짝 놀랐다"라면서 눈물을 흘렸다. 그 말에는 압도적인 불리함을 똑바로 마주해야 했던 억울함과 당황스러움이 묻어 있었다. 엄마들은 때때로, 자신이 살아가는 세계는 엄마가 아닌 사람의 세계와는 완전히 다르다는 것을 느끼는 순간이 있다.

　엄마가 직면한 수많은 장벽들 중에는 사회 전체가 나서서 해결해야 할 문제도 있지만, 주변 사람들의 관점이나 태도만 달라져도 쉽게 풀릴 수 있는 일들도 있다. 사회가 함께 아이를 키운다는 것은, 우리 모두가 육아의 당사자가 된다는 뜻이다. 엄마들이 후회를 말하기 시작한 지금, 우리는 그 목소리에 어떻게 응답할 것인가라는 질문 앞에 서있다.

다카하시 아이

'엄마 같은 건 되기 싫어.'

한때 이렇게 생각했던 나는 지금 한 살이 된 아들을 겨우 재우고 이 글을 쓰고 있다.

언제 아이가 깨서 작업을 중단시킬지 알 수 없기에 조금이라도 빨리 끝내고 싶지만, 밤중에 우는 아이를 달래느라 잠이 부족해서 머리가 제대로 돌아가지 않는다. 아이한테서 감기가 옮았는지 2주 넘게 기침은 멈추지 않고 있고, 방에는 아이의 장난감과 빨래가 끝난 세탁물이 어지럽게 널려 있다. 요즘 나는 아이를 낳기 전과는 완전히 달라진 일상에 허둥대며 분주한 나날을 보내는 중이다.

그런 날들이 쌓여 가며 답답함을 느낄 때면, 나는 취재에 응해 주었던 사람들의 이야기를 떠올린다. 그러면 마음이 조금은 가벼워지고, 신기하게도 숨쉬기가 한결 편해진다. 나에게 엄마들의 말은 어느새 부적 같은 것이 되었다.

이번 취재를 시작하게 된 계기는, 우리 엄마가 나를 낳은 것을 후회하고 있지 않을까 하는 의심에서였다.

엄마는 대학을 졸업하고 영양사 자격도 땄지만, 출산을 계기로 직장을 그만둔 후 세 아이의 육아와 가사에 매달렸다. 아침부터 저녁까지 가족들의 식사 준비부터 청소, 숙제 봐주기, 훈육, 아이가 일으

킨 문제 수습하기, 이웃과의 교류까지 오로지 가족을 위한 시간을 보내는 엄마는 언제나 지쳐 보였다. 한번은 말다툼 끝에 엄마가 무심코 '자식을 낳는 게 아니었다'라는 말을 내뱉은 적이 있다. 나는 묘하게 그 말에 납득이 갔다. 아이를 낳지 않았다면, 가정에 발목 잡힐 일 없이 공부한 것을 살려서 전혀 다른 삶을 살 수 있었을 테니 말이다. 당시 고등학생이었던 나는 그런 엄마를 보며 일기장에 "나는 엄마 같은 건 되기 싫어"라고 적었다.

2022년 봄, 『엄마 됨을 후회함』이라는 책을 발견하고 나도 모르게 숨을 삼켰다. 직감적으로 이건 우리 엄마의 이야기가 아닐까 하는 생각이 들었기 때문이다. 망설이면서도 책을 집어 들고, 불안과 흥분이 뒤섞인 묘한 기분을 느끼며 책장을 넘겼다. 책을 다 읽고 난 뒤, 지금까지 쌓여 있던 응어리가 서서히 풀리기 시작하는 것을 느꼈다. 엄마가 괴로워했던 것은 엄마라는 역할의 무게였을 뿐, 우리를 낳은 것 자체는 아니라는 걸 이해하게 됐기 때문이다. 왠지 안도감이 느껴져 눈물이 났다. 그리고 반드시 일본에서도 이 주제에 대해 취재해야겠다고 마음먹었다.

실제로 취재를 시작해 보니 아이를 낳은 여성들이 짊어진 부담은 내가 상상했던 것보다 훨씬 무거웠다. 엄마라는 역할로 인해 자유를 빼앗긴 괴로움과 슬픔, 억울함. 이처럼 당연한 감정을 우리는 지금까지 보고도 못 본 척 외면해 왔다. 왜냐하면 그것이 이 사회를 유지하는 데 이득이 되고, 신성한 모성애에 감동하는 것이 더 편하기 때문이다. 그리고 어느 순간, 나 역시 그렇게 엄마의 자유를 빼앗아 왔음을 깨달았다.

독자들의 의견을 읽다 보면 깊은 연민을 느낄 때가 많았다.

결혼해서 좋아하는 일을 관두고, 아이를 낳고 좋아하는 음식도 먹을 수 없게 되고, '엄마니까' 하면서 육아와 가사에 쫓기다 보면 나는 대체 뭘까? 사축▮이 아닌 가축일까? 싶을 때가 종종 있다.

'엄마니까 영양가 높은 요리를 만들어 줘야지' '맛있는 건 딸과 남편부터 챙겨 줘야지' '엄마가 돼서 왜 어질러진 방을 안 치우는 거야?' 과거의 나는 이런 생각을 아무렇지도 않게 떠올렸고, 엄마에게 직접 말로 전하기도 했다. 엄마의 인격이나 인권은 생각하지 않고 '이상적인 엄마'로 살아가도록 강요했던 것은, 다름 아닌 나였다. 많은 여성의 목소리를 듣고 나서야 그 사실을 깨달았고, 부끄러움과 미안함으로 어디론가 사라져 버리고 싶을 정도였다. 그리고 지금까지 존재하지 않는 것으로 여겨지던 여성들의 감정에 귀를 기울이고 성실하게 마주하고 싶다고, 반드시 그렇게 해야 한다고 다짐했다.

취재 후 기사와 방송이 나가자 공감하는 목소리가 이어지는 한편, '엄마의 후회를 다루면 일본의 저출생 문제가 더 악화하는 것 아니냐'라는 지적도 제기됐다. 하지만 '엄마가 되는 일은 여성의 행복' '엄마는 아이를 무조건 사랑으로 보살펴야 한다'며 여성을 '엄마'라는 역할에 묶어 두고, 다른 목소리를 인정하지 않는 사회에서 과연 누가 아이를 낳고 키우고 싶을까?

▮ 회사의 지시대로 일만 하는 직장인을 가축에 빗댄 조어.

적어도 나는 엄마가 된 것을 후회하는 사람들의 목소리를 들으면서 아이를 낳아도 괜찮을 것 같다는 마음이 생겼다. 아이를 낳는 일은 자신의 정체성을 '엄마'라는 역할로 교체하는 일도, 반드시 후회해선 안 되는 일도 아니라는 걸 깨달았기 때문이다. 그렇게 생각하게 되니 '엄마는 아이를 위해 희생해야 한다'라고 믿던 시절보다 마음이 편해지고, 아이를 갖는 것도 긍정적으로 받아들이게 되었다. 그 결과 엄마가 되고 싶지 않다고 생각했던 나는, 아이를 낳고 초보 엄마로서 이 책을 쓰게 되었다.

취재를 하면서 '나는 세상이 강요하는 엄마 역할에 휘둘리지 않을 거야'라고 굳게 다짐했건만, 막상 아이를 낳고 보니 착실하게 그 역할에 휘둘리고 있다.

그렇게나 모유 신화에 현혹되지 않으려 했는데, 출산하고 모유가 안 나오니 고민이 됐다. 스마트폰에 '모유 잘 나오는 법'을 검색해 가며 젖이 잘 돈다는 허브티와 음식을 무턱대고 먹었다가 결국 토해 낸 적도 있다. 수유 중 스마트폰 사용이 아이에게 악영향을 미친다는 말을 영유아 검진에서 들었다. 그래도 모유 걱정에서 잠시라도 벗어나고 싶어 스마트폰을 손에서 놓지 못했는데, 그러고는 스스로를 질책하며 우울해졌다. 병원에서 이유식 만드는 법이나 목욕시 주의 사항을 알려 줄 때, 남편이 함께 있는데도 모두 '엄마'인 나에게만 이야기하는 것에 화가 나기도 했다. 육아지원센터에서 '엄마가 애정을 담아 만든 인형이 아이에게 좋다'는 말을 듣고 인형 만들기 수업에 참여했지만, 원래 바느질이 서툴다는 사실을 망각한 채 벌인 일이어서 끝내 완성하지 못했다. 목만 있는 인형을 앞에 두고, 나는 좋은 엄마가 될 수 없을 거라 절망했다.

아이를 낳은 이후로 세간의 시선이나 고정관념에서 벗어나는 일이 얼마나 어려운지 다시금 똑똑히 깨달았다.

그럴 때면 취재에 응해 준 사람들의 이야기를 떠올린다.

부당하게 무거운 책임을 짊어진 것에 대한 분노, 자기답게 살지 못한 데 대한 슬픔, 지금까지의 커리어를 포기해야만 하는 억울함, 더 좋은 엄마이지 못한 죄책감.

그녀들의 이야기는 우리 엄마의 이야기였고, 나 자신의 이야기이기도 했다.

'엄마가 된 것을 슬퍼해도 좋고, 화내도 좋고, 후회해도 좋다' 그렇게 말해 주는 것 같았다.

'엄마의 후회'라는 말하기 힘든 주제에 관해 입을 열기까지 적잖은 용기가 필요했을 것이다. 그래도 이야기를 들려 준 그녀들 덕분에 이 책이 완성될 수 있었다. 취재에 응해 준 엄마들의 마음에 보답하는 책이 되었다고 믿고 싶다.

끝으로, 이 책을 만드는 데 힘을 보태 주신 모든 분께 감사드린다. 나카지마 노리유키 NHK 사회부 차장과 크리에이터센터의 오우미 마코 디렉터는 프로그램의 기획 단계부터 출판까지 장기간에 걸쳐 우리를 격려하고 방향을 제시해 주었다. 크리에이터센터 요시오카 레미 디렉터, 다카하시 기자의 남편 아키야마 겐은 원고를 반복해서 검토하며 중요한 지적을 해주었다. 이 책뿐만 아니라 도나스의 『엄마 됨을 후회함』의 일본어판도 담당했던 신초샤의 우치야마 준스케 씨는 집필 과정에서 길을 잃은 우리를 올바른 방향으로 이끌어 주었다. 진심으로 감사드린다.

이 책이 많은 사람의 마음을 가볍게 해주는 부적 같은 존재가 되기를 간절히 기도한다.

2024년 4월

요다 마유미

이 책을 옮긴 나 역시 쌍둥이를 키우는 엄마다. 단언컨대 살면서 단 한 번도 쌍둥이 엄마가 될 거라고는 상상해 본 적이 없었다. 아이들이 태어나기도 전부터 주변에서는 쌍둥이 육아의 무시무시한 강도에 대한 걱정과 조언이 쏟아졌다. 불안한 마음에 맘카페에 들어가 다른 엄마들의 이야기를 읽다 보면 마음은 오히려 더 무거워졌다. 그곳에는 육아로 일상의 자유를 거의 잃어버린 엄마들의 '절규'가 가득했기 때문이다. 몸과 마음의 에너지가 모두 고갈된 채, 시간이 지나면 나이질 거리는 희망 하나로 하루하루를 버텨 내는 모습들이 이어졌다.

아이들은 임신 36주 5일차에 태어났다. 신생아실 유리창 너머로 처음 아이들을 마주한 순간, 나도 모르게 왈칵 눈물이 쏟아졌다. 반가움과 벅찬 감동도 있었지만, 동시에 이 작은 생명들의 부모가 되었다는 사실이 실감 나면서 마음이 복잡해졌다. 그러나 그런 감상에 잠겨 있을 여유는 없었다. 말로만 듣던 쌍둥이 육아는 혼자의 힘으로는 도저히 감당할 수 없는 일이었다. 양가 부모님의 도움을 받아 1년 가까이 아이들을 돌보며 대부분 시간을 집 안에서만 보냈다. 신생아 둘을 두고 밖으로 나가기는 쉽지 않아서 외출은 거의 불가능했다. 그러다 보니 세상이 어떻게 돌아가는지도 알기 어려웠다. 뉴스를 봐도 다른 세계의 이야기처럼 느껴질 만큼, 내 일상은 육아로만 채워져 있었다.

　조금씩 숨통이 트이기 시작한 것은 아이들을 어린이집에 보내면서부터였다. 물리적으로 떨어져 있는 시간이 생기자 그제야 비로소 내 주변을 둘러볼 여유가 생겼다. 그리고 그 무렵 이 책을 만나게 되었다. 책 속에 등장하는 엄마들의 이야기는 내가 하루하루 마주하는 일상이거나 앞으로 마주할 수도 있는 미래였다. 때로는 깊이 공감하며 눈시울이 붉어졌고, 때로는 다가올 시간을 떠올리며 마음이 아득해지기도 했다.

　"아이를 낳은 걸 후회하는 건 아니에요. 다만 이 사회에서 엄마가 된 걸 후회해요."

　『엄마가 된 걸 후회한다고 말했다』는 여성들이 엄마가 된 이후 부딪혔던 수많은 어려움과 고민을 다른 누구도 아닌 당사자의 목소리로 직접 들려준다. 여성들은 단순히 육아가 고되기 때문에 엄마가 된 걸 후회한다고 말하는 것이 아니다. 좋은 엄마가 되어야 한다는 강박, 커리어를 포기해야 하는 안타까움, 혼자 아이를 돌보며 사회와 단절되었다는 고립감 등 엄마가 되기로 한 선택이 삶의 다른 선택지를 지워 버리는 결과로 이어졌을 때 엄마들은 '후회'를 떠올렸다.

　이 책을 계기로 엄마들의 후회가 개인의 문제가 아닌 사회의 질문으로 다뤄질 수 있다면, 여성들의 삶은 물론 아이를 키우는 과정 자체도 지금과는 다른 모습이 되지 않을까. 이 책이 누군가에게 자신의 마음을 털어놓을 수 있는 계기가 될 수 있기를 소망한다.

　번역자로서, 그리고 지금 두 아이를 키우고 있는 엄마로서 그들의 절박한 목소리가 독자들에게 온전하게 전달될 수 있도록 옮기고자 했다. 이 책의 번역을 제안해 주신 후마니타스에 진심으로 감사드린다. 하루의 육아를 마치고 책상에 앉아 텍스트를 읽는 시간은, 엄

옮긴이 후기

마의 역할을 잠시 내려놓고 한 사람의 독자이자 번역자로 돌아갈 수
있는 소중한 순간이었다.

2026년 2월 6일

박소영

프롤로그

1 Donah, Orna, 2017, *Regretting Motherhood: A Study*, North Atlantic Books[『엄마 됨을 후회함: 모성애 논란과 출산 결정권에 대한 논쟁의 문을 열다』, 송소민 옮김, 반니, 2016;『엄마 됨을 후회함: 모든 여성이 엄마가 될 필요는 없다』, 송소민 옮김, 반니, 2018]

2 オルナ・ドーナト, 2022, 『母親になって後悔してる』, 鹿田昌美 訳, 新潮社.

3 NHK NEWS WEB WEB, 特集「"言葉にしてはいけない思い?" 語り始めた母親たち」(2022/05/23). www3.nhk.or.jp/news/html/20220523/k10013634851000.html(검색일: 2024/04/22)

4 이듬해에 독자 투고란을 폐쇄하기 전까지 접수된 독자들의 목소리는 총 396건이었다.

5 桜井厚・小林多寿子 編著, 2005, 『ライフストーリー・インタビュー 質的研究入門』, せりか書房.

1장 이제 엄마를 그만두겠습니다

6 米川明彦 編, 2003, 『日本俗語大辞典』, 東京堂出版.

7 「소아 알레르기 질환 보건 지도 지침 2023년 개정판」(2020~22년 보건복지부 연구비 보조금 면역·알레르기 질환 정책 연구 사업)에 따르면, 모유 수유 또는 혼합 수유의 경우 산모가 섭취한 음식물이 일부 수유아의 음식 알레르기 증상과 관련될 수 있다. 이 경우, 산모의 알레르기 유발 식품 섭취를 제한하기도 한다. 제한 범위는 수유아에 따라 다르나 단기간에 증상이 호전되는 사례가 많다고 알려져 있다.

8 '발달장애인 지원법'発達障害者支援法은 2005년 4월에 시행되었다.

2장 '다정한 엄마'라는 일

9　厚生労働省, 2013,「平成25年度雇用均等基本調査 事業所調査 結果概要」.

10　山口創, 2013,『幸せになる脳はだっこで育つ.
強いやさしい賢いこにするスキンシップの魔法』, 廣済堂出版.

11　Instagram, Mary Catherine Starr(@momlife_comics), *AN ILLUSTRATED GUIDE TO THE DOUBLE STANDARDS OF PARENTING*(게시일 2022/01/20; 검색일 2024/04/15). www.instagram.com/p/CY7sqI4r0KL/?utm)source=ig_embed&utm_campaign=loading&img_index=1

12　東京ガス公式チャンネル「東京ガスCM(母の推し活)篇」(2023/03/30) www.youtube.com/watch?v=ROR-Rhm_yk0(검색일: 2024/04/15)

13　담당 카피라이터는, 엄마가 누군가의 요구와 관계없이 자신의 의지에 따라 '덕질'이라는 행위를 함으로써 '엄마로서 가져야 할 모습'에 대한 압박에서 해방되는 모습을 그리고자 했다고 밝혔다. 宣伝会議デジタルマガジン 2023/06 ブレーン UP TO WORKS「新しい家族の在り方を描いた東京ガスのCM『母の推し活』」(검색일: 2024/04/15).

14　毎日新聞(인터넷판),「あの人の笑顔が元気の源?『推し活』がメンタルヘルスに良い理由」(2022/02/10)(검색일: 2024/04/15). mainichi.jp/articles/20220209/k00/00m/040/104000c

3장 이러다 내가 증발해 버릴 것 같아요

15　山田昌弘, 2005,『迷走する家族 戦後家族モデルの形成と解体』, 有斐閣.

16　公益社団法人日本産婦人科医会, 2021,『妊産婦メンタルヘルスケアマニュアル～産後ケアへの切れ目のない支援に向けて～』, 中外医学社.

4장 엄마는 평범한 회사원조차 될 수 없는 걸까

17　総務省統計局, 2023,「労働力調査(詳細集計)」, 独立行政法人労働政策研究·研修機構,「早わかり グラフでみる長期労働統計 図12 専業主婦世帯と共働き世帯(1980~2023)」.

18　国立社会保障·人口問題研究所, 2023,「第7回全国家庭動向調査結果の概要」. 1일 평균 가사 시간은 아내는 평일과 휴일 각각 247분, 276분. 남편은 평일과 휴일 각각 47분,

81분이었다. 1일 평균 육아 시간은 아내는 평일 524분, 휴일 724분, 남편은 평일 117분, 휴일 423분으로 집계됐다.

19　2017년부터 시행된 '개정 남녀고용기회균등법'改正男女雇用機会均等法에 따라 임신·출산·육아휴직과 관련한 갑질에 대해 사업주가 방지 조치를 마련하도록 의무화되었다.

20　ベネッセ教育総合研究所, 2018,「幼児期の家庭教育国際調査」.

21　Yamamura, Eiji & Brunello, Giorgio, 2021, "The Effect of Grandchildren on the Happiness of Grandparents: Does the Grandparent's Child's Gender Matter?", IZA Discussion Paper No.14081

berd.benesse.jp/jisedai/research/detail/php?id=5257(검색일: 2023/04/15)

22　無藤隆·岡本祐子·大坪治彦 編, 2009,『よくわかる発達心理学 第2版 』, ミネルヴァ書房.

5장 '좋은 엄마'가 아니어서 미안해

23　博報堂こそだて家族研究所＆ママスタジアム共同調査, 2019,「ママリサ第29回『ママの本音』について調査!」. mamastar.jp/special/ mamarisa/201907(검색일: 2024/04/14)

6장 이 아이를 사랑할 수 있을까

24　厚生労働省, 2023,「令和4年度雇用均等基本調査」.

25　こども家庭庁ホームページより
「もうすぐ出産するママのための『授乳スタートガイド』」(令和元年度子ども·子育て支援推進調査研究事業,「『授乳·離乳の支援ガイド』の普及啓発に関する調査研究」).

26　2019년 조사에서는 산과 시설의 약 94퍼센트가 '운영하고 있다'라고 응답했다. 一般社団法人日本周産期·新生児医学会, 2019,「母子同室実施の留意点」.

27　2019년 모자보건법 개정으로 '산후 돌봄 사업'이 법률에 명시되었다. 자녀를 저비용으로 맡길 수 있는 시설의 선택지가 확대되었으나, 여전히 돌봄을 받기 어려운 지역도 적지 않다. 총무성 행정평가국이 2022년에 정리한 조사에서는 임산부가 상담이나

단기 체류가 가능한 산후 돌봄 시설이 지역에 따라 충분히 설치되지 않은 것으로 나타났다. 컨디션이 좋지 않은 엄마가 장거리를 운전해 먼 시설을 이용하는 사례도 있어 총무성은 후생노동성에 대해 대책 마련을 검토하라고 권고했다. 総務省, 2022, 「子育て支援に関する行政評価·監視—産前·産後の支援を中心として—」.

28 육아 중인 사람들이 교류하는 게시판 〈마마스타〉에서는 2024년 현재까지 '아들을 기대한다'라는 여성들의 고민이 자주 화제가 되고 있다(「만일 며느리가 아들을 낳지 못한다면」 mamastar.jp/bbs/topic/2949854, 2024/03/25), 「아들을 못 낳아서 죄송하네요」 mamastar.jp/bbs/topic/3456335, 2019/11/25, 「아들을 못 낳아서 속상해요」 mamastar.jp/bbs/topic/2949854, 2017/12/06) (검색일: 2024/04/22).

29 취재한 또 다른 여성은 출산 후 수도권 지역에서 남편의 고향인 지방으로 이사한 뒤, 시부모가 '며느리'嫁[요메. 가부장제에서 결혼한 여성을 가리키는 뉘앙스가 강해 현대 일본 사회에서는 젠더 관점에서 부적절하다는 인식이 확산하고 있는 말이다]로 대하기 시작해 반발감을 느꼈다고 말했다. 현재 제도에서는 결혼한 부부는 부모에게서 독립해 새 호적을 만들지만, 지금도 결혼을 계기로 아내의 성이 바뀌면 '집에 들어갔다' '호적에 올렸다'라고 표현하기도 한다. 남편의 성으로 바꾼 아내를, 가문의 일원이 된 '며느리'로 이해하는 사람도 적지 않다. 자신들을 '남편'主人[슈진. 남편을 가리키는 옛 표현으로 주인을 의미한다]이나 '며느리'로서 생각하지 않는 부부가, 가족관을 둘러싸고 부모 세대나 조부모 세대와 인식 차이를 느껴 스트레스를 받는 경우도 있었다.

30 2017년 당시 조사에서는 '산후 우울'에 대해 '명칭과 내용 모두 알고 있다'라고 답한 산후 여성이 약 56퍼센트에 그쳤다. 三菱UFJリサーチ&コンサルティング, 2018, 厚生労働省 平成29年度 子ども·子育て支援推進調査研究事業 「妊産婦に対するメンタルヘルスケアのための保健·医療の連携体制に関する調査研究」. 설문 조사 실시는 2017년.

31 株式会社カラダノート, 2019, 「産後うつに関する意識調査」(검색일: 2024/04/22). corp.karadanote.jp/archives/2199 엄마들 중 45퍼센트가 진료를 받지 않는 이유로 '병원을 가도 되는지 몰라서'라고 답했고 '다른 사람도 같은 문제를 겪는데, 나만 진료를 받을 수 없어서'라는 의견, '응석을 부려서는 안 된다고 생각했다'와 같은 의견도 있었다.

7장 의회로 간 엄마

32 BIGLOBE, 2023, 「子育てに関するZ世代の意識調査」

www.biglobe.co.jp/pressroom/info/2023/02/230221-1(검색일: 2024/05/29).

33　末富芳·桜井啓太, 2021, 『子育て罰「親子に冷たい日本」を変えるには』, 光文社親書.

34　厚生労働省子ども家庭局母子保健課長通知(厚生労働省子母
発0310第1号)(2021/03/10).

35　NHKみんなでプラス, 「性被害による妊娠 中絶手術の同意書は法的には不要
求められる理由は」(2022/09/02). 인공임신중절을 실시하는 의료 기관에 근무한 적 있는
산부인과 의사 274명을 대상으로 설문 조사를 실시한 결과, 응답자 중 32.5퍼센트인
89명이 '어떤 상황이든지 상대 남성(태아의 생부)의 동의를 요구한다'라고 답했으며,
62.4퍼센트인 171명은 '상황에 따라 동의를 요구하지 않을 때도 있다'라고 응답했다.
'상대의 동의를 요구하지 않는다'라는 응답은 5.1퍼센트인 14명에 그쳤다.
www.nhk.or.jp/minplus/0026/topic074.html(검색일: 2024/05/29)

36　NHK NEWS WEB WEB特集「"戦後まもなくから変わらない"
日本の中絶」(2022/01/13)　www3.nhk.or.jp/news/html/20220125/k100134
46791000.html(검색일: 2024/05/29).

37　Center for Reproductive Rights.

38　민법 799조는 "혼외자(혼인 관계가 아닌 남녀로부터 태어난 자녀)는 아버지 또는
어머니가 이를 인정할 수 있다"라고 정했으나, 1962년 최고재판소의 판결은 모자 관계에
대해 "어머니의 인정을 기다릴 필요 없이, 분만 사실에 의해 자연적으로 발생한다"라고
판단했다.

39　NHK 政治マガジン「地方議員に女性や若い世代を
産休や育休などの規則改正」(2021/03/10) www.nhk.or.jp/politics/articles/
lastweek/55323.html(검색일: 2024/06/02)

40　全国市議会議長会, 2022, 「市議会の活動に関する実態調査結果 令和3年中」.

8장 그럼에도 후회하지 않습니다

41　厚生労働省, 2016, 「平成28年4月の保育園等の待機児童数とその後」.

42　国立成育医療研究センター, 2022, 「父親が家事·育児をする時間を確保するには,
仕事関連時間を9.5時間以内にすることが必要」.

43　元橋利恵, 2021, 『母性の抑圧と抵抗 ケアの倫理を通して考える戦略的母性主義』,

晃洋書房[모토하시 리에, 2022, 『포스트젠더학의 가능성』, 이은주 옮김, 소명출판].

9장 아이는 어떻게 생각할까?

44　2022년 5월 1일에 실시한 온라인 인터뷰에서 도나스는 "엄마가 된다는 것은 엄청난 일이다. 우리는 이 점을 이야기해야 한다. … 그러나 세 살짜리 아이에게 말해야 한다고 얘기하는 것은 아니다"라고 말했다.

45　ロート製薬, 2024, 「妊活白書 2023」에서 '아이를 낳고 싶습니까?'라는 질문에 대해 '현재 아이를 원하지 않고, 앞으로도 원하지 않을 것 같다'라고 응답한 미혼 청년 세대는 전체 응답자 중 55.2퍼센트였다(2024년 4월 22일 기준).

46　BIGLOBE, 2023, 「子育てに関するZ世代の意識調査」. 전국 18세부터 25세까지 남녀 5000명을 대상으로 온라인 설문 조사를 실시했다. 자녀가 없는 미혼인 Z세대 남녀 457명 가운데 '향후 아이를 원하지 않는다'라고 답한 사람은 45.7퍼센트였다. www.biglobe.co.jp/pressroom/info/2023/02/ 230221-1(검색일: 2024/04/22).

47　NHKみんなでプラス , 「"母親にならなければ良かった"? 女性たちの葛藤6000人アンケート結果」(2022/12/13). 19세 이하 여성 독자 의견 2024/03/10). news.web.nhk/newsweb/na/nc-8ec9ada3-4ad9-45aa-8522-c4f5a61b96df(검색일: 2026/03/03)

10장 엄마의 후회가 의미하는 것

48　우치다 구미 씨(4장)는 아이를 키우기 힘든 환경이 후회하는 요인 중 하나라고 말하며 영유아를 키우던 2010년 무렵을 이렇게 회고했다. "유모차는 늘 찬밥 신세였어요. 전철을 타거나 쇼핑을 할 때면 따가운 시선이 느껴졌죠. 어디 앉으려 할 때도 조심스러워서 내내 사과만 하고 다닌 적도 있어요. 아이와 외출할 때는 울지 않게 해야 한다든지 하는 제약이 많았고, 항상 남들한테 민폐가 되지 않도록 신경 써야 했어요. 아이에게 '안 돼, 그만해'라고 끊임없이 말해야 했죠. 아이가 자연스럽게 있는 것을 허락해 주지 않는 게 가장 힘들었어요."

上市秀雄, 2022,『後悔を活かす心理学: 成長と成功を導く意思決定と対処法』, 中公新書.

ニール・ローズ, 2008,『後悔を好機に変える: イフ・オンリーの心理学』, 村田光二監訳. ナカニシヤ出版[닐 로즈, 2008,『IF의 심리학: 실패를 성공으로 바꾸는 후회의 재발견』, 허태균 옮김, 21세기북스].

クローズアップ現代「"母親の後悔"その向こうに何が」(2022年12月13日放送)

語り	小松未可子
撮影	早川きよ
音声	菊地恵
音響効果	定本正治
編集	中澤祐樹 金丸和弥
取材	高橋歩唯
ディレクター	依田真由美 吉岡礼美 荒井愛夕美
制作統括	近江真子 中島紀行 阿部宗平